网络交易中的合同法律制度研究

WANGLUO JIAOYIZHONG DE HETONG FALV ZHIDU YANJIU

王瑞玲◎著

中国出版集团 | 全国百佳图书

中国民主法制出版社 | 出版单位

图书在版编目（CIP）数据

网络交易中的合同法律制度研究 / 王瑞玲著 . —北京：中国民主
法制出版社，2024.3
ISBN 978-7-5162-3552-2

Ⅰ . ①网… Ⅱ . ①王… Ⅲ . ①网上交易－合同法－研究－中国
Ⅳ . ① D923.64

中国国家版本馆 CIP 数据核字（2024）第 053014 号

图书出品人：刘海涛
出版统筹：石 松
责任编辑：刘险涛 吴若楠

———————————————————————————————————

书 名／网络交易中的合同法律制度研究
作 者／王瑞玲 著

———————————————————————————————————

出版·发行／中国民主法制出版社
地址／北京市丰台区右安门外玉林里 7 号（100069）
电话／（010）63055259（总编室） 63058068 63057714（营销中心）
传真／（010）63055259
http:／www.npcpub.com
E-mail: mzfz@npcpub.com
经销／新华书店
开本／16 开 710 毫米 ×1000 毫米
印张／18 **字数**／237 千字
版本／2024 年 3 月第 1 版 2024 年 3 月第 1 次印刷
印刷／三河市龙大印装有限公司

———————————————————————————————————

书号／ISBN 978-7-5162-3552-2
定价／98.00 元
出版声明／版权所有，侵权必究。

———————————————————————————————————

前　言

　　我国 1999 年制定的《中华人民共和国合同法》(以下简称《合同法》)，是在特定历史背景下实现合同法统一的合同法典，曾获国际社会的高度赞誉。以该法为中心构建的合同法律制度体系，详尽地对合同的订立、履行、解除、终止、违约责任等问题作出了规定。因为立法时社会生活中尚未出现大规模的网络交易，所以，《合同法》及其相关的法律是在非数字化传统社会背景下制定的，互联网信息技术型构的空间和技术规则，并未出现在立法者的视野中。网络交易大规模出现后，原《合同法》及其相关制度的局限性日益凸显，规范合同的主体、订立、履行、解除的规则都受到不同程度的冲击，需要新的规则予以应对，为网络交易的发展扫清法律障碍。为此，《中华人民共和国消费者权益保护法》(以下简称《消费者权益保护法)及其相关立法的修订、《中华人民共和国电子商务法》(以下简称《电子商务法》)的出台，顺应了时代潮流，以问题为导向，着力解决网络交易发展中存在的突出矛盾和主要问题，回应了社会关切。但是，由于这些立法未能在整体上从网络社会与非数字化传统社会的差异着手，未能完全认识到这种社会差异使普通民众沦为陌生网络环境和话语体系的被动接受者的现实，未能完全关注到网络交易各主体之间在这种社会背景下应当产生的不同法律义务，未能针对网络交易构建符合网络特性的特殊制度，导致现有合同法律制度在应对网络交易时，仍然存在诸多局限性。

　　为避免错失通过法律的积极价值引领社会进步的机会，促进网络交易共同体的形成，梳理网络交易对现代合同法律制度形成的挑战，进而以关系合同理论为指导，站在"实质主义"方法立场上，嵌入网络化交易背景，以促进网络交易各方主体的团结为目标，对这些问题予以回应，实属必要。

第一章为导论。介绍本书写作的时代背景，指出我国现有的合同法律制度是在网络信息技术革命和商业模式发展的基础上，不断移植和吸纳域外先进的理念和制度设计，初步实现了网络交易领域的法制化，形成了以《中华人民共和国民法典》（以下简称《民法典》）为一般法，以《消费者权益保护法》、《中华人民共和国电子签名法》（以下简称《电子签名法》）、《电子商务法》为特别法的网络交易法律体系。

第二章为关系合同视角下的网络交易，从总体上提炼出关系合同理论在治理网络交易中的指导意义。从合同法理论的历史流变及进化观察，现代合同法是建立在古典合同法的基础上，古典合同法为追求形式完美、自成逻辑的体系化适用而脱离社会现实的缺陷进行修正而形成的。但古典合同法理论仍然是正统的合同法理论，现代合同法只是古典合同法的亚种，现代合同法仍然是以合意为核心范畴，以合同自由为灵魂，以个人责任和合同相对性为基础原则。

第三章为网络交易平台提供者的法律地位，深入分析网络交易平台提供者在网络交易中的法律地位及其应当承担的责任。网络交易平台提供者是为交易双方进行网络交易提供交易平台的法人或非法人组织。网络交易平台提供者存在多种类型，在网络交易中扮演不同的角色。与传统的交易中介相比，网络交易平台具有开放性和技术性，它聚集了无数用户，并使用技术规则对用户进行管理。网络交易平台提供者利用技术规则创设多种交易模式，形成不同类型的交易平台。同时又根据自身利益需要，在网络交易中扮演多种角色，要么作为交易供给方，与需求方直接形成交易关系；要么作为第三方，与使用平台的用户（交易双方）形成提供交易平台服务的服务合同关系；要么同时作为供给方和交易第三方，既与需求方进行交易，又为其他供给方与需求方的交易提供平台服务。

第四章为网络交易中的合同主体，分别针对网络交易中交易双方在责任主体认定上的争议问题进行具体探讨。对于供给方而言，由于网络交易平台提供者一方面深度参与网络交易，另一方面又通过服务协议将自身定位为交易第三方，往往引发在供给方和网络交易平台提供者之间，何者为网络交易合同责任主体的混淆。对于需求方而言，主要争议的问题在于发生借名和冒名交易时，在名义载体、行为人之间何者为合同责任主体，以及行为人为行为能力缺失者的情况下，合同的效力及责任主体的认定问题。

第五章为网络交易中的要约和要约邀请，详细讨论了网络交易中要约和要约邀请的区分规则。关于要约和要约邀请的区分，各地区立法存在以下两点共识：第一，如果信息发出者未对是否受其发出的信息拘束的意愿做出明确表示，则应对"向不特定人发出的信息"的要约定性秉持谨慎态度。第二，如果信息发出者明确表明不受其发出信息的拘束，即使信息"内容确定"，也应当将该信息的性质认定为要约邀请。但是这两点共识，并不能够被适用于网络交易中网页标价信息的定性上。本书认为，即使网页标价信息是供给方"向不特定人发出的信息"，即使供给方明确表示不受网页标价信息拘束，网页标价信息的性质也应当被认定为要约。

第六章为网络交易中的承诺规则，剖析网络交易中有别于传统交易的承诺规则。网络交易中合同的成立方式与传统交易中合同的成立方式存在不同之处。在传统交易中，同意要约的意思表示到达要约人时，合同成立，当事人双方即受合同的拘束。不同于传统交易，网络交易需求方通过点击行为选取商品，虽形成了交易订单提交至供给方，但在需求方"付款"前，订单并没有拘束力，网络交易双方都有权随时取消订单。因此，订单提交时合同并未成立。

第七章为网络交易中的合同形式。详细讨论网络交易中普遍采用的点击合同的呈现载体及意思表示的归属方法，并进一步说明对点击合同文本形式特殊规制的必要性。点击合同是指合同的拟定方通过计算机程序在网页上预先拟定的附带点击按钮的合同条款，合同相对方以点击按钮行为表示是否达成意思表示一致的合同形式。点击合同是电子形式的格式合同，它的特性在于由合同拟定方设定相对方必须以点击行为的方式订立合同，这一订立方式将引发三个特殊的不为现行立法所规范的问题：一是以点击行为形式作为意思表示载体的法律评价问题；二是以点击行为形式进行意思表示的归属方法问题；三是点击合同中相对方的合同阅读义务问题。

第八章为网络交易中的合同解除制度。探讨既有的合同解除制度适用于网络交易中的局限性及其完善措施。"无理由解除权"制度是在网络交易大规模发展的背景下全面建立的，目的在于通过赋予消费者无理由解除合同的权利，以矫正远程交易中所产生的信息不对称。但是，正如关系合同理论所指出的，立法对权力的外部干预往往面临巨大的困难，其成效也是有限的，并且可能产生预期之外的、常常是人们不希望看到的副作用。因为它改变了内部的权力结构，当事人在合同订立和履行过程中总是试图对对方的权力加以限制，以达到权力的基本平衡。立法对消费者强制赋予"无理由解除权"，引起供给方的对策行为和需求方的机会主义行为，不仅造成了供给方成本转嫁，背离了保护消费者的制度初衷，同时也严重浪费了社会资源，产生了关系合同理论所界定的"不相称损害"。

第九章为结论。面对本书行文过程中存在的理论忧虑、网络交易对传统交易规则的挑战，现行合同法律制度积极做出了回应。此外，本书在合同理论的指导下，并站在"实质主义"的方法立场上，通过嵌入网络技术交易背景，以促进网络交易参与各方的团结为目标，对网络交易中存在的问题予以回应。

目　录

第一章　导论

以计算机技术、软件技术、通信技术为支撑的互联网信息技术，是继农业革命和工业革命之后的人类历史上最伟大的科技革命。从无纸化信息的出现，到互联网开始运用于商业，[①]再到网络交易的普及，每一次网络技术的革新，都意味着新的交易方式的产生。

我国的合同法律制度在网络信息技术革命和商业模式发展的基础上，不断移植和吸纳域外先进的理念和制度设计，初步实现了网络交易领域的法制化，形成了以《民法典》为一般法、以《消费者权益保护法》《电子签名法》《电子商务法》为特别法的网络交易法律体系。

---

① 互联网滥觞于冷战时期美国国防部高级研究计划署的一个军事科研项目，目的是建立一个互相联系的计算机网络，当该网络的某一部分受到敌方攻击而断开时，网络中的计算机可以主动寻找其他连接部分继续传送信息，使得该网络可以继续运转。1969 年，美国国防部开始组建阿帕网（ARPANET），将局域网链接成一个广域网，形成了由分散的指挥点组成的一个统一军事指挥系统。阿帕网就是互联网的雏形。在苏联解体后，该科研项目在军事上的重要性和紧迫性大大降低，加上美国在高性能计算机领域的主导地位受到国外竞争的威胁等原因，该技术开始转向民用。随着互联网的爆炸性发展，依托于互联网的电子商务技术开始应运而生。遍及全球的互联网架构，迅速让以交易双方为主体、以电子支付为手段、以客户数据库为依托的全新商业模式得以发展。因为准入门槛低，其能够适用于各种企业，所以网络交易慢慢成为互联网应用的最大热点。参见李双元，王海浪.电子商务法若干问题研究［M］.武汉：武汉大学出版社，2016：2.

一、无纸化信息的出现与原《合同法》的回应

就技术发展而言，人类利用电子通信的方式已经有几十年的历史了。早在 20 世纪 60 年代，人们就开始用电报发送商务书面文件，到了 20 世纪 70 年代，又开始采用方便、快捷的传真机来传输书面文件。传真文件必须由人工将信息输入计算机中，之后通过纸面打印来传递和管理信息。人们发现，由人工输入到一台计算机的数据，70% 完全来源于另一台计算机输出文件，[①]这种重复的人为操作，不仅影响了工作效率的提高，而且影响了数据的准确性。因此，人们便开始探索通过电子手段来替代传统的以纸面信息记录和传输信息的方式。将信息直接转入到信息系统中，在贸易伙伴之间的计算机中自动交换数据，使人工干预降到最低程度，提高信息的传递速度，避免信息的二次输入，减少出错机会。在这种情境下，电子数据交换（Electronic Data Interchange，简称 EDI）技术应运而生。EDI 技术就是将文件按一个公认的标准，从一台计算机传输到另一台计算机上去的电子数据传输方法。由于 EDI 技术的运用在提高效率的同时，也大量地减少了纸张票据的使用，因而，被称为"无纸化交易"。它作为企业间商务交流的应用技术，被视为电子商务的雏形。

但是，由于 EDI 的实施需要企业遵循一套国际组织制定的 EDI 商业标准，这些标准在使用时非常复杂，行业内及行业间的标准协调工作举步维艰，加上其依托的增值网络（VAN）费用过高，EDI 在商业领域内的应用进展远远没有达到人们当初的预期。只是在大型企业和行业内部中得以利用，多数企业很难将其付诸实施。尽管如此，EDI 的运用使得单证和文件处理的劳动强度、出错率和费用都大大降低，效率也有很大提高，极大地推动了国际贸易的发展，显示出了巨大的优势和强大的生命力。随着大型跨国公司对信息

---

① 李琳. 电子商务概论［M］. 哈尔滨：哈尔滨工程大学出版社，2016：2.

共享需求的增加和中小型企业公司对 EDI 的渴望，迫切需要建立一种新的成本低廉、能够实现信息共享的电子信息交换系统。

20 世纪 60 年代，出现了一种通过普通电话线、高速率专用线路、卫星、微波和光缆等线路，将无数遍及全球范围的广域网和局域网连接在一起形成的，由各种不同类型和规模、独立运行和管理的计算机网络组成的全球性计算机网络——互联网（Internet），其将不同国家的科研机构、企业、军事以及政府等组织的网络连接起来，将分布于世界各地的信息网络、网络站点、数据资源和用户有机地连为一个整体，在全球范围内实现信息资源共享和方便快捷的通信。

我国于 1994 年开通了国际网络的网络全功能服务。相较发达国家，我国的网络开通虽然较晚，但是发展却十分迅速。面对网络的快速发展，我国政府积极开展了一系列应对措施。1996 年，成立了中国国际电子商务中心（CIECC），为全面发展电子商务奠定了基础。1997 年，国务院电子信息系统推广办公室联合八个部委，建立了中国电子数据交换技术委员会，为电子商务的发展开启了新篇章。电子商务在 1998 年掀起一股热潮，因而，1998 年被称为"电子商务年"。2001 年通过的《关于国民经济和社会发展第十个五年计划纲要的报告》，明确了"加快国民经济信息化过程，促进信息产业发展"的任务。在此基础上，为了强化网络基础设施建设工作，特别成立了国务院信息化工作领导小组，全面负责信息化发展工作。

原《合同法》是在 1993 年着手制定的，历时六年，于 1999 年 10 月开始实施。在立法时，无纸化信息的传输已经产生，《合同法》及时接收和融合了联合国国际贸易法委员会第 85 次全体大会通过的《电子商务示范法》的内容，并及时认可了当时已经出现的电子化信息（包括电报、电传、传真、电子数据交换和电子邮件）的书面形式效力。由于传统书面合同要求签字盖章，不适用于电子环境，因此，《合同法》作出特别规定，明确以数据电文形式订立合同，以签订确认书的方式使合同成立。

因电子信息的传输具有瞬间性，《合同法》回应了使用数据电文进行意思表示被受领的时空的认定问题。一旦电子信息进入收件人指定的系统，即视为到达。未指定系统的，则该数据进入收件人任何系统的首次时间，即视为到达时间。合同成立的地点为收件人的营业地或者经常居住地。

由于《合同法》具有特定的历史使命，其侧重点在于对原有的分散立法进行统合归一。立法过程中，虽然已经出现了互联网，并在立法后期互联网被运用于商业，但这些运用仅停留在商业网站建设和信息网站浏览层面。因而，互联网所型构的交易空间和技术规则，并未进入立法者的视野范围，《合同法》仍是以非数字化的传统社会为背景制定的规则。

二、电子化交易环境的形成与《电子签名法》的制定

传统的通过签订确认书的方式，能够变通解决如何归属以数据电文形式意思表示的问题。但是，随着技术的发展，互联网在商业领域的运用，除了体现为点对点的电子邮件的传输方式，更为重要的是，以无线通信协议（WAP）技术为代表的信息发布系统的使用，实现了点对面的信息系统发布的跨越式发展。互联网的商业运用更多体现为建设商业网站，用以商业情报、资讯的网上发布。国内外用户正是利用互联网平台寻找商机，以求能够在线下达成交易。因而，这种通过签订纸质确认书的迂回方式，延缓了远程交易的进程，特别是在交易价格瞬息万变、交易机会稍纵即逝的情况下，极大地阻碍了交易的发展。

1999 年，我国首套自行研发的电子商务 CA 安全认证系统通过国家技术鉴定，并逐步扩大实施。一种能够应用于电子通信中识别当事人身份、证明当事人对文件内容认可的技术手段由此产生。由于这种技术手段具有与传统签字盖章同等的功能，因而被称为电子签名。为满足网络交易发展的需求和

规范电子签名行为，以及维护交易各方的合法权益，从 2002 年开始，有关部门就从局部着手《电子签名法》的立法。其间几经改名，曾经被确定为《电子签章法》《数字签名法》，最终本着技术中立的原则，将其确定为《电子签名法》，并于 2004 年第十届全国人民代表大会常务委员会第十一次会议上通过，2005 年正式实施。

《电子签名法》共分为五章，三十六条。立法的直接目的是规范电子签名行为，确立电子签名的法律效力，维护各方合法权益。立法的最终目的是促进电子商务和电子政务的发展，增强交易的安全性。《电子签名法》重点解决了以下五方面的问题：第一，确立了电子签名的法律效力；第二，规范了电子签名的行为；第三，明确了认证机构的法律地位和认证程序，并给认证机构设置了市场准入条件和行政许可的程序；第四，规定了电子签名的安全保障措施；第五，明确了认证机构行政许可的实施主体是国务院信息产业主管部门。

《电子签名法》是在充分借鉴联合国国际贸易法委员会《电子商务示范法》和《电子签名示范法》，以及美国、欧盟、新加坡、日本等有关立法的基础上形成的。该法的出台，实现了我国电子签名的合法化和电子商务的法制化，增强了电子交易的确定性，为我国电子商务立法的出台以及解决网络社会的法律问题奠定了坚实的基础。[①] 该法对推广数据电文的应用，增强人们对电子商务的信心，从而加快我国信息化的发展有着重要意义。至此，网络交易法律发展框架已逐步成形。

---

① 高富平.电子合同与电子签名法研究报告［M］.北京：北京大学出版社，2005：183.

三、网络购物的发展与《消费者权益保护法》的修订

在利用互联网进行交易的早期，虽然也出现过 B2B^①、B2C^② 和 C2C^③ 网站，供给方将交易信息发布于这些网站，需求方基于对供给方的信任，通过电子银行转账先行付款至企业账户或者使用信用卡结算，再由供给方通过物流配送交易有体标的物，或者直接在线传输无体物（如影视资料、电脑软件等），履行交付义务。但是，这种交易方式与传统交易并无本质区别，无法摆脱交易对手的"信用"在交易中的重要作用。这种以对逐个个体信用考察为前提的交易，并不具有扩展能力，由此也决定了网络交易的规模不能大范围扩张。因而，互联网运用于商业以后的很长一段时间，主要适用于国际贸易。直至2003 年的"非典"时期，消费者室内消费的倾向促进了网络购物的发展。而同年阿里巴巴抓住契机，通过创办淘宝网，将零售的交易信息集中于交易平台，并推出第三方担保在线支付产品的"支付宝"，可通过在线结算，整个交易实现了平台化，因此，网络购物迅速抢占了消费市场。

网络环境的改善和大众消费心理的转变使得网络交易快速发展，各类交易平台用户数量剧增，电商企业也逐步迈向盈利阶段。公开募股、行业良性竞争及创业投资热情高涨这"三驾马车"，大大推动了我国网络交易进入新一轮快速发展与商业模式创新阶段，衍生出更为丰富的服务形式和盈利模式。仅 2007 年，国内各类电子商务网站的创办数量就达到了当时网站总数的30.3%，2006—2007 年毋庸置疑是网络交易的崛起和快速发展阶段。

2008 年，全球金融危机的来临使得经济环境急剧恶化，进而使外贸出口

---

① B2B（Business to Business），是指企业与企业之间通过互联网进行产品、服务及信息的交换。

② B2C（Business to Customer），是指商业机构直接面向消费者提供产品和服务的电子商务模式，一般以网络零售业为主，借助互联网开展在线销售活动。现阶段，典型的 B2C 网站有天猫商城、当当网、京东商城等。

③ C2C（Customer to Customer），是指个人与个人之间的电子商务模式，即通过电子商务平台来实现自然人卖家和消费者之间的商品服务交换。典型的 C2C 网站有淘宝网、拍拍网、易趣网等。

业务受到严重波及，从事外贸出口的 B2B 电商企业也难以幸免，以万国商业网、宁波慧聪网、阿里巴巴为代表的出口导向型电商服务商纷纷面临倒闭、裁员重组、增长放缓等困境。而相对地，内贸 B2B 及垂直细分 B2C 却在外转内的引导下获得了前所未有的发展。同期，搜索引擎百度的加盟为网购消费者提供了更多的选择机会，也进一步促成了 C2C 商业模式的升级。由此可以说，金融危机促成了 2008—2009 年网络交易模式的转型与升级。

随着商业模式的逐步调整及产业链的不断完善，交易模型、支付方式不断革新改进，自 2010 年起，我国的网络交易进入到大规模发展、应用和运营阶段。伴随着移动互联网时代的到来，网络交易平台的阿里巴巴、滴滴出行、第三方支付的支付宝等网络信息技术的新模式、新业态已经深度渗透和融合进了现代日常生活。

网络购物带给消费者的福利是不言而喻的，它不仅给消费者提供了更多的消费方式和消费选择，同时缩小了生产与消费之间的差距，节约了消费成本。但是，相比传统交易而言，网络购物是在网络空间进行的交易，网络交易具有交易环境的非透明性、交易过程的非直接性、交易手段的非直面性等特征，极大地增加了消费者受损害的机会，相对而言，商家处于更为优势的地位，[①] 在网络交易语境下，消费者的保护理应更加受到关注。[②]

在以网络交易为代表的远程交易方式日渐普及的背景下，我国《消费者权益保护法》于 2013 年进行修订，引入了消费者"无理由解除权"，明确了第三方网络交易平台提供者的义务和责任。这些规范一定程度上解决了当时网络交易规范存在的立法层级低、规范之间不协调而导致司法实践无所适从

---

① 李文雅，李长喜. 互联网立法若干问题研究 [J]. 北京邮电大学学报（社会科学版），2013，15（4）：13-17.

② 更有学者提倡将"保护消费者权益、弱势群体保护"作为《电子商务法》的基本原则。参见张楚. 电子商务法 [M]. 北京：中国人民大学出版社，2016：19. 李双元，王海浪. 电子商务法若干问题研究 [M]. 武汉：武汉大学出版社，2016：11.

的问题。消费者"无理由解除权"作为网络交易中消费者权益保护的利器，不仅有效地弥补了网络交易中消费者的信息劣势，而且极大地减少了网络交易纠纷。另外，通过苛以网络交易平台提供者对平台内侵害消费者合法权益行为的管理义务，增强网络交易平台提供者的消费保护职能，规定在明知或者应知平台内供给方侵害消费者合法权益的行为，未采取必要措施的，与该供给方承担连带责任，这在一定程度上有利于防止网络交易平台提供者基于"流量红利"而漠视平台内违法内容和违法行为的发生。

四、网络交易的常态化与《电子商务法》的制定

现在不再仅限于"互联网+零售"，"互联网+"已经在第三产业得到了全面应用，并开始渗透第二产业甚至第一产业，互联网的生态圈渗入实体产业，实体产业加速互联网布局，形成各种新型互联互通以及互惠共生的时代。在这个时代不再存在概念上的电商，因为所有的企业都带有互联网的属性。互联网也不再作为一种颠覆的工具，而是作为交易的一种基础资源，就像电力等基础资源一样不可或缺。因此，在无商不网的时代，一部作为网络交易领域的法律是现实之需，在这种情况下，《电子商务法》应运而生。2018年8月31日，在十三届全国人大常委会第五次会议上，《电子商务法》表决通过。该法分七章，共八十九条，对电子商务经营者、电子商务合同的订立与履行、电子商务争议解决、电子商务促进及法律责任等作了详细规定。对供给方刷单、刷好评、需求方差评受骚扰、购买会员反遭"大数据杀熟"等在网络交易野蛮生长时期所出现的诸多超越商业伦理和市场法则的行为，明确了打击的立场。对网络交易存在的诸如合同的主体问题、合同的成立问题、标的物的交付时间、电子支付的风险负担等一系列争议问题给予回应。《电子商务法》的出台，顺应了互联网大整合时代的要求，在《合同法》《消费者权益保护法》调整一般性交易关系的基础上，以问题为导向，着力解决近年来网络

交易发展中存在的突出矛盾和主要问题，[①]是回应社会关切的标志性立法。该法将网络交易自发生长阶段中一些成熟的做法和经验上升至法律层面，作为法律制度固定下来，很好地融入了既有法律体系，结束了网络交易野蛮生长的时代，成为网络交易领域的"定海神针"，对引导网络交易持续健康发展有着重要意义。

---

① 何波.《电子商务法》适用中的若干基础问题［J］.人民法治，2019（1）：14.

第二章 关系合同视角下的网络交易

网络交易是计算机网络技术发展到大规模应用的交易形态。网络交易运行环境和交易手段，具有与传统交易不同的特性，这些特性使得用来规范、调节传统民商事交易活动的民商事法律体系，在应对网络交易时，表现出一定的局限性。因此，需要新的法律规范来调整网络交易的运行模式，解决出现的新问题，为利用网络进行交易活动的当事人提供法律支撑，稳定当事人的交易预期。网络交易的特殊性所引发的法律问题，凸显了传统立法在"互联网＋"时代的局限性。回应社会的发展需要，不仅是中国民法典具备鲜明时代特征的必然需求，[①] 更应是网络时代合同立法所应当具有的品格。

第一节 现代合同法的基本构造

在合同法的发展史上，古典合同法是在思想解放和经济发展的双重作用下，形成的由高度形式理性化规则组成的封闭的合同法体系，其开创了合同法的新局面，具有划时代的意义。但由于古典合同法天然存在僵硬化、静态化等缺陷，在调整不断发展的社会关系时显示出了诸多局限性，就产生了对其完善的需求。合同法经过不断修正，形成了以新古典合同法理论为指导的现代合同法。因而，现代合同法是建立在古典合同法的基础上，"适用旧的法

---

① 石佳友．治理体系的完善与民法典的时代精神［J］．法学研究，2016，38（1）：3-21.

律原则，结合新的事实加以发展而形成的"。[①]

一、古典合同法的基本内核

古典合同法，是指在 17—18 世纪形成，并于 19 世纪定型化的合同法。古典合同法形成的社会背景是在资本主义自由竞争时期。在这一时期，民主政治战胜了封建和神权专制，资本主义经济战胜了封建主义经济，理性主义哲学战胜了经院主义哲学，与此相适应，代表理性主义和自由主义的法学理论战胜了代表神学和封建专制的法学理论。经济上，以亚当·斯密（Adam Smith）的自由放任经济学为指导社会经济运行的圭臬；政治上，在社会契约理论影响下，政府变为微型政府，仅充当"守夜人"的角色，广大的农奴取得了人身自由，所有的个人都从原来的身份隶属者的地位中解放出来，均被赋予法律上的自由人格，由此，形成了"自由个人人格"的观念。生产手段和生产所得的支配权（所有权）从加于其上的社会统治中摆脱出来，权利主体因而可以绝对自由地行使这种权利，形成了"所有权绝对"的观念。[②]而当作为资产阶级进行反对封建专制工具的自然法思想，遇上了英国学者亨利·萨姆奈·梅因（Henry Summer Maine）从"身份到契约"的法律制度史观，就形成了抽象平等人格的自由主义契约观。在这样的背景下，人与人之间的经济交往，均可以基于个人意思通过缔结合同而形成。

自由主义契约观在实证法上的体现，以大陆法系《法国民法典》《德国民法典》的制定、英美法系英国合同法的确立为典型，这一时期的合同法，被后世称为"古典合同法"。古典合同法在自由主义和理性主义哲学的指导下，形成了以合意为基本核心范畴、以合同自由原则为灵魂、以对自己意思和行

---

① 傅静坤.二十世纪契约法［M］.北京：法律出版社，1997：246.

② 我妻荣.债权在近代法中的优越地位［M］.王书江，译.北京：中国大百科全书出版社，1999：173.

为负责的个人责任和合同相对性为基础原则的合同法体系。

（一）以合意为合同的拘束力来源

古典合同法理论认为，合同是当事人合意的产物。即合意一经形成，便会脱离主观的范畴而进入一个"无意识"的客观地带，当事人的任何一方都应当遵守这个曾经是自己意志的产物，而无权任意变更或取消。私人之间订立的合同为何具有拘束力？这是一个合同拘束力的根源问题。古典合同法摒弃了中世纪形成的原因理论，[①] 意志论取代了它。意志论以康德（Kant）的理性主义为哲学后盾，理性主义是在批判朴素直观的自然主义和蒙昧的神学主义基础上发展起来的，认为法现象并不根源于自然和神，而是来源于人类的理性本身。自然法中所指的"自然"，就是人类共同具有的合理精神即道德。道德以某种方式产生于人类本质本身，产生于人类共同生活的这个社会的要求。对于"人们将如何行动"的知识或自觉能够直接为具有正常理性能力和良知的每个人所掌握；人们善于约束自身，从本质上具有充分的动机引导他们去做其应该做的事情。[②] 正是因为人类具有理性，人就能够认识和运用自然法。因此，"在任何情况下……都应当把人当作目的，绝不能当作工具"。[③] 人就是法律的目的而不是工具，由此可以推论出：第一，人是权利义务的主体，立法者就是人类自身，人的意志也可以使当事人成为他们之间法律的立法者。第二，法律应当有助于个人利益的实现，而不是阻碍个人利益的实现。

与此同时，功利主义也为意志论撑起了效益的价值基础。在功利主义者看来，市场上从事交易的人都是精于计算的经济人，对自身的利益需求以及

---

① 中世纪的注释和评注法学家为了摆脱合同的形式主义和类型法定主义的束缚，以原因理论重构合同的概念，主张合同的效力根源在于合同是基于一个正当的原因而缔结的。而基于正当原因缔结的合同之所以能够产生拘束力，又是基于订立这样的合同是对"慷慨"和"交换正义"之德行的践行。

② 康德.实践理性批判［M］.李秋零，译.北京：中国人民出版社，2011：54.

③ 康德.道德形而上学基础［M］.孙少伟，译.北京：九州出版社，2007：43.

如何趋利避害，只有自己最为清楚。因此，当事人基于自己的自由意志所做出的安排，都是理性的体现，双方在平等协商的基础上所达成的合同条款，能够在当事人之间达到"帕累托最优"。换言之，在形式平等与个人自由的条件下，合同本身就是正义。[①]基于此，合意成为古典合同法的核心范畴，合同自由原则、个人责任原则、合同相对性原则均由此引申。

（二）以合同自由原则为灵魂

康德将意志自由引入伦理学中，以阐明人的道德责任。作为理性存在者的人，有意志自由，自己能够立法并执法，因此，应对自己的行为负责。此外，一个有理性存在者的人，只有在他受到自由观念支配而行动时，才能是他的意志；也就是说，只有承认意志自由，道德才是有意义的。[②]如果人们是按照自己的意志自由地行事，义务是当事人自愿承担的，也最能体现正义，不应存在任何的不公正。相反，如果对这种义务的自愿分配进行干预，就会产生不公正。"当某人就他人的事务作出决定时，可能存在某种不公正，但他就自己的事务作出决定时，则绝不可能存在任何不公正。"[③]既然自由的约定最能体现公平正义，法律就应当维护这样的公平正义。

以合意为要素的合同所产生的责任在伦理上得以正当化；只有具有理性的人将其意志置于活动之中时，其行为后果才能归之于他本身。这样，意志、理性、自由和责任便在康德的先验理性主义的形式伦理学中走向一致。也正是在此基础上，近代私法上主观权利的概念得以确立，意思自治和合同自由原则被全面贯彻，成为古典合同法的基石。

---

① 徐涤宇.原因理论研究［M］.北京：中国政法大学出版社，2005：162.

② 康德.实践理性批判［M］.李秋零，译.北京：中国人民出版社，2011：201—229.

③ 尹田.法国现代合同法：契约自由与社会公正的冲突与平衡［M］.北京：法律出版社，2009：26.

（三）以个人责任和合同相对性原则为基础

按照邓肯·肯尼迪（Duncan Kennedy）的观点，奠基在自由主义和理性主义哲学理论基础上的古典私法体系，可概括为以下三点：第一，个人拥有先验自由，在个人自由领域中，无论做任何事情，他人均无权追究。第二，作为自由原则的运用，他人可以追究责任的范围仅限于两个正统的原因，即以故意或者过失侵害他人的财产和权利及存在合同时。个人并不负有帮助遭受困难之人的义务。并且，当事人的意思严格地划清合同上责任的范围。第三，自由意思和过错的概念通过逻辑演绎，可以推导出规定合同和侵权行为的界限和内容的明确规则。[①] 如此，古典私法通过理性的平等自由人设，为私人划定了一个人身和意志充分自由的领域，在这个领域内，他就应该为其意志负责。而这种意志究竟是内心的意思，还是表示于外的意思，论者各有不同，是为意思主义与表示主义。无论如何，私人可以以自己的意志约定权利义务，从而为自己划定责任范围，由此发展出"个人责任原则"。

在个人自由的领域内，私人的约定就是权利义务的唯一依据，其他人对当事人的义务苛责，均是对私人权利的侵扰，均不合自然正义而应当被排除。因此，合同是两个以上的特定当事人以其合意建立起来的一种债权债务关系，除了表示该种合意的当事人以外，任何其他人都无权享有合同上的权利，也就不必承担合同上的义务。换言之，合同的效力具有相对性，合同只在当事人之间发生法律拘束力，只有合同当事人一方能基于合同向对方提出请求或提起诉讼，而不能向与无合同关系的第三人提出合同上的请求，合同当事人也不能擅自为第三人设定合同上的义务，是为"合同相对性原则"。

古典合同法通过将合同自身单纯化、明晰化，抽象出"个人责任原则"

---

① 内田贵.契约的再生［M］.胡宝海，译.北京：中国法制出版社，2005：155-156.

与"合同相对性原则",从而保持逻辑的一贯性,将"形式主义"的规范方法上推至极点。

二、现代合同法对古典合同法的修正

现代合同法,是指 20 世纪以后的合同法。与古典合同法形成期间的社会背景不同,20 世纪以来,社会经济结构发生了一定的变化,由绝对自由和形式平等带来的各种社会问题凸显。人们开始反思形式理性主义哲学的合理性,古典合同法所贯彻的自由主义思想,也不断遭受批判。在这一过程中,合同法的发展逐渐从自然法哲学向法律现实主义转变。古典合同法不断被特别的立法、判例、学说修正。

(一)合同拘束力来源的多元化认识

合同拘束力来源于意志的古典合同理论,以及在此基础上建立的合同法体系。面对层出不穷的社会问题,意志论学者显得捉襟见肘。意志论开始受到各方批判,对其进行有效攻击的代表性理论有以美国学者朗·L. 富勒(Lon L. Fuller)为代表的信赖利益理论、以罗斯科·庞德(Roscoe Pound)为代表的社会现实主义契约观理论等。

按照英国学者 P. S. 阿蒂亚(P. S. Atiyah)的观点,原有对合意的正当性论述,是站在约定者的立场上去分析何种行为是正确的。对于这种分析视角,阿蒂亚称之为"内在的观点"。然而,这样的观点无法回答"为何合同中的当事人应当遵守约定?""约定又为何招致对方的约定和信赖?"等问题。阿蒂亚将这种从相对方的角度考虑合同拘束力来源的观点,称为"外在的观点"。对此,阿蒂亚认为,这种约定的拘束力前提存在着一种权利分配,即一定约定即可信赖的"权利"分配。因而,问题转向了为何要进行这样的权利分配,阿蒂亚认为答案是价值判断,即一种法律认为所需要保护的利益所在。而这个利益，正是富勒所提出的信赖利益。

在法律现实主义运动蓬勃兴起时，富勒对普通法中概念法学的形式主义表现出极度不满，同时受德国法学家鲁道夫·冯·耶林（Rudolph Von Jhering）"目的法学"的影响，开创性地将合同的目的与合同损害赔偿结合起来研究。对于合同法上损害赔偿始终是以期待利益的赔偿为目的，但是为何会产生期待利益，法律对其保护的基础是什么？富勒认为正是信赖利益，合同拘束力的根据在于行为人的意思表示使相对人或其他利害关系人产生了某种信赖并据此作出准备或安排。① 富勒的信赖利益保护对美国《第二次合同法重述》产生了重大影响。信赖利益赔偿要么直接作为一个全部期待利益赔偿的替代形式，要么直接将信赖利益赔偿作为一个无期待利益赔偿时（合同因错误、合同目的受挫等被解除时）的有限救济。② 以富勒为首提出的允诺可因被信赖而获得强制执行力的合同信赖保护理论，被直接运用于美国《第二次合同法重述》，使得允诺禁反言成为一种独立的诉因，成为合同责任的一种独立基础。

古典合同法建立在个人主义基础之上，③ 将个人利益作为法律首先应保护的利益。这种极端的个人主义遭到了批判，多重利益论也开始占上风。德国学者菲利普·黑克（Philipp Heck）的利益法学主张法官在制定法之外有从属的价值认定的权能，强调利益衡量在司法中的重要作用。此后，社会法学家庞德提出，法律应当保护的利益包括个别利益、公共利益以及社会利益。其中社会利益是指，"涉及文明社会的社会生活的要求或需要或希望，并被断定为是这种生活的权利。"④ 法律秩序就是建立在这几种利益平衡的基础上的，

---

① 董安生. 民事法律行为 [M]. 北京：中国人民大学出版社，2002：49.

② 《第二次合同法重述》第 158 条、第 272 条。

③ 李永军. 契约效力的根源及其正当化说明理论 [J]. 比较法研究，1998（3）：3-34.

④ E. 博登海默. 法理学：法哲学与法律方法 [M]. 邓正来，译. 北京：中国政法大学出版社，2004：135-136.

而这种利益平衡具体到合同法，就是要使个人意思自治的理论让位于多种利益理论，尤其个人利益与社会利益平衡的理论。

在法律现实主义的影响下，古典合同法封闭的体系已被打破，合同拘束力的来源不再仅限于合意，而是扩大到了对信赖利益、公共利益、社会利益等多种利益的保护。

（二）对合同自由的限制

现代合同法意识到了绝对的合同自由会产生可能导致产生结果的实质不公平，出现合同双方利益失衡的情况。因而，对合同自由进行了有条件的限制，主要体现在对合同缔结的强制、对合同形式的必要限制和对合同内容加以干涉三方面。

第一，对合同缔结的强制。古典合同理论认为，合同自由意味着不得给当事人强加任何订立合同的义务。但现代合同法打破了当事人缔约与否的绝对自由。在大陆法系中，法律出于对基本生活条件的保障，课以供电、水、气等具有垄断性的公用事业部门以及公共承运人不得拒绝客户要约的义务。在英美法系中，不仅在公共事业部门规定了强制缔约义务，法律出于反垄断、保护正当竞争、反种族歧视等目的，在其他领域也规定了强制缔约义务。[①]

第二，对合同形式的必要限制。古代法律特别强调形式的重要性，当事人实际的内心意思如何并不重要，法律行为的拘束力来源于庄重的仪式，合同对双方的拘束力来源于法定形式。[②]随着近代合同法的建立，以当事人的合意作为合同的效力根源，合同的表现形式不再是合同效力的影响因素。而现代合同在追求交易便捷的同时，也注重对交易安全的保护，这就需要对合同的形式作出特定的要求，以督促人们正确、谨慎地缔约。近几十年来，立法

---

① E.艾伦·范斯沃思.美国合同法（第二版）[M]// 王利明.合同法研究（第2卷·修订版）.北京：中国人民大学出版社，2011：90.

② 彼得罗·彭梵得.罗马法教科书[M]. 黄风，译.北京：中国政法大学出版社，2018：192.

在房屋等不动产交易、消费者信贷、分时段和长期旅游度假等合同中越来越多地被要求采用书面形式。

第三，对合同内容加以干涉。自 20 世纪以来，随着经济与社会状况的变化，当事人双方力量对比的差距加大，将合同条款拟定的自由完全交付给当事人，会造成双方权利、义务实际上的不平等。因此，各国都从立法和司法的角度对合同条款拟定的自由加以限制，具体体现为默示条款制度和对不公平条款的规制。

古典合同法理论所赖以建立的前提——平等的"经济人"假设不断受到挑战，当事人在订立合同的过程中表现出来的是"有限理性"。合同双方在订立合同时，往往忽略某些问题而没有将其订入合同中，为了使合同趋于完善，19 世纪末，英美法出现了从司法上对合同条款进行限制的做法，并由此形成默示条款制度。该制度指的是合同本身虽未规定，但在纠纷发生时由法院确认的、合同中应当包括的条款。默示条款制度的确立是英美合同法的重大变革，它打破了"法院不为当事人订立合同"的信条，使当事人不仅需要遵守合同明示条款所规定的义务，而且还需要遵守法院基于公平，认为应当加插进合同中的默示条款所要求的义务。[①]

垄断巨头是自由经济发展到一定程度的产物，他们在经济实力上远远超出了其他人，合同的条款往往是他们单方面拟定的，对方对此只能是"要么接受，要么离开"。古典合同法建立在双方当事人地位完全平等且可以在讨价还价假设的基础上的合同自由遭到了严重滥用和破坏，合同中处于弱者地位的当事人权利得不到全面保护。于是，各国开始借助立法和司法，对不公平合同条款进行规制。立法规制是指国家通过立法将某些条款作为不公平条款明确写进法律当中，并规定其无效；而司法规制一方面是指立法规制的具体实施；另一方面是指由法官根据判例法或者法律的一般原则对合同加以解释，

从而限制不公平条款订入合同。

（三）合同关系扩大化

现代合同法认为，合同关系不仅限于已经订立合同的双方当事人之间，未订立合同的主体在特定的条件下也可能进入合同关系。现代合同法将合同关系扩大化，主要体现在诚实信用原则作为一般条款的引入、合同相对性原则的突破两方面。

第一，诚实信用原则作为一般条款的引入。在古典合同理论看来，合同法就是关于合同的法律，合同法上的责任只因合同而产生，如果没有合同，合同法便无从谈起，[①]合同责任也就不复存在。但是，这种封闭的体系在20世纪已经导致许多损害无法得到修补。如果不改变对合同责任的认识方法，则会导致人们对法律的作用产生怀疑。以耶林为代表的现实主义法学家认为，合同的责任远不应当止于违约责任。在合同缔结的过程中，"缔约当事人已经进入了一个具体的，而且可以产生权利义务的债的关系"。[②]双方应当互负一定的义务，如果损害是由一方违反义务而造成的，则应依合同法而非侵权法来予以解决，在这些理念的基础上，耶林建立了缔约过失责任理论。缔约过失责任，以当事人在缔约过程中的过失为基础，这个过失不是以侵权法来衡量，而是以合同法在所要求的缔结契约过程中的诚信义务来衡量。其包含了两层意思：一是为缔结契约而进行谈判的当事人之间互负有诚实信用的义务；二是为因违反诚实信用的义务而给对方造成损失的，应承担赔偿责任。因此，缔约过失责任建立的前提是诚实信用作为一般的义务在合同法中的确立。由于有了诚实信用这个整体的概念，又进一步将缔约过程中当事人以诚实信用应承担的义务加以具体化，形成了协助义务、保护义务、告知义务和保密义

---

① 傅静坤.二十世纪契约法［M］.北京：法律出版社，1997：25.

② 王泽鉴.债法原理［M］.北京：北京大学出版社，2013：233.

务等附随义务。

诚实信用作为合同法的一般义务，意味着当事人一旦开始缔结合同的活动，当事人之间的关系就开始受到合同法的调整；一旦一方因缔结活动而遭受损失，就应当依据合同法而非其他的法律予以救济。因而，诚实信用原则的引入，使得合同关系沿着扩大化的方向发展。

第二，合同相对性原则的突破。古典合同法所构建的合同相对性原则旗帜鲜明地将合意以外的第三人排除出合同法调整的范围。然而，进入 20 世纪以后，出现了越来越多诸如信托合同、保险合同等专为第三人利益而设计的合同，在这类合同中，享有合同上的权益往往不是订立合同者本人，而是合同之外的第三人。同时，随着消费者利益保护运动的高涨，在买卖合同这一传统的合同种类中，也出现了第三人向合同的当事人主张权利、要求赔偿的情况。面对这种情况，各国基于商业实践、社会政策和公共利益考量，在立法上相继突破合同相对性原则，如德国《民法典》在债编专节规定了："向第三人履行给付的约定"，而美国《统一商法典》第 2 章规定了"利益第三人的担保责任"。无合同即无权利的绝对信条正在动摇，在合同法中适当地保护第三人权益逐渐成为各国的共识。

我国台湾学者蔡章麟总结道："今日私法学已由意思趋于信赖，已由内心趋于外形，已由主观趋于客观，已由表意人本位趋于相对人和第三人本位，已由权利滥用自由之思想倾向于权利滥用禁止之思想，已由个人本位倾向于社会本位或团体本位。"[①]经过不断修正，合同法的发展同样存在以上趋势，但这些修正并未动摇古典合同法根本的精神气质，古典合同理论仍然是正统的合同法理论。自古典合同法理论确立以意志理论为效力根据，两大法系至今仍然认可合同的拘束力基础首要来自当事人的共同意志，正如德国学者卡

---

① 蔡章麟. 私法上诚实信用原则及其运用［M］// 郑玉波. 民法总则论文选辑（下）. 台北：五南图书出版公司，1984：137.

尔·拉伦茨（Karl Larenz）所言："法律行为之所以能发生法律效力，首先就是因为实施法律行为的人意图通过该行为而引起法律后果，而不仅仅因为法律确认如此。"① 美国学者莫顿·J.霍维茨（Morton J. Horwitz）认为："现代合同法理论的全部概念——要约和承诺规则、对价的证据功能、合同阐释和解释规则——都明确表达了合同意志理论的观点。"② 合同自由仍然是合同法的灵魂和生命，个人责任和合同相对性原则的运用仍是判断合同责任的基本准则。面对古典合同法所无法应对的社会问题，现代合同法也仅是采取设定例外、限制等方式对社会出现的新问题进行碎片化的回应。

第二节　网络交易对现代合同法的挑战

网络交易是指在网络空间进行的交易。传统上，人们将赖以生存的以地理疆界为划分标准的生存空间称为物理空间。在物理空间，事物是以原子的形式存在，原子是物理世界的基本组成单位，人类活动以每个个体的存在为基础，而每个个体的活动又可能受各种社会条件的限制。随着网络技术的逐步稳定化和网络在全球范围的扩展，形成了一个全新的空间——网络空间。③ 在网络空间中，人与人之间的联系通过各自的电子计算机，依靠 TCP/IP（Transmission Control Protocol/Internet Protocol，即传输控制协议/互联网协议）与用户资源共享原理来维系，按照 TCP/IP 协议来即时传递和交换信

---

① 卡尔·拉伦茨.德国民法原理（总则）[M]//董安生.民事法律行为.北京：中国人民大学出版社，2002：47.

② 莫顿·J.霍维茨.美国法的变迁1780—1860 [M].谢鸿飞，译.北京：中国政法大学出版社，2004：243.

③ 网络空间是自然空间中的一个域，因其由网络、电磁场以及人在其中的信息交互共同组成，被认为是继陆地、海洋、天空和外太空之后人类生存的第五空间。参见李飞.信息安全理论与技术 [M].西安：西安电子科技大学出版社，2016：4.

息。[1] 网络空间的基本单位是比特，网络空间主要依赖编写代码去表达各种信息，[2] 可以支持声音、数据、文本、图形、视屏等多媒体通信。因此，"互联网上所展示的空间、事物及其效果有着与现实环境几乎相同的特点，但实际上，互联网上所展示的空间并非真正的现实空间，它独立于现实空间，是现实空间在特定的技术条件下的折射而已"。[3] 换言之，网络空间是通过信息通信技术，以二进制代码表现出的模拟化空间。[4]

由于网络空间是通过互联网利用数字化技术和多媒体信息通信技术形成的，因此具有数字化、非物质性、开放性的特征，由此决定了在网络空间中进行的网络交易具有不同于传统交易的特性，也对用以规范传统交易的合同法形成了挑战。

一、网络交易的合同相对性问题

网络交易是平台化交易。随着网络技术的发展，分享经济、平台经济、协作经济等多种名称的全新商业模式应运而生，但其共同点都是网络交易平台提供者通过利用数字技术，链接不同用户群体，从而达到助推资产、服务交易便捷化的目的。相较于进行交易的供给方和需求方，网络交易平台提供者并非直接的交易主体，而是利用广泛普及的互联网和移动技术充当虚拟的供需集合点，为网络交易市场的畅行提供辅助设施。但网络交易平台提供者又并非仅仅只是交易场所的提供者，因为这些商业模式的成功运作无不是建立于网络交易平台提供者采用各种机制以取得用户信任的基础之上的。

---

[1]　林旭霞.论"虚拟主体"之法律地位［J］.福建师范大学学报（哲学社会科学版），2007（3）：73–80.

[2]　齐爱民.论网络空间的特征及其对法律的影响［J］.贵州大学学报（社会科学版），2004（2）：16–22.

[3]　刘德良.论网络时代的民法价值与基本原则［J］.新疆社会科学，2001（5）：78–84.

[4]　张新宝，许可.网络空间主权的治理模式及其制度构建［J］.中国社会科学，2016（8）：139–158.

在这些商业形态和市场结构中，网络交易平台提供者成为不可或缺的主体，供需双方的合同关系变为多方关系。网络交易平台提供者虽不直接参与交易，但其地位已经相当于交易各方信用的担保者，作为交易组织者的网络交易平台提供者承载着交易双方的信用，必然要承担起保障网络交易安全的责任。这就要求网络交易平台提供者对用户在使用网络交易平台过程中遭受的损失，必须承担应有的责任。而如果固守合同相对性原则，对用户在网络交易中所遭受的损失，网络交易平台提供者可以以第三方的身份置身事外，这显然与其在交易中的地位和作用不相对称。各国已经通过多项立法设定网络交易平台提供者在网络交易中的义务和责任。这就意味着，网络交易平台提供者虽不为供需交易主体，但必须承担用户在交易中所遭受损害的赔偿责任，这些损害也包括了一方违约给另一方造成的损害。这就在一定程度上突破了合同相对性原则，网络交易平台提供者即使并非交易中的任何一方，也可能承担交易的合同责任。

网络交易是匿名交易。用户仅需通过网络交易平台设置账号，就可以以账号的名义进行网络交易。在电子环境中交易，行为主体与身份主体往往并非同一人，借名交易和冒名交易时常发生。这就产生了在行为人、名义载体以及交易相对方三方主体之间，如何确定合同主体的问题。名义载体可能与交易意思表示主体存在错位，合同的内容也并非由名义载体与相对人形成的合意。但依据传统法思路，仍可能要求名义载体承担合同责任。这也同样对建立于个人责任基础上的合同相对性原则构成了挑战。

二、网络交易的形式问题

在网络交易中，传统交易模式下的信息载体被数字化的信息全方位代替，电子计算机通信记录取代了纸面交易文件，整个信息的发送和接收过程实现了无纸化。无纸化交易使信息传递摆脱了纸张限制的同时，也对合同形式基于以纸张和书面为基础的传统法律造成了一定的冲击。

第一，现代合同法对某些重要交易行为提出了使用书面形式的要求，而无纸化交易未能满足这一形式要求。对于这一冲击，在国际范围内基本上形成了较为统一的"赋予电子信息以书面形式的效力"认识。在我国，这一共识主要体现在原《合同法》直接将数据电文纳入书面形式范畴的规定。随后，《电子签名法》运用功能等同原则，确认了可靠的电子签名具有签字盖章的功效，以使通过数据电文做出的意思表示得以归属，从而解决了以数据电文形式订立合同的法律效力问题。

第二，网络交易中普遍采用的"点击合同"（point and click contract）[1]合同形式，超出了传统合同法的规范范畴。点击合同是指合同的拟定方通过计算机程序将预先拟定好附带点击按钮的合同条款呈现于网页上，合同相对方以点击按钮行为表示是否达成意思表示一致的合同形式。[2] 由于点击合同是通过自动信息系统订立的，学界普遍认为点击合同形式就是以数据电文形式订立的合同形式，因而将其纳入书面合同的范畴。实质上，点击合同的订立方式并非如同书面合同一般以签字盖章为意思表示的归属方式，而是要求非拟定合同的一方以点击按钮的行为表征对合同条款的认可与否，以点击行为推定特定的意思表示，是一种默示的意思表示。这种合同的订立方式，并未被立法所规范，点击合同并非书面合同。

点击合同是电子化的格式合同，在网络交易模式不断创新、合同条款趋向复杂的情况下，如何创建公平的电子缔约环境，规范点击合同的有效形式，也是立法应当回应的问题。

---

① RICHARD G, KUNKEL J D. Recent Developments in Shrinkwrap, Clickwrap and Browsewrap Licenses in the United States [J]. *Computer Software Law and Legislation United States*, 2002, 9（3）: 873.

② 刘颖，骆文怡. 论点击合同 [J]. 武汉大学学报（社会科学版），2003（3）: 278-281.

三、网络交易的订立规则问题

以合意为基础的传统合同订立规则，在网络交易中已然无法适用。

自由是网络社会的性格，匿名交往是网络交往的魅力所在。网络用户以无实体形象的"抽象人"面目在网络上"随意"行为，决定了网络安全问题会成为网络发展的伴生问题。在网络仅用于信息传递与交流的早期，尚未汇集复杂的利益关系，此问题并未受到重视。而当网络开始用于交易，交易风险大大增加，对交易安全保障的需求问题开始凸显。

在网络交易中，需求方往往倾向于在匿名状态下完成交易。而基于交易安全的考虑，供给方必须披露其基本信息，信息的真伪依赖于网络交易平台提供者的审核。也正是由于需求方的身份在网络交易中被同质化，除非特殊情况（如，当事人特别约定签署确认书等）或者特殊领域（如，法律、行政法规有禁止性的规定），网络交易才得以采用自动信息系统订立合同。自动信息系统是按照事先设定的程序指令、算法、运行参数与条件，在无自然人确认或者干预的情况下，交易双方为了订立或者履行合同进行信息互动的计算机信息系统。[1] 自动信息系统的使用者[2]通过网页发出的信息面向的是不特定多数人，通过该系统可以经由网络与全球任何角落的人缔结合同，它契合了网络交易开放、自由、高效的价值追求。

在交易主体信息严重不对称的情况下进行交易，如果供给方先行履行合同，就会存在需求方不履行合同而又因为主体信息缺失难以通过传统的法律手段追诉的风险。换言之，若依据传统诺成合同的订立规则，仅在交易双方意思表示一致时，合同成立并产生效力，对交易双方产生拘束力，就会将不

---

[1]　电子商务法起草组.中华人民共和国电子商务法条文释义［M］.北京：法律出版社，2018：144.

[2]　自动信息系统的使用者是指预先设定系统的程序指令、算法、运行参数与条件和对方互动的一方当事人。为了避免主体混淆，与自动信息系统互动的对方当事人，称为相对方。参见电子商务法起草组.中华人民共和国电子商务法条文释义［M］.北京：法律出版社，2018：144.

可控制的交易风险转至对交易对手—无所知的交易供给方，从而使交易双方利益严重失衡。如果说，熟人社会的交易依靠主观信任作为保障机制，陌生人社会的交易依靠合同法律作为拘束手段，那么，完全抽象身份的主体之间的交易，依靠的则是规避合同无法同时履行的风险的技术规则设计。因而，在供给方信息真实且公开的情况下通过自动信息系统进行交易，规则的设置就必须在保证匿名的需求方提供履约保障后，才能启动交易程序。

若依据传统意思自治原理，表意者通过自动信息系统发布交易信息，在表意者明确拒绝受该信息拘束时，即使该系统配置了自动完成交易的程序，该信息的性质仍定义为要约邀请。如此，需求方履行"付款"行为后尚处于要约状态，尚需等待表意者的承诺，合同方能成立。对要约和要约邀请划分的主观标准在网络交易中适用，这极大地增加了网络交易的不确定性，也助长了供给方的不诚信行为，从而可能会损害需求方的利益。

四、网络交易的合同拘束力问题

依法成立的合同产生法律拘束力，除了当事人同意或有解除原因外，不容一方任意反悔请求解约，无故撤销。易言之，当事人一方不能废止合同。[①]而在网络交易中，合同的拘束力呈现弱化的趋势。

第一，各国普遍赋予网络交易中的消费者"无理由解除权"，使消费者在一定期限内可以无需理由地通过单方意思表示，从其与相对方签订的合同中摆脱出来。网络技术降低了时空对人类行为的限制，网络交易的参与者，极少关注交易相对方的地理位置，[②]可以与世界任何一个角落的相对方进行交易。网络空间的出现成就了远程交易，但在远程交易中在一方交易前往往无法接

---

① 王泽鉴.债法原理［M］.北京：北京大学出版社，2013：228.

② 在网络交易中，交易者关注地理位置的情况有两种：一是将地理位置，或者说产地，作为交易对象质量高低的考量因素，如新疆的红枣等。二是交易地影响合同履行，偏远地区与普通地区存在运输费用差别。

触交易标的，无法检验商品，从而产生交易信息不对称的缺陷。这一缺陷目前仍然无法通过科学技术得以彻底解决。① 换言之，传统交易双方可以面对面交流，并通过视觉、触觉乃至嗅觉了解交易标的，而在现阶段网络交易过程中，技术手段只能够凭借视觉、参数列举和平面视频去了解商品。传统规则并未考虑网络交易的非面对面交易常态，若原《合同法》既有规则适用于网络交易，则在双方达成交易合意后，即使交易标的事实上不尽如人意，需求方也不得不受合同拘束。这样，信息不对称的交易环境将有可能导致信息优势方滥用信息优势，助长不诚信交易行为。"无理由解除权"制度动因就是为远程交易设立的信息不对称矫正机制，用以平衡交易双方利益，避免出现"柠檬市场"②。

第二，各国普遍建立了电子错误制度。在订立电子合同过程中，可能出现的错误分为以下两种情况：一是信息系统本身出现错误，产生了错误的信息并加以传送。二是信息系统的使用者在使用系统的过程中输入了错误指令，从而发送了错误的信息。国际上，电子错误制度中的电子错误，仅指第二种情况。

在电子环境中，意思表示的发出瞬间就能到达对方，合同法中要约和承诺的撤销、撤回制度无法适用。而适用自动信息系统订立合同的网络交易，要约或者承诺通常是经由点击行为完成。相比传统缔约环境中的笔误，网络环境中误击"确认"键或者误点"同意"按钮的情况更为常见。③

---

① 目前实力较强的网店也陆续在大中城市创建了网店实体体验店。另外，近年来，淘宝网开始推出网上试衣间，该模式是在网站界面中间放置一位"模特"，周围是不同品牌、不同款式的服装等，只需点击鼠标就可以把服饰换到"模特"身上。"试衣"完成后，界面还会显示出搭配这些服饰所需要的价钱，这让购买者一目了然。这些举措都是由虚拟进一步走向现实的路径。但目前这些路径要么因为还存在技术上的局限性，要么因为增加了投资费用使网店不堪重负，还没有得到很好地推广。

② 柠檬市场是指在信息不对称的情况下，优质商品遭到淘汰，而劣等品会逐步占领市场，从而取代优质商品，导致市场中都是劣等品。

③ 电子商务法起草组.中华人民共和国电子商务法条文释义［M］.北京：法律出版社，2018：153.

为了避免发送错误的信息，各国大多通过立法规定技术和系统控制方在其提供的电子信息系统中设置有关程序，用于保障用户拥有纠正输入性错误的机会。如果没有设置这一程序的，则根据《联合国国际合同使用电子通信公约》第 14 条的规定，相对人或其所代表的当事人有权撤回[①]电子通信中发生输入错误的部分。需要说明的是，《联合国国际合同使用电子通信公约》虽将其范围仅限于人为"输入错误"，主要考虑的因素是电子通信撤回权是对发生错误的当事人提供保护的一种特殊救济，而不是使当事人可趁机拒不接受对其不利的交易或否定原本的承诺。但根据贸易法委员会秘书处的解释，第14 条并不要求判断发生所谓错误电文的当事人的意图。因为第 14 条旨在鼓励纠错手段的设置，如未设置，则有令程序设置者承担通过自动电文系统往来的电子通信发生错误的风险。如果通过考察主观意图等因素对发生错误的当事人撤回电文的权利予以限制，则将不利于实现本条文的预期目标。因此，《联合国国际合同使用电子通信公约》将电子错误制度仅仅规定为"输入错误"，并非将电子错误制度仅适用于"输入错误"，此处仅是提供一个"最低标准"，以避免对不同国内法造成冲突而不被接受。[②]

总而言之，在网络交易中，如果技术和系统控制方没有设置纠错步骤，即使网络交易双方完成了要约和承诺全过程，如果需求方以电子错误为由，即可撤销已经成立的合同，这种权利的存在同样弱化了合同的拘束力。

[①] 《联合国国际合同使用电子通信公约》中使用"撤回"一词，是避免其他的表述方式有可能在行为是否无效或是否可经当事人的请求加以撤销的问题上产生争论。见《贸易法委员会秘书处关于〈联合国国际合同使用电子通信公约〉的解释性说明》，第 237 段。

[②] 《贸易法委员会秘书处关于〈联合国国际合同使用电子通信公约〉的解释性说明》，第 236 段。

第三节　关系合同理论治理网络交易的应对路径

美国学者威廉·麦克尼尔（William H. McNeill）在古典合同理论逐渐走入"死亡"时，对其进行重新整合，提出了关系合同理论，使得合同法得以"再生"。[①] 该理论主张合同的拘束力根源不应当只是到意志或者信赖中去寻找，而应当到更为广阔的合同背后的社会背景和社会关系中去寻找。这就要求对合同关系加以动态的把握，不但权利义务关系应当随着合同关系的发生、变化而变化，而且在纠纷发生的情况下，也要考虑从合同关系的全过程来确定权利义务。

一、关系合同理论的研究范式

（一）合同的关系性观察

关系合同理论展开的前提，是关系性合同概念的提出，麦克尼尔从社会现实出发，指出古典合同法所研究的范式是"个别性合同"[②]。"个别性合同"指的是"当事人之间除了单纯的物品之外不存在任何关系"的合同。这种合同在现实社会中并不存在，即使理论上的交易，除了物品交易以外，都会涉及关系。涉及关系的合同才是现实社会中的合同常态，因此，麦克尼尔认为，

[①] 1974 年，美国学者格兰特·吉尔莫（Grant Gilmore）发表了《契约的死亡》一文，针对意思自治原理和约因原则的衰落、侵权法的扩张等现象，感叹合同法已经死亡。参见格兰特·吉尔莫. 契约的死亡 [M]. 曹士兵，姚建宗，译. 北京：中国法制出版社，2005：23. 而日本学者内田贵撰写了《契约的再生》一文，对契约死亡论进行回应，认为古典合同法原理正在被新的合同法理论替代。参见内田贵. 契约的再生 [M]. 胡宝海，译. 北京：中国法制出版社，2005：24.

[②] 麦克尼尔. 新社会契约论 [M]. 雷喜宁，潘勤，译. 北京：中国政法大学出版社，1994：10.

所谓合同，就是有关规划将来交换过程的当事人之间的各种关系，[①] 这就是关系性合同的概念。麦克尼尔的关系合同理论就是以关系性合同为研究范式。对比个别性合同，关系性合同存在以下几方面的差别。

1. 人身关系的松散性与紧密性

古典合同理论中所假设的个别性合同中，当事人是完全独立对等的、不相识的个体，其交易是一锤子买卖，在交易之前，他们没有任何关系，在交易之后，他们也就形同陌路。麦克尼尔将之称为"单发契约"[②]。由于个别性合同中当事人之间的关系是松散的，相互之间缺少信任，他们只能使用正规的语言来毫不含糊地表达交易的意思，交易的对象也必须是可精确度量的，能够满足现实的狭隘的经济交换。

在麦克尼尔的关系合同里，当事人之间的关系是紧密的，当事人处于广泛的社会关系之中，每个人都具有特定的社会角色，这里的角色不同于梅因所提及的封臣、同族等能够影响个人权力范围的"身份"，而是指摆在相应社会结构如买方、雇主、消费者等的角色，他们是在"习惯、习俗、其他为人所内化的规则，等级结构中的命令，以及由包括市场在内的任何现实状况的动力所创造的期待"[③] 等各种因素的影响下形成的。

在麦克尼尔看来，缔约的当事人总是具有千丝万缕的联系，因而他们之间的交流并不仅限于正规的语言；相反，他们的交流具有随意性，甚至可以通过某种感觉进行交流。通过交易，当事人除了获得在一个局外人看来所谓的经济利益以外，还获得了各种人身的非经济满足；也就是说，还进行了社会性的交换，如威望、个人权力这样的心理满足。[④] 因此，相对个别性交换而言，关系性合同的交易标的可能是难以精确度量的。

---

① 麦克尼尔. 新社会契约论 [M]. 雷喜宁，潘勤，译. 北京：中国政法大学出版社，1994：4.
② 内田贵. 契约的再生 [M]. 胡宝海，译. 北京：中国法制出版社，2005：40.
③ 麦克尼尔. 新社会契约论 [M]. 雷喜宁，潘勤，译. 北京：中国政法大学出版社，1994：8.
④ 麦克尼尔. 新社会契约论 [M]. 雷喜宁，潘勤，译. 北京：中国政法大学出版社，1994：21.

2. 合同性格的现时性与未来性

针对美国《第二次合同法重述》对合同的概念表述："所谓契约，为一个或一组允诺，对其不履行法律给予救济，或法律在一定意义上承认其履行为义务"。麦克尼尔认为，这样的个别性合同的构成要件只有"约定"和"法律"。这种个别性合同假设在合同订立时，每一方当事人都做了全面的、特定的计划，并将其表达于合约之中，从合约的达成到履行是短暂的过程。即使一方违约，作为"外部之神"的法律，也会立即对其启用救济措施。麦克尼尔将这种把有关交易的一切未来的事务置于当前的做法，称为"现时化"[①]。

麦克尼尔认为，现实中的合同履行是在日后履行期到来后才得以进行，因此合同具有展望未来的性格。[②] 古典的合同观念建立在确信一个人的意志能够影响未来的假设上，然而，人的有限理性、交流的有限性因素，会造成计划的非全面性或者计划的不可用性。从生理学上分析，人的大脑在同一时间里只能集中于有限的几件事情上，而事实上，一个人实际注意的事情比他能够注意的要少。从交易模式上分析，对于未来发生的交换之物的特定计划，超出了当事人的可控范围。例如，一家公司成立时，购买普通股票要付出多少钱是可以主动加以计划的，但是，未来普通股发行的数量和期限则是不能计划的。从当事人的交流方式上分析，当事人的意志要转化为符合交流所要求的信号形式，是需要付出努力的。换言之，并非所有的内心意志都能够转化为合同的内容。发出的意思和被接受的意思，或多或少地都存在着差别。[③]

3. 合同目的的个人性与合作性

在个别性合同里，没有统一体的观念，只有"我"和"你"，其他的就是陌生人。当事人交易的目的就是自由追求最大的个人功利，直到心满意足。

---

① 麦克尼尔. 新社会契约论 [M]. 雷喜宁，潘勤，译. 北京：中国政法大学出版社，1994：18.

② 内田贵. 契约的再生 [M]. 胡宝海，译. 北京：中国法制出版社，2005：38.

③ 麦克尼尔. 新社会契约论 [M]. 雷喜宁，潘勤，译. 北京：中国政法大学出版社，1994：9.

合同的每一方当事人享有他根据合同内容约定的全部权利，也承担他的全部义务，当事人之间的利益和负担是截然分开的。因此，个别性交易突出了交易固有的分离性和自利性，进而总是充满了明显的利益冲突和利益对抗。

在现实生活中，合同双方常常是处于合作状态的。他们存在着共享利益和负担的一面。在雇佣关系中，公司常常通过绩效、奖金等方式使雇员与股东共享公司繁荣。而在公司利润下降或者遭受损失时，雇员也可能以暂时失业或者停发奖金等方式与股东共度艰难时光。对未来合作的需要，促成了当事人之间高度的相互依赖，在这种依赖中，每一方当事人的利益都可能会变成他方当事人的利益。例如，如果工会利用罢工来推动工资的增长，进而造成资方走到破产的地步，工会将一无所获，由此必然产生统一体的认识。麦克尼尔认为，社会的分工促进了交换，交换则需要合同。交换不单单是一种市场机制，更为重要的是一种促进交易的目的，其目的是让人们分享分工带来的益处。[①] 换言之，交易物品和服务的过程不仅是为了扩大个人经济上的功利，而且也为了把加强社会统一体作为一个目标。[②]

4.合同运行的抽象性与权力相关性

古典合同理论建立的前提，就是塑造自由和平等的"原始伊甸园"，并将其作为合同缔结的环境。在麦克尼尔看来，权力从来都与合同相关联。麦克尼尔认为，权力就是不管他人的愿望，或通过操纵他人的愿望，将一个人的意志强加于他人的能力。[③] 例如，专业化以及使专业化得以进行下去的交换就必然造成一种依赖，当专业人员能够有效地控制他们的产品时，他们也就获得了防止那些依赖他们的人随心所欲地得到产品的权力。对权力的运用，不是简单地直接剥夺对方的自由，而是每一方都能坚持以特定的交换条件运用

---

① 王慧.契约神圣原则是否过时——评《契约神圣原则的再思考》[J].中外法学，1997（5）：127-129.

② 麦克尼尔.新社会契约论［M］.雷喜宁，潘勤，译.北京：中国政法大学出版社，1994：18.

③ 麦克尼尔.新社会契约论［M］.雷喜宁，潘勤，译.北京：中国政法大学出版社，1994：29.

权力。交换其实就是愿意和不愿意二者较量的结果。在个别性合同中，权力的依赖性能够达到相对平衡，这一平衡是静态的，因而常常被经济学家忽视。而在关系合同中，依赖性的相对平衡很大程度上是关系本身的产物，处于动态之中。例如，一个年轻的电焊工要到一家工厂去工作，由于种种现存的因素，他和未来的雇主之间有一种相互依赖的平衡，双方可以接受的雇佣条件将反映这种静态的情况。但是，在二十年后，雇佣关系的种种变化将形成一个完全不同的相互依赖的景象，年纪的增长可能使电焊工比年轻受雇时更加依赖雇主。在现代社会中，通过等级结构而形成的命令权力也并非罕见，例如，公司内部结构。如果出现了连续不断的命令和等级结构及与之相关的持续的依赖情形，权力就成了一种更为复杂的现象。这种权力就成了现代合同关系的一个支配性特征。[①]

（二）合同的关系性规范方法

麦克尼尔将抽象的古典合同范式放回到现实社会中，为我们展现了契合现实的合同形象。但是，这绝非关系合同理论的目标。季卫东教授提出，关系合同理论的目标是试图把"经典的现代契约法理论中无法容纳或者已经排挤出去的契约型态再找回来，在动态的层次上给予统一的说明和规范"[②]。这个目标的实现，最终必须落实到行为规范的形成上。由于关系性合同的特性就是合同参与各方的"关系交流"（exchange relationships），在此基础上形成的规范必然凸显其关系性特征。

在麦克尼尔的理论构架中，行为规范除了国家法这种外在规范外，还存在着内化于内心的惯例性规范和正当性行为的标准，是在合同实践中产生的

---

① 麦克尼尔. 新社会契约论［M］. 雷喜宁，潘勤，译. 北京：中国政法大学出版社，1994：29-32.
② 季卫东. 关系契约论的启示［M］// 麦克尼尔. 新社会契约论. 雷喜宁，潘勤，译. 北京：中国政法大学出版社，1994：4-5.

规范。^①这种规范为内在规范，又被麦克尼尔称为"中间性规范"。所谓的"中间性"，一方面是指介于特定合同关系中的行为与现代历史的巨大流变之间，这种特性表明了其灵活程度足以容许特定社会在形态与方向上的巨大差异，足以约束包括西方社会和社会主义社会在内的现代社会。另一方面是指介于对众多合同种类中出现的各种各样、具体规范的抽象概括和行为的具体规则之间，这些规范提供了检验具体规则的基础。^②可见，麦克尼尔所说的中间性规范，是一种高度抽象的、非具体的行为规则。他进而又将这种中间性规范区分为分别适用于所有合同、个别性合同、关系性合同的普通合同规范、个别性规范以及关系性规范。

在麦克尼尔看来，所有的合同都具有关系性，因而，他所构建的适用于所有合同的普通合同规范，显然也充分地反映了他的关系性思想。普通合同规范被分为体现社会关系的九个规范：第一，角色保全规范。角色就是指占据某一给定社会位置的人与占据其他给定位置的人进行交往时所应当坚持的行为模式。交易背景赋予了个体以特定的角色，这种角色在交易中就必须保持一致性。角色保全规范的作用就在于保持角色的可靠，完成其作为信赖和期待的基础社会功能。第二，相互性规范。相互性规范指一种能够随着双方当事人之间社会关系变化，推动公平的、互利性的交换规范。"没有此规范，契约关系不会运行"。第三，计划执行规范。该规范指出合同不是交换内容的简单计划，其核心应该是对未来的合同关系如何构建和治理。第四，同意实现规范。该规范旨在说明当事人的同意充其量只能对合同发挥一种触发性作用，同意的内容与复杂的计划不可能永远等同，因为合同的执行需要依赖不断变化的各种社会关系。第五，弹性规范。在社会经济变动不居的环境下，

---

① 刘承韪. 契约法理论的历史嬗迭与现代发展 以英美契约法为核心的考察［J］. 中外法学，2011，23（4）：789.

② 麦克尼尔. 新社会契约论［M］. 雷喜宁，潘勤，译. 北京：中国政法大学出版社，1994：35-36.

人类思想又只能够专注于可获得的有限信息，需要在合同内部引入有应变能力的规则，这些规则就是弹性规范。第六，契约团结规范。契约团结规范指一种能够促进当事人之间相互依赖，通过互助而实现互惠的规范。麦克尼尔认为，契约团结既来源于外部规范，也来源于深入内心的、个人对何为正确和适当的意识。第七，连结规范：偿还、信赖与期待利益。这一规范是建立在富勒信赖利益理论[①]基础上的，但是麦克尼尔将其予以关系化，认为这些利益的产生并非来源于个别性合同的承诺。这三种利益与角色保全、相互性规范、合同团结规范相互影响。这三种利益也是连接普通规范与具体规制的管道。第八，权力的设置与限制规范。这一规范指在权力的转移和权力的设置总量上达到相对平衡的规范。第九，社会本体的协调规范。社会本体规范是指社会原本具有的规范，而与社会本体的协调规范就是指促进合同规范与这些规范协调一致的规范。[②]

适用于个别性交易的个别性规范，与上述普通合同规范相比，主要突出两个新标准，即"个别化"和"现时化"。麦克尼尔认为，个别性交易只是存在于假想当中。

适用于关系性合同的关系性规范，应当突出强化四个最具关系型的规范。第一，角色保全。这里的角色保全规范突出强调角色的一致性而使其成为一种内在统一的整体，它是社会工程的主要任务。第二，关系维持。关系持续规范是契约团结规范的强化和扩张，目的就是维持关系性合同中关系的一种规范。这种规范既涉及特定成员身份的维持——个体的维持，也涉及更大关

---

① 按照富勒的理论，合同利益有三种：期待利益、信赖利益和不当得利。对期待利益的保护意味着将原告置于契约已被履行相同的地位；对信赖利益的保护意味着将原告恢复到合同缔结前的状态；不当得利是指原告相信被告的约定而给予被告的利益。古典合同法以期待利益的方式来救济所有的合同损害赔偿是一种幻想，在现实情况中，信赖利益赔偿在判例中却发挥了相当大的作用，"在期待利益赔偿'全有'抑或'全无'的二元救济的传统合同禁锢中，发挥开拓中间救济之道的功能。"参见内田贵.契约的再生［M］.胡宝海，译.北京：中国法制出版社，2005：90-91.

② 麦克尼尔.新社会契约论［M］.雷喜宁，潘勤，译.北京：中国政法大学出版社，1994：37-54.

系的维持——集体的维持。这两种关系很容易互相冲突。关系维持规范就在其中起了协调作用。第三，关系冲突的协调。合同关系中的冲突表现在以下三方面：一是指关系中的个别性方面和现时性方面与关系中的其他方面的冲突。二是指程序公正性与实体中诚实和信任的冲突。诚实和信任在合同关系的实体运作中至关重要，尤其在冲突发生时，它比程序公正性的作用要大。而当诚实和信任低于一定水平时，程序公正性就显得必要了。但是程序又反过来培养了不信任。三是指关系与其外部社会本体的冲突。这就需要极大的弹性规范来协调这种冲突和平衡这些关系。第四，超合同规范。超合同规范是指超越了合同关系范围的合同性规范。在麦克尼尔看来，随着合同关系的扩展，关系越来越具有社会和国家的特征，社会的和政治规范的全部范围在合同性关系之内都是适宜的。他在持续性的合同关系中，发现了一种广泛适用的规范，"举其重者如分配正义、自由、人的尊严，社会平等和不平等以及程序正义"。可以看出，这些规范的研究已然超出了法律的范围，是人类学、社会学、经济学、政治学和哲学的共同课题。[①]

二、关系合同理论对网络交易的适应性

（一）关系合同理论对实定法的影响

麦克尼尔的关系合同理论，从社会学的角度，是以一种社会关系的外在观点去重新解析合同这一法律形象。[②]它不仅仅满足于解释隐藏在交易背后的各种社会关系，而是要力图让这些关系走入"法"的殿堂之中。而这种"法"并不仅仅包括作为实定法的合同法，而是从更为开阔的视野中对合同现象加以规范。这种发散性思维极大地拓宽了合同法的范围，也使合同法的范围变

---

① 麦克尼尔.新社会契约论［M］.雷喜宁，潘勤，译.北京：中国政法大学出版社，1994：54-64.
② 刘承韪.论关系契约理论的困境［J］.私法，2011，18（2）：41.

得模糊不清。麦克尼尔在解构了古典合同法之后，并没有重构一批新的法律规则。

日本学者内田贵对此做了较为详尽的补充，他认为，如果关系合同理论成为实定法理论，必须主张内在合同规范的某种法源性，以及需要正当化的价值论。关于法源性，内田贵认为，麦克尼尔的内在规范在现实合同法中的适用已开始凸显。在司法实践中表现为习惯法的适用，一般条款的适用；在立法上表现为一旦实定合同法和存在于人们内心的内在规范过度背离，则存在通过立法将内在规范实定法化的场合。^①关于正当化的价值论，内田贵借由批判法学，指出古典合同法以"自由主义"和"个人主义"为法意识，存在着根源性矛盾——既要站在自由主义的立场上，将社会看成由自由的原子论上的个人构成的，又承认对他人依附的必要性，但同时将他人又作为对己的威胁而存在。麦克尼尔关系合同理论强调个人不是作为"微粒的人"，而是作为"共同体中的人"，通过这种认识建立的相互性和连带性的规范就能够解决古典合同法法意识里的根源性矛盾。因此，麦克尼尔的关系合同规范至少一半^②可以通过共同体的价值正当化。^③

内田贵认为，关系合同法是在合同存续中随事态变化而随机提供弹性处理装置的法制度，^④在现代合同法上也存在关系合同理论发挥作用的领域，但是，如果仅把麦克尼尔关系合同理论当作是提供不同合同法源的一种理论，那么就可能遮蔽了其背后的理论渊源^⑤，而他对实定法的影响也绝不仅是微观和具体的。在共同体主义思想的笼罩下，关系合同理论多元的合同法价值观

---

① 内田贵. 契约的再生［M］. 胡宝海，译. 北京：中国法制出版社，2005：122-124.

② 麦克尼尔认为人中有一半为霍布斯式的人，强调不可完全归依于共同体主义。参见内田贵. 契约的再生［M］. 胡宝海，译. 北京：中国法制出版社，2005：170.

③ 内田贵. 契约的再生［M］. 胡宝海，译. 北京：中国法制出版社，2005：168-170.

④ 内田贵. 契约的再生［M］. 胡宝海，译. 北京：中国法制出版社，2005：120.

⑤ 刘承韪. 论关系契约理论的困境［J］. 私法，2011，18（2）：39-59.

和在社会关系中动态把握合同关系的方法论，将对实定法的立法或者法解释产生深远的影响。

1. 理念层面的影响

社会利益是多元的，关系合同理论从社会视角和现实视角审视合同行为和规则，因此，其必然以多元的价值作为自己的理论追求。其中的合同团结和合同公平是关系合同理论的核心理念，二者也是相辅相成的关系。

法国社会学家埃米尔·涂尔干（Émile Durkheim）认为，人类发展中人和物分工的变化，导致社会成员的相互交往和相互依赖，人与人之间形成一种机械的团结。随着专业化的增长，社会关系由于彼此的共同需要而加强，因此出现了一个有机的团结。由于通过合同形式的交往能够把普遍的共意表达出来，因此合同团结必须得到法律的保护。涂尔干进一步认为，在文明社会里，有关合同的法律目的只有一个，就是要保证各种功能进行有规律的协作，并以此方式发生联系。[①] 受涂尔干的影响，麦克尼尔认为，人类处于一个矛盾的状态中，它是一种自私的生物，同时又是一种社会性的生物，它既能把同伴的利益放在自己利益之前，同时又将自己的利益摆在第一位。[②] 因为合作能够为缔结合同的当事人带来经济上的自利，所以，此种合作的激励在竞争市场上得以强化。合同当事人的利益将他们组成一个"组织体"，在这个组织体内部可以产生习惯和规范。[③] 而这些习惯和规范的产生就意味着双方的利益不可能是完全对立的。麦克尼尔以人的利他性为基础，强调合同团结和权力相互性的合同理念，为人与人之间的合作、社会团结的增进和社会规范的施行提供了可能性。

从宏观上理解，关系合同理论承载着实现社会有机团结与和谐发展的追

---

① 埃米尔·涂尔干. 社会分工论 [M]. 渠敬东，译. 北京：三联书店出版社，2000：339-340.
② 麦克尼尔. 新社会契约论 [M]. 雷喜宁，潘勤，译. 北京：中国政法大学出版社，1994：85-86.
③ 孙良国. 关系契约理论导论 [D]. 长春：吉林大学，2006：92.

求。关系合同理论指出，社会发展促使劳动专业化，交换只有在社会分工的条件下才能产生，而交换需要合同。合同不单纯是一种市场机制，更是一种促进交换的社会制度，其目的是使人们享受分工带来的益处。换言之，合同的终极目的不仅在于扩大个人经济上的功利，更在于从社会分工中获得社会合作，从而形成社会统一体。

从微观上理解，合同主体处于一个不断发展变化的环境中，外在的环境以及合同主体内在的变化，甚至合同的履行情况都会对合同双方的利益产生影响，可能导致双方当事人在原契约关系框架范围内产生新的权利义务需求。合同团结理念将合同关系视为当事人之间特定的结合关系，超越了合同确定的权利义务约定，是一个动态发展的关系共同体。在这个共同体中，当事人之间不仅存在权利义务的对等性，还基于这种特定的合同关系而存在相互协助、合作互惠的义务。①

关系合同理论通过强调人类交往行为中的复杂性，认识到不同的合同虽有不同的背景和价值，既有强烈离散型因素，又有强烈关系性因素，但其都需要通过平衡相互依赖和相互制约的"权力"，实现互利共赢的最终目的；否则，合同关系就会破裂。由此，又引发了在关系性合同中当事人权利的合理分配问题，而这个问题也就是对权力如何设置和限制，在当事人之间实现更大程度的合同公平问题。

2.制度层面的影响

在关系合同理论看来，"合意"仅仅只是合同的启动器，合同总是要在一定的语境中发生和发展，因而就必须采用关系方法去解读合同，只有在特定语境中，才能真正理解当事人之间的合意形成过程以及合意内容。这种将关系嵌入的方法对制度的影响，主要为以下几点：一是承认第三人在合同法上的意义。现代合同法虽在一定程度上突破了合同相对性原则，承认了第三人

---

① 张艳.关系契约理论对意思自治的价值超越［J］.现代法学，2014，36（2）：73-79.

利益合同，但是，在关系合同理论看来，合同往往都具有"涉他性"，对于无合同关系的第三人遭受损害，以及第三人对合同债权的加害等问题，都应当纳入合同法的规范范围。二是尽量放宽合同条款确定性的限制。现代合同法虽缓和了合同成立的"镜像规则"，但仍要求要约与承诺之间基本对应。关系合同理论则承认，由于当事人无法预见未来所有的不确定进而在协议中明确各自的权利和义务，合同始终存在不完全性，因此，即使合同条款不确定，也可以通过商业标准或者一般性概念的引入，来填补合同的漏洞。三是为一般合同与典型合同的规范之间提供平衡范式。受古典合同法过分强调理性主义、形式主义方法的影响，现代合同法仍然存在着"抽象有余、具体不足"的严重弊端。① 因而，应当考量合同背后的社会关系，使其嵌入规范，分离出典型合同规范，以更有针对性地适用于现实中的合同。四是在法解释上适用语境解释方法，尽量减少拟制。现代合同法解释通常采用"一般理性人"的标准来解释合同内容，而事实上缔约的双方当事人在经济实力和社会地位上或者在合同订立的背景上都存在差异。因而，实行一刀切的解释方法，并不能反映出合同的本来面目。关系合同理论认为应当丰富合同的解释方法。② 五是承认合同权利义务和责任的多重根据。关系合同理论的规范体系中，存在着内在和外在规范两个层次，并且强调了作为实践的"活法"的内在规范在合同法领域的重要性。这就表明了当发生争议时，裁定合同当事人权利义务的依据不再只是当事人的意思和具体的实证法，而是要到存在于合同背后的社会关系和共同体的规范中去寻求依据。③

---

① 面对我国合同法采用民商合一的体例，张谷教授、赵万一教授指出民商事立法中存在"过度商化"和"商化不足"的二极分化现象。参见张谷. 商法，这只寄居蟹——兼论商法的独立性及其特点 [M] // 高鸿钧. 清华法治论衡（第6辑）法治与法学何处去（下）. 北京：清华大学出版社，2005：27. 赵万一. 论民法的商法化与商法的民法化——兼谈我国民法典编纂的基本理念和思路 [J]. 法学论坛，2005（4）：28-33. 这些问题都深刻地反映了对具体、特殊问题进行统一格式处理所带来的弊端。

② 孙良国. 关系契约理论导论 [D]. 长春：吉林大学，2006：68-70.

③ 资琳. 契约的死亡与再生 [N]. 检察日报，2005-09-17（理论版）.

（二）网络交易的关系性特征

在关系合同理论中，交换不再仅被视为市场上进行的个性交易，而是作为社会学意义上的"交换"。进入这种交换的因素不仅只是合意，也包括命令、身份、习惯等社会外部因素。交换中多种因素的深入融合使得合同成为一种连续性程序。因而，合同在时间轴中不再仅是一次性的交易，而是面向未来的长期合作。在空间轴中也不再是"合意"这一个点，而是发散深入至交换得以发生的各种社会关系。[①] 现实中的契约不可能经过无菌处理后并进行了真空包装。[②] 网络交易基于其复杂的内部构造和特殊的交易环境，具有更强的关系属性。

1. 交易环境的网络化

网络空间是运用技术形成的虚拟空间，这一特殊环境因素的嵌入，使得网络交易存在着区别于传统交易的特性，而这些特性对网络交易各方参与者产生了实质性的影响。

第一，网络交易具有匿名性。人类社会存在两种交往形式，一种是面对面的在场交往；另一种是非面对面的缺场交往。在传统社会中，人与人之间的交往，一般而言，是面对面的在场交往，但非面对面的缺场交往也是存在的，例如，古代的飞鸽传书、烽火报警、驿站传信，现代的邮寄信件和电话联系等，都是隐匿了身体存在的社会交往形式。"网络空间以物质实体的基本缺席为最大特征"，[③] 物质实体的缺席决定了缺场交往成为人们在网络空间中交往的常态，"虽说缺场交往并非网络社会的专利，但只有随着信息通信技术的发展及网络社会的形成，缺场交往才能跨越时间和空间的限制，成为一种普

---

① 刘承韪.契约法理论的历史嬗迭与现代发展 以英美契约法为核心的考察［J］.中外法学，2011，23（4）：789.

② 孙良国.关系契约理论导论［D］.长春：吉林大学，2006：63.

③ 袁祖社，高扬.虚拟与实在二重景观下多元交互主体价值存在的探讨——网络生活场景的公共性价值理想的反思与呼求［J］.江苏社会科学，2011（3）：59-63.

遍性的社会交往方式。"①

　　与传统社会在场交往不同的是，在网络空间中，个体之间是通过一连串数字和符号组成的"网络身份"进行交往的。网络上的行为主体，都无法依靠相貌、名称、标记等有形的标识来识别。换言之，现实主体在网络上的一切活动，均是通过"网络身份"做出行为的直接表现，这便使得"在互联网上，没有人知道你是一条狗"（On the Internet，nobody knows you are a dog）②就成为可能。③

　　第二，网络交易具有脱域性。英国社会学家安东尼·吉登斯（Anthony Giddens）认为，农业社会向工业社会的转变，其显著的特征是人们活动范围的"脱域化"④。在农业社会中，人们只能依赖土地耕作而生活，其活动范围被牢牢地束缚在各自土地周围，因而，农业社会被定义为地域性社会。在工业社会，人们的生存可以依靠工业发展，于是地域界限被打破，人们开始流动起来，渐渐脱离了农业社会的"熟人社会"而进入"陌生人社会"。但是，工业社会的脱域化，也仅仅指人们走出了世代承袭下来的土地范围，工业社会的活动场域仍然是以物理空间作为基本衡量方式，并没有真正的实现无界活动。这是因为，无论是农业社会，还是工业社会，在民族国家框架下，基于社会治理的需要，都人为地对地域划定了边界。如果说工业社会是一个脱域化的社会，那么它所实现的是地理意义上的脱域。

---

① 张军，吴宗友.网络时代"缺场交往"的社会价值［J］.合肥师范学院学报，2013，31（4）：50-54.

② 美国杂志《纽约人》（The New Yorker）1993年7月5日刊登了一则由彼得·斯坦纳（Peter Steiner）创作的漫画：一条狗坐在计算机前的一把椅子上敲击键盘，对坐在地板上的另一条狗说漫画的标题"在互联网上，没有人知道你是一条狗"。参见张新宝.互联网上的侵权问题研究［M］.北京：中国人民大学出版社，2003：2.

③ 不少经济学家认为，这个观点已经严重过时了。相反，在大数据时代，网络服务提供商对网民的一言一行都了如指掌。参见蔡志峰，张晓莹，张剑，等.互联网＋工会：移动互联时代的改革创新思维［M］.北京：中国工人出版社，2016：204.

④ 安东尼·吉登斯.现代性的后果［M］.田禾，译.南京：译林出版社，2000：16.

在信息技术以及互联网的发展中，人类社会活动实现了绝对的脱域化，这种脱域，不仅完全打破了地域的限制，而且也突破了领域、族阈的限制。依靠网络技术架构的网络，通过TCP/IP协议，使分布于全球各地的计算机能够通过互联网实现信息资源的交流共享。互联网并没有层级结构，不存在中心节点，各个节点之间没有绝对权威性存在。因此，网络空间是没有中心的空间、扁平化的空间、可以渗透边界的空间。

网络空间可以无限压缩现实社会的时间和物理空间，这种压缩使得时间和空间得以虚化，"时间的虚化"推动了"空间的虚化"，[①] 在这个意义上，网络空间也被称为"超空间（Hyperspace）"[②]。在网络空间中，流动的信息以比特的形式光速前进，交易信息、供求信息，借助网络连带机制在瞬间传遍全世界。[③] 无论交流双方实际的地理位置相隔多远，一方发送信息与另一方接收信息几乎就是同时的，其时间差距不为人感知。[④]

在网络环境中进行交易，地理位置和时间的价值被完全稀释，意思表示的发出、交易信息的传播在瞬间就能到达受意人、潜在的交易相对方，交易在瞬间就能完成。

第三，网络交易具有智能性。在脱域的环境下，网络交易的主体呈现开放性。一般而言，网络空间并不辨别人们在现实生活中的国籍、性别、身份、职业等具体条件，只是为了保护未成年人和维护网络安全的需要，现代的网络规制往往通过间接的实名验证，在某些领域限制未成年人或者限制某些存在危及网络安全的行为人进入。在网络交易领域，为了维护交易安全，虽设

① 郑智航.网络社会法律治理与技术治理的二元共治［J］.中国法学，2018（2）：108-130.
② 纽斯·德·穆尔.赛博空间的奥德赛——走向虚拟本体论与人类学［M］.麦永雄，译.南宁：广西师范大学出版社，2007：4.
③ 曼纽尔·卡斯特.网络社会的崛起［M］.夏铸九，王志弘，译.北京：社会科学文献出版社，2006：100.
④ 韩德强.网络空间法律规制［M］.北京：人民法院出版社，2015：5.

置了比其他网络交往领域更为严格的准入条件，但网络交易主体仍具有相对的开放性，不像传统交易那样需要关注需求方的财产状况和个人信用。供给方只要具备法律规定的条件，需求方为具有相当民事行为能力的人，双方便可以在网络交易中取得交易的资格。因此，网络交易得以排除人工参与，实现智能化交易。合同拟定方在预先设定的自动信息系统里设置一定交易信息，以点击合同形式呈现，需求方做出一定点击（如，"同意"或者"不同意"等按钮）行为，由网络通信通过计算机系统自动响应，可以经由网络与全球任何角落的人缔结合同，甚至可以自动地做出实际履行行为，整个过程实现自动化。

2. 权力、等级和命令结构的依赖性

权力的依赖性是关系性合同的支配性特征。在关系性合同里，权力无所不在并且处于不断的变化中，而当出现命令和等级结构与其相关联的依赖情形时，权力相互性的现象就变得更为复杂。

在网络交易关系中，网络交易平台提供者虽然通过网络交易平台服务协议的形式，分别与网络交易双方（供给方和需求方）形成服务合同关系。但是，网络交易平台提供者通过服务协议的形式，赋予自身在其生态内部较为完整的规则制定权、执行权以及准司法救济权，形成了一个近乎主权国家的权力体系。[①] 同时，由于网络平台提供者的私主体属性，不同于公主体的市场管理者，网络交易平台提供者利用市场控制手段，收集和使用大量数据，把关交易信息，[②] 对交易形成影响，为自身获取最大利益。对于供给方而言，他通常无法获取平台提供的算法功能和评分标准的充分信息。对于需求方而言，交易安全完全依赖于网络交易平台对供给方发布的信息审查，交易的选择面也通常取决于网络交易平台提供者对供给方的竞价排名或者其他方式排名。

---

① 孔祥稳. 网络平台信息内容规制结构的公法反思［J］. 环球法律评论，2020，42（2）：133-148.
② 周学峰. "通知—移除"规则的应然定位与相关制度构造［J］. 比较法研究，2019（6）：21-35.

虽然网络交易平台提供者的利益既来源于供给方，也来源于需求方，但用户仍然（网络交易双方）对网络交易平台提供者形成严重依赖。网络交易平台提供者常常通过收取供给方的交易额提成来获取直接利益，通过需求方的点击流量获取间接利益。有些网络交易平台提供者常常先期对供给方收取大额技术管理费、供给方先期的宣传费用，这些都形成"专用性投资"，[1]从而变相剥夺了供给方"用脚投票"的权利。近年来频发的京东、淘宝等巨型平台单方变更合同，要求供给方"二选一"[2]等问题就是真实写照。供给方面对不公平的条款，往往囿于自身利益的整体考虑而难以退出平台。需求方对网络交易平台提供者也存在依赖性，网络交易平台提供者实行优惠券、信用等级等会员差别机制，增加需求方的"黏性"。若需求方退出平台，则意味着丧失了在平台中获得的优惠券、会员资格等各种福利。[3]

网络交易双方利用各自的权力也形成了相互依赖的局面。就需求方而言，网络交易平台提供者为需求方提供了对商品和服务的评价渠道，供给方的商誉因此牢牢掌握在了需求方的手中，而供给方往往掌握了商品和服务信息披露程度的权力，这种权力决定着需求方在远程交易中能否达到交易预期。

3. 合同关系的交织性

个别性合同仅规范合同内部的关系，合同的参与者就是合同的当事人，合同只创设当事人之间的权利义务，而不影响其他人的任何权利和义务，其效力和作用都是封闭的。但在关系合同的视角下，不同的合同尽管在形式上

---

[1] 专用性投资是指为支撑某种交易而进行的耐久性投资，一旦最初的交易没有到期就提前结束，这种资产改用于最佳其他用途或由其他人使用，那么发生在这种投资上的投机成本要低得多。参见奥利弗·E.威廉姆森.资本主义经济制度［M］.段毅才，王伟，译.北京：商务出版社，2003：87-88.

[2] "二选一"是指在供给方进行促销活动时，一些网络交易平台提供者为了保证自身利益的最大化，要求入驻供给方只能在一个平台上参加促销。参见杜晓，张新妍.完善立法规范电子商务市场秩序［N］.法制日报，2018-07-10（5）.

[3] 王红霞，孙寒宁.电子商务平台单方变更合同的法律规制——兼论《电子商务法》第34条之局限［J］.湖南大学学报（社会科学版），2019，33（1）：137-144.

是独立的，但有些合同的缔结彼此之间存在着密切的联系，他们或为上下游关系，或为团体关系。在市场经济条件下，"合同几乎从来就不是单独出现的，某一合同之所以有成立的可能，是由于其过去曾有上百个合同，即所谓上游合同。任何两个人都可以成立买卖铅笔的合同，但两个人单靠他们自己是不能产生一支铅笔的。"①

网络交易是由多个合同交织而形成的，其法律关系包括基本的合同法律关系和辅助性的合同法律关系。②基本的合同关系体现为网络交易平台提供者与供需双方的提供平台服务合同关系，以及网络交易供需双方之间的网络买卖或者服务合同关系。辅助性的合同关系主要是围绕网络交易供需双方合同的履行而设置的合同关系，体现为网络交易平台提供者与第三方支付机构的价金托管支付服务合同、需求方与物流企业运送商品的快递服务合同、需求方与第三方支付机构的金融服务合同等。多个合同交织形成了合同集束和合同群，每个合同都具有外部性，合同本身的履行情况都会对其他合同造成实质性影响，进而影响整个网络交易能否顺利进行。

三、合同法律制度调整网络交易的应然关系性思路

《合同法》是在完成计划经济向市场经济过渡的使命下制定的，重点在于统一当时分散的三部合同立法③。当时，社会生活中尚未出现大规模的网络交易，因而原《合同法》及其相关的法律是在非数字化传统社会背景下制定的，互联网信息技术型构的空间和技术规则，并未出现在立法者的视野中。网络交易大规模出现后，原《合同法》及其相关制度的局限性日益凸显，合同主体制度，合同的订立、履行、解除规则都受到了不同程度的冲击。为此，《消

① 沈达明.英美合同法引论［M］.北京：对外贸易教育出版社，1993：87.

② 杨立新.网络交易法律关系构造［J］.中国社会科学，2016（2）：114–137.

③ 三部合同立法是《经济合同法》(1981 年)、《涉外经济合同法》(1985 年) 和《技术合同法》(1987 年)。

费者权益保护法》及其相关立法的修订、《电子商务法》的出台，着力解决网络交易发展中存在的突出矛盾和主要问题，回应了社会关切。《民法典》以此为立法基础，整合了网络交易的相关规定。但是，由于这些立法未能在整体上从网络社会与非数字化传统社会的差异着手，未能系统分析网络交易对传统合同法律制度带来的冲击，未能针对网络交易构建符合网络特性的特殊制度，导致现有的合同法律制度在应对网络交易时仍然存在诸多局限性。

为了抓住通过法律的积极价值引领社会进步的机会，促进网络交易的发展，合同法应针对网络交易的关系性特征，以促进网络交易的经济组织功能为目标，以"差异原则"适当干预网络交易的风险分配为手段，对网络交易进行治理。

（一）以促进网络交易的组织经济功能为目标

关系合同理论认为，交易的出现源于社会经济的发展，而交易的目的也将最终归宿于社会统一体的发展。合同不仅是一种市场交易，也是一种社会性"交换"。现代社会中合同的目的，不仅是扩大个人经济上的功利，而且也把加强社会统一体作为一个目标。如果说后者没有更为普遍的体现，但至少与前者难分轩轾。[①] 受关系合同理论的影响，近年来，学界开始重视合同法的经济组织功能，欧洲学者提出了"组织型合同"（organizational contract）的概念，认为合同法的功能正从交易性向组织性发展。[②]

互联网运用于交易，特别是平台化的网络交易，为社会大众带来的福利是显而易见的。网络交易平台提供者通过全新机制增强信任从而使交易更加安全，需求方拥有更为广泛的选择权并享受更低的价格，供给方从无数新商机中获利。网络交易本身就是组织经济合作和团结的结果。

---

① 麦克尼尔.新社会契约论［M］.雷喜宁，潘勤，译.北京：中国政法大学出版社，1994：18.

② GRUNDMANN S, CAFAGGI F, VETTORI G. *The Organizational Contract: From Exchange to Long-Term Network Cooperation in European Contract Law*［M］. London：Ashgate Publishing, 2013：336.

交易环境的网络化，使网络交易必须通过多个相互交织的独立合同形成合同群的形式构建。这些合同群虽以网络交易双方买卖和服务合同的顺利进行为中心，但这些合同之间的联系，却是由网络交易平台提供者搭建的。网络交易平台提供者在网络交易中充当着促进网络交易顺利进行的"管理者"身份，使网络交易各个合同主体形成了相互依赖的统一体。合同法必须正视网络交易的功能，引导网络交易平台提供者对网络交易的"治理"走向规范化，注重各方关系的维持，减少道德风险和投机行为，加强各合同主体的信赖和团结协作，形成网络交易共同体。

（二）以"差异原则"适当干预网络交易的风险分配

约翰·罗尔斯（John Rawls）认为，分配正义应当是在"平等的自由原则"基础上实行"差异原则"，"在进行分配的时候，如果不得不产生某种不平等的话，这种不平等应该有利于境遇最差的人们的最大利益。"①

古典合同法忽略了个人的角色特征，但恰恰是这些特征，给相对于有权势和知识渊博之人（the powerful and the knowledgable）及无知和粗心之人（the ignorant and unwary）施加了实质性的风险。②在关系合同中，当事人的角色和身份已经从抽象化走向具体化，从符号化走向实体化，这些具体化和实体化的角色本身就需要不同的对待。在合同关系持续过程中，当事人所处的外部环境又会处于不断变化的过程中，这就必须采用动态的方式，将变动的社会关系嵌入合同中进行考量，从而合理地分配当事人之间的风险。"差异原则"看似仅保护个体法益，但从当事人之间的关系看，风险分配的"差异原则"体现了法律的秩序价值，在当事人之间实现利益平衡，使双方互利合

---

① 约翰·罗尔斯.正义论［M］.何怀宏，何包钢，廖申白，译.北京：中国社会科学出版社，2001：627.

② BEATSON J, FRIEDMANN D. *Good Faith and Fault in Contract Law*［M］. New York：Clared On Press，1995：11.

作，最大程度地维持合同关系，从而推动经济共同体的形成。

以网络交易平台提供者为中心构建的网络交易，地域与时间限制的消除扩大了需求方的选择范围，搜寻成本的下降极大提升了需求方评估、比较产品和服务的能力。基于此，需求方能够更为明智地选择，为供给方更为有效地提供提高商品和服务质量的动力。此外，与过去相比，需求方不仅掌握了更多信息，还通过积极参与评价和反馈产品信息、提供个人意见来影响市场。就此而言，网络交易似乎能够在一定程度上强化需求方的"权力"。但是，仅基于此就认为网络交易能依赖自律机制来补充传统的监管机能，尚为时过早。正如意大利学者圭多·斯莫尔托（Guido Smorto）所说："谨记'点对点'并非总意味着议价能力的平等。"[①]

一般而言，不相称的利益总是以看似平等的缔约方式获得相对方的同意后得以正当化。在网络交易中，"差异原则"的主要机制就是合同条款的控制，使利益获得者承担更多的风险，课以强势地位的主体以较重的风险、义务和法律责任，防止权力优势一方利用协议规避和减轻自身风险和责任，或者约定其他不公平、不合理的内容。

---

① 圭多·斯莫尔托.平台经济中的弱势群体保护［J］.环球法律评论，2018，40（4）：55—68.

第三章　网络交易平台提供者的法律地位

王利明教授认为，互联网正在深刻改变着人类社会的生活方式、生产方式和社会组织方式。合同立法应当积极应对网络交易中产生的新问题，尤其需要明确网络交易平台提供者的法律地位。[①] 网络交易平台提供者是因网络交易而产生的新的服务合同主体，这一服务合同主体与传统的服务合同主体存在着很大的差异，[②] 体现为网络交易平台服务提供者在网络交易中具有特殊的法律地位。

第一节　网络交易平台提供者的多种形态

一、网络交易平台的类型

"概念乃是解决问题必不可少的工具，没有限定的专门概念，我们不可能清楚地和理智地思考问题。"[③] 平台是一个产业经济学概念，最初的平台指的是一种以促进双方或多方客户之间的交易为目的的空间。[④] 随着具有巨大资源空

---

① 王利明.民法分则合同编立法研究［J］.中国法学，2017（2）：25-47.

② 蒋安杰.互联网服务合同应写进民法典合同编［N］.法制日报，2017-07-26（9）.

③ E.博登海默.法理学——法哲学及其方法［M］.邓正来，译.北京：中国政法大学出版社，2004：465.

④ 徐晋.大数据经济学［M］.上海：上海交通大学出版社，2014：19.

间和惊人通信效率的互联网的出现，逐渐形成了一种由信息技术支撑的空间，各种互联网用户将传统的交易信息搬到网络空间上来，由此会聚了大量的交易者。技术控制者按照一定技术规则，促成供需双方交易，并完成交易后的资金流、物流等服务的网络空间，就形成了网络交易平台。[①]

根据原国家工商行政管理总局《网络交易管理办法》的规定，网络交易平台是指："网络商品交易活动中为交易双方或者多方提供网页空间、虚拟经营场所、交易规则、交易撮合、信息发布等服务，供交易双方或者多方独立开展交易活动的信息网络系统。"[②]

按照面向的用户群体划分，网络交易平台可以划分为 B2B 网络交易平台、B2C 网络交易平台、C2C 网络交易平台和 C2B 网络交易平台等。[③]B2B（Business to Business），是指商家与商家之间通过互联网进行商品、服务及信息交换的交易模式，常见的 B2B 网络交易平台有阿里巴巴等。B2C（Business to Customer），是指商家直接面向顾客提供产品和服务的网络交易模式，常见的 B2C 网络交易平台有京东商城、天猫商城、当当网、一号店等。C2C（Customer to Customer），是指自然人向顾客提供商品或者服务的网络交易模式，常见的 C2C 网络交易平台有淘宝网、闲鱼网、拍拍网等。C2B（Customer to Business），是指具有相同、相似需求的自然人通过网络聚成群体后集体与商家议价，实现量多价低的定制式交易模式。C2B 的典型代表是团购模式 B2T（Business to Team），自然人在网上组织成团后，以较优的折扣价格从商家购买同一商品或者接受同一服务，常见的 C2B 网络交易平台有拉手网、糯

---

① 蹇洁.网络经济的市场监管研究［M］.北京：新华出版社，2015：70.

② 国家工商行政管理总局《网络交易管理办法》第 22 条。目前，《网络交易管理办法》已废止。

③ 商业实践中还存在 ABC 网络交易平台，即由代理商（agent）、商家（business）和消费者（customer）共同搭建的网络交易平台。常见的 ABC 网络交易平台有云集、环球捕手等，这种 ABC 平台自诞生以来，在很长一段时间都处于灰色地带，既没有完全承认其合法地位，也未作为非法平台予以取缔。

米网等。

按照交易标的种类划分，可以将网络交易平台分为网络商品交易平台和网络服务交易平台。网络商品交易平台上交易的标的为物品，包括有体物和无体物。在这种商品交易中，提供商品的供给方和需求方无须见面，可分别通过网络交易平台提供的信息流、资金流和物流的协作来完成网络交易。网络服务交易平台上交易的标的是服务。现阶段，几乎所有的服务行业都可以通过网络服务交易平台进行供需匹配。因而，网络服务交易平台的类型不胜枚举，如旅游住宿领域的小猪短租，家庭服务领域的e袋洗、"阿姨来了"，交通领域的优步、滴滴出行，还有提供技术维修、金融、娱乐活动等服务的平台。只要有需求，网络交易平台都可以将供求信息进行整理，使其汇合。[①]与商品交易不同的是，由于服务合同的主要履行方式是服务供给方向服务需求方提供特定劳务，服务供给方与需求方往往必须进行线下的服务对接。因此，在网络服务交易平台上实质上采用的是"线上＋线下"的交易方式。

二、网络交易平台提供者的角色

搭建、设计和运营网络交易平台的企业，即为网络交易平台提供者。网络交易平台提供者是网络服务提供者（Internet Service Provider，ISP）的其中一种类型。[②]网络交易平台提供者在立法上的概念源于我国2013年修订的《消

---

① 刘国华，吴博.共享经济2.0：个人、商业与社会的颠覆性变革［M］.北京：企业管理出版社，2015：188.

② 有观点认为网络交易平台提供者是ISP。参见吴仙桂.网络交易平台的法律定位［J］.重庆邮电大学学报（社会科学版），2008（6）：47-50.这种观点是不正确的。ISP包括接入服务提供者（Internet Access Provider，IAP）和网络平台提供者（Internet Presence Provider，IPP）。参见齐爱民，徐亮.电子商务法原理与实务［M］.武汉：武汉大学出版社，2009：43.

费者权益保护法》第 44 条。[①] 杨立新教授在总结前人研究的基础上，认为网络交易平台提供者的准确定义为："设立、运营网络交易平台，为网络交易的销售者、服务者与消费者进行网络交易提供平台服务的网络企业法人。"[②] 本书认为，此界定存在不周延性。如前文所述，网络交易实践中存在根据交易对象划分的不同网络交易平台，网络交易平台提供者提供的平台服务对象中并非必然存在消费者一方，并不能因为该概念出现在《消费者权益保护法》中，就认定其必须适用于消费者权益保护的语境中。上述概念将 B2B 等网络交易平台提供者排除在外，外延过小。《电子商务法》中使用"电子商务平台经营者"的概念指代网络交易平台提供者，科学地将其界定为："通过电子商务中为交易双方或多方提供网络经营场所、交易撮合、信息发布等服务，供交易双方或者多方独立开展交易活动的法人或非法人组织。"[③]

根据在网络交易中的角色划分，网络交易平台提供者可以分为单一型网络交易平台服务提供者和复合型网络交易平台提供者两类。

其一为单一型网络交易平台服务提供者。单一型网络交易平台提供者又可以分为两种类型。一种是单纯地为交易双方进行交易而提供平台服务，平台提供者自身不使用这个平台从事交易，这类交易平台服务提供者的任务就是建设网络交易平台，专门为没有自建网络平台的企业和个人提供相关的交易平台服务。由于这类网络交易平台服务提供者不参与交易，只在交易中起到桥梁作用，因此也被称为第三方网络交易平台提供者。又由于其与实体经

---

① 在此之前，对网络交易平台提供商的研究中，多将其称为电子商务平台提供商，或者电子商务交易平台提供者，或者电子交易平台提供商。参见阿拉木斯. 网络交易法律实务 [M]. 北京：法律出版社，2006：51. 吴仙桂. 网络交易平台的法律定位 [J]. 重庆邮电大学学报（社会科学版），2008（6）：47-50. 孙占利. 电子商务法 [M]. 厦门：厦门大学出版社，2013：45.《电子商务法》将其界定为"电子商务平台经营者"。

② 杨立新. 网络交易平台提供者民法地位之展开 [J]. 山东大学学报（哲学社会科学版），2016（1）：23-33.

③《电子商务法》第 2 条。

营中商场只提供销售场地的服务具有相似之处，因此也被称为网上商厦（web mall）。另一种是网络交易的供给方在网络上以自己的名义独立注册网站，只为自己向需求方销售商品或提供服务，不为其他供给方和需求方提供平台的网络交易平台，[①] 因此被称为网上商店（web store），网上商店的交易主体只有作为交易供给方的网络交易平台提供者和需求方两方。

其二为复合型网络交易平台提供者。复合型网络交易平台提供者一方面自己使用平台从事交易，即以自己的名义，作为网络交易供给方，在平台中向需求方销售商品或提供服务。另一方面又为其他交易供给方与需求方的交易提供交易平台服务。目前，一些占据市场较大份额的企业，如，京东、亚马逊等基本上属于这一类型的服务提供者。

以上述网络交易平台的类型与单一型和复合型网络交易平台提供者进行排列组合，便呈现出种类繁多的网络交易平台提供者。在单一型网络交易平台提供者类型中，既有单一网上商厦的 B2B 交易模式平台，如阿里巴巴；单一网上商厦的 C2C 交易模式平台，如闲鱼网；单一网上商厦的 B2C 交易模式平台，如唯品会；还存在同时包含 B2C 交易模式、C2C 交易模式和 B2T 交易模式的单一型网上商厦，如淘宝网。而单一型网上商店也存在单一的 B2B 交易模式平台，如企业自身建设的电脑芯片、原料、辅料等网站；单一型网上商店的 B2C 交易模式平台，如苹果网上商店（Apple Store）。

复合型网络交易平台提供者的种类则更加复杂。目前，既使用自身提供的平台与需求方从事交易，又为其他供给方与需求方的交易提供 B2C 交易模式的平台为多数，天猫商城、京东商城均属于这种模式。除此以外，还存在既自己使用平台与需求方从事交易，又为其他供给方与需求方的交易提供 B2C 交易模式、C2C 交易模式的平台，如滴滴出行。

对不同样态的网络交易平台提供者进行分类，是厘清网络交易平台提供

---

① 杨立新，韩煦.网络交易平台提供者的法律地位与民事责任［J］.江汉论坛，2014（5）：84-90.

者在网络交易中扮演何种角色，以及对网络交易双方在网络交易中的损害承担何种法律责任的前提。

第二节 规范网络交易平台提供者责任的立法和司法现状

研究网络交易平台提供者在网络交易中的法律地位，旨在明确网络交易平台提供者在网络交易中应当承担的义务，以及在行为人利用网络交易平台实施侵害他人权益的行为时，网络交易平台提供者应当对这些行为所造成的损失承担何种责任。通过网络交易平台实施的侵害他人权益的行为，分为两种情况：一是侵犯无合同关系权利人的侵权行为。表现为行为人通过网络交易平台传播侵犯他人知识产权、人格权等交易信息，销售或提供侵犯他人知识产权、人格权等权利的商品或服务，由此给权利人造成损失的行为。二是基于合同关系侵害交易相对人利益的违约行为。表现为供给方对交易标的的商标、性能、质量、数量等进行虚假宣传，导致需求方遭受损失但供给方不履行、不完全履行和瑕疵履行合同的行为。

第一种行为虽与网络交易法律关系无涉，却指向网络交易平台提供者对在网络交易平台上传播的信息负有何种审查义务的问题。若网络交易平台提供者对交易平台上的信息负有审查义务，则在第二种行为中，网络交易平台也应当对平台上的违法行为而引起的违约损失承担责任。反之亦然。因此，梳理规范网络交易平台责任的所有民事立法，是研究网络交易平台提供者在网络交易中法律地位的必要前提。

一、立法现状

（一）侵权责任立法

侵权责任立法主要通过规定网络服务提供者的侵权责任，对网络交易平台提供者的行为进行规制。网络交易平台提供者是网络服务提供者的一种类型，网络交易平台提供者将网络存储空间提供给供给方使用，[①]用于发布交易所必需的各种信息。这一商业模式决定了网络交易平台提供者也是信息传播平台的提供者。因此，对网络服务平台提供者信息传播行为和责任的有关规定，当然也适用于网络交易平台服务提供者。

我国对网络服务提供者侵权责任的既有法律规则及理念，借鉴了域外网络发达国家的立法。其中，美国《数字千年版权法》（Digital Millennium Copy Act，下文简称 DMCA）中对网络服务提供者设置的"避风港规则"，对我国立法的影响尤为深远。DMCA 在第 512 条详细规定了网络服务提供者的版权侵权责任限制条件：只要网络服务提供者按照合理程序提供服务，尽到了合理的注意义务，及时处理侵权信息，就能够免除责任。[②]这一规定为网络服务提供者提供了一个"避风港"，在行为人利用网络服务提供者实施违法行为时，网络服务提供者可以援用"避风港"抗辩，要求免除责任。实行"避风港"原则，目的是减轻网络服务提供者的举证责任，让诚信经营的网络服务提供者避免承担过多侵权责任的风险。欧盟也在《电子商务指令》中确立了网络服务平台提供者对平台上的信息无一般监管义务的原则。此后，澳大利亚、新加坡、日本等国家纷纷立法，对网络服务提供者的责任进

[①] 陈明涛. 网络服务提供商版权责任研究［M］. 北京：知识产权出版社，2011：115.

[②] DMCA 在第 512 条（a）（b）（c）（d）（e）中分别规定了暂时通信（即临时性的数字网络传输）的责任限制、系统缓存的责任限制、系统上或网络上存储信息的责任限制、信息定位工具的责任限制、非营利性教育机构责任的特殊规定。参见中央网络安全和信息化领导小组办公室，国家互联网信息办公室政策法规局. 外国网络法选编（第一辑）［M］. 北京：中国法制出版社，2015：139-151.

行限制。

我国规范网络服务提供者民事责任[①]的立法最早见于 2006 年制定、2013 年修订的《信息网络传播权保护条例》，该条例第 20—23 条借鉴了堪称国际标准[②]的"避风港"原则的立法模式，以"免责条件"的形式规定：自动接入或传输、存储的信息符合法定条件，以及在接到权利人的通知书后，断开链接的情况下，网络服务提供者不承担赔偿责任。而对于网络服务提供者明知或者应知所链接的信息侵权的，应当承担共同的侵权责任。

由于法律制度的差异，《信息网络传播权保护条例》所确立的网络服务提供者的民事责任规则与 DMCA 中的"避风港"规则[③]在责任豁免方面有较大差异，[④]导致了《信息网络传播权保护条例》规范下的网络服务提供者承担了相较于"避风港"规则更广的责任。[⑤]但《信息网络传播权保护条例》借鉴 DMCA 的做法以达到限制网络服务提供者民事责任的意图却十分明确。

---

① 我国最早对互联网平台责任的规定是 2000 年实施的《互联网信息服务管理办法》。该办法主要规定了互联网信息服务者对传播违法信息的行政责任。

② 米哈依·菲彻尔.版权法与因特网［M］.郭寿康，万勇，相靖，译.北京：中国大百科全书出版社，2008：849.

③ 根据 DMCA 第 512 条（c）和（d）的规定，信息存储服务提供者和信息定位服务提供者不承担责任的主要条件是：一是不实际知晓侵权内容的存在、无法从侵权现象中意识到侵权的存在，在意识到侵权的存在、在知晓或意识到后，立即移除相关内容。二是在网络服务提供者有权利和能力控制侵权行为的情况下，未从侵权行为中直接获得经济利益。三是在收到符合条件的侵权通知后，立即移除相应内容。

④ 参见王迁.《信息网络传播权保护条例》中"避风港"规则的效力［J］.法学，2010（6）：128-140.徐伟.通知移除制度的重新定性及其体系效应［J］.现代法学，2013，35（1）：58-70.

⑤ 《信息网络传播权保护条例》第 22 条规定的免责条件包括"明确标示该信息存储空间是为服务对象所提供，并公开网络服务提供者的名称、联系人、网络地址""未改变服务对象所提供的作品、表演、录音录像制品""不知道也没有合理的理由应当知道服务对象提供的作品、表演、录音录像制品侵权""未从服务对象提供作品、表演、录音录像制品中直接获得经济利益""在接到权利人的通知书后，根据本条例规定删除权利人认为侵权的作品、表演、录音录像制品"。

在"提供技术服务的网络服务提供者对违法行为没有普遍的审查义务"[①]的立法共识下，2009 年颁布实施的《中华人民共和国侵权责任法》（以下简称《侵权责任法》[②]）第 36 条第 2 款规定了"通知—移除"规则，[③]也称为提示规则，[④]规定网络服务者在接到侵权通知后，若采取必要的移除措施，则对侵权的损失免于承担责任。第 3 款规定了"知道"规则，[⑤]规定网络服务者知道用户利用网络侵害他人民事权益的，未采取必要措施，与该用户承担连带责任。在《侵权责任法》立法过程中，对"知道"规则中的主观要件用语数易其稿，由一审稿和二审稿的"明知"，到三审稿的"知道或应当知道"，再到终审稿的"知道"。[⑥]一审稿和二审稿使用"明知"，与《信息网络传播权保护条例》的"不知道也没有合理的理由应当知道"[⑦]相比，反映出立法者意图减轻网络服务提供者的责任，对网络服务提供者的保护力度加大。而在三审稿改为"知道或应当知道"，又反映出立法者对网络服务提供者可能存在放任违法行为的深深担忧。到终审稿的"知道"，再度体现出立法者欲将如何认定"知

---

① 全国人大常委会法制工作委员会民法室 . 侵权责任法立法背景与观点全集［M］. 北京：法律出版社，2010：602–609.

② 目前，《侵权责任法》已废止。

③ 《侵权责任法》第 36 条第 2 款规定："网络用户利用网络服务实施侵权行为的，被侵权人有权通知网络服务提供者采取删除、屏蔽、断开链接等必要措施。网络服务提供者接到通知后未及时采取必要措施的，对损害的扩大部分与该网络用户承担连带责任。"

④ 学界普遍对提示规则给予极高的评价，认为该规则充分地考虑了权利人与网络服务提供商在遏制侵权方面各自的优势：权利人一般均具有丰富的专业知识，且对自己的作品最为熟悉，提示规则将主动发现和监督侵权的责任分配给权利人；而网络服务提供商能够利用删除、屏蔽等技术手段有效制止侵权行为，因而提示规则要求其应协助权利人制止侵权，这种设计恰恰契合了法律的效率原则。参见时飞 . 电子商务法［M］. 北京：对外经济贸易大学出版社，2012：46.

⑤ 《侵权责任法》第 36 条第 3 款规定："网络服务提供者知道网络用户利用其网络服务侵害他人民事权益，未采取必要措施的，与该网络用户承担连带责任。"

⑥ 奚晓明 . 中华人民共和国侵权责任法条文理解与适用［M］. 北京：人民法院出版社，2010：263.

⑦ 《信息网络传播权保护条例》第 22 条第 3 款。

道"①，是"明知"抑或"应当知道"，直接交由司法实践把握的矛盾心理。然而，经过了近十年的实践后，《民法典》侵权责任编第 1194 条又将"知道规则"的用语改为"知道或者应当知道"。明确了网络服务提供者应当知道行为人利用网络平台侵害他人权利而未采取必要措施时，也应当承担相应的责任。

（二）《消费者权益保护法》《电子商务法》及其他行政立法

2013 年修订的《消费者权益保护法》首次针对网络交易平台提供者的民事责任作出了规定。《消费者权益保护法》第 44 条规定："消费者通过网络交易平台购买商品或者接受服务，其合法权益受到损害的，可以向销售者或者服务者要求赔偿。网络交易平台提供者不能提供销售者或者服务者的真实名称、地址和有效联系方式的，消费者也可以向网络交易平台提供者要求赔偿，平台赔偿后可以向销售者或服务者追偿。若网络交易平台提供者明知或者应知销售者或者服务者利用其平台侵害消费者合法权益，未采取必要措施的，依法与该销售者或者服务者承担连带责任。"随后 2015 年修订的《中华人民共和国食品安全法》（以下简称《食品安全法》）也作了几乎同样的规定。②2018 年颁布的《电子商务法》第 38 条第 1 款也对网络交易平台提供者作出了如下规定："电子商务平台经营者知道或者应当知道平台内经营者销售的商品或者提供的服务不符合保障人身、财产安全的要求，或者有其他侵害消费者合法权益的行为，未采取必要措施的，依法与该平台内经营者承担连带责任。"可以看出，《消费者权益保护法》《食品安全法》和《电子商务法》

---

① 对理解《侵权责任法》第 36 条"知道"，理论界几乎一致认为，"知道"就应当解释为"明知"。参见王胜明.中华人民共和国侵权责任法解读 [M].北京：中国法制出版社，2010：159.张新宝，任鸿雁.互联网上的侵权责任：《侵权责任法》第 36 条解读 [J].中国人民大学学报，2010，24（4）：17-25.于志强.中国网络法律规则的完善思路·民商法卷 [M].北京：中国法制出版社，2016：129-130.但起草者对最后选定"知道"这个词眼，作了如下解释："知道"包括了"明知"和"应知"两种主观状态.参见王胜明.中华人民共和国侵权责任法解读 [M].北京：中国法制出版社，2010：185.

② 《食品安全法》第 131 条。

基本将网络交易平台提供者承担责任的主观条件明确规定为"知道或者应当知道"。这一表述同样意味着网络交易平台提供者在网络交易中负有一定的监控义务。结合《电子商务法》的其他规定，该监控义务主要包含两方面的内容：一是审查义务，主要指网络交易平台必须对申请使用平台的用户资料进行合法性审查，违反法律规定的，不能为其提供平台服务。在消费者合法权益受损时，提供商家的真实名称、地址和有效联系方式。二是控制义务。网络交易平台提供者应对进驻平台的商家进行管理和监督。明知或者应知平台内的商品或服务信息存在侵害消费者权益的，应当依法采取必要处置措施。

在行政立法上，网络交易平台被赋予普通网络平台所没有的信息审查义务。《网络交易管理办法》第26条就明确规定："第三方交易平台经营者应当对通过平台销售商品或者提供服务的经营者及其发布的商品和服务信息建立检查监控制度。"《网络交易平台经营者履行社会责任指引》第17条第1款规定："网络交易平台经营者应建立信息检查和不良信息处理制度，对于发现有违反法律法规和规章的行为，应向有关部门报告，并及时采取措施制止，必要时可以停止对其提供网络交易平台服务。同时，网络交易平台经营者还应积极配合监管部门依法查处相关违法违规行为。"原国家食品药品监督管理总局发布的《网络食品安全违法行为查处办法》等行政规章中均要求网络交易平台提供者建立主动监控体系。

二、司法现状

（一）《侵权责任法》"知道"规则适用不一

原《侵权责任法》主要通过第36条规定网络服务提供者的侵权责任，对网络服务提供者的行为进行规制。如前文介绍，第36条的"知道"规则，存在"明知"和"应知"两种解释论，因而，也就造成了司法实践中不统一的做法。

第一种做法是要求网络服务提供者被动应对。这种做法要求受害人必须证明网络服务提供者确实知道侵权行为存在，并采取了鼓励或放任态度。一般而言，以受害人已经履行对网络平台提供者的"通知行为"为前置条件，网络平台提供者才有责任可言。[①] 在知钱（北京）理财顾问有限责任公司诉浙江淘宝网络有限公司、王超侵犯著作权纠纷一案中，知钱（北京）理财顾问有限责任公司发现淘宝网上销售低价的版权属于原告的视频，销售者为被告王超。原告遂分多次向淘宝网投诉，淘宝网每次均在接到投诉后才采取删除链接措施。一审法院认为，在权利人已经屡次通知，淘宝网有义务对明显低价的侵权信息予以制裁，淘宝网怠于删除信息的行为导致原告损失扩大，对扩大部分的损失，理应与卖家承担连带责任。二审法院尽管在结果上维持了一审判决，但其判决理由与一审法院大相径庭。二审法院认为，在淘宝网上，无论是卖家的数量，还是销售商品的种类，均不计其数，且经常处于不断更新之中，要求淘宝网在未收到通知就对疑似侵权行为主动采取删除措施，是不合理的，目前也没有法律对其作出明确的规定。但本案中，由于淘宝网是在接到知钱公司通知一个月之后才删除侵权商品信息，这个期限已经明显超出了合理范围，因此，淘宝网应当对扩大的损失承担损害赔偿责任。

一审法院的判决肯定了网络交易平台提供者在一定条件下负有事前审查的义务，二审法院则认为无论如何网络交易平台服务提供者没有事前审查的义务。二审法院的做法基本也与国际接轨。法国法院认为，对网络服务提供者苛以阻止侵权内容再次出现的义务，也就等同于对网络服务提供者施加了监控网络上所传输的信息内容的一般性义务，但这正好是欧盟《电子商务指

---

① 法院一般认为网络交易平台提供者"采取了实名审核，公开发布了服务协议、商品发布管理规则，并及时采取了删除链接的措施"，认为"已尽到了合理注意义务"。

令》所明确禁止的。① 阿根廷在限制网络服务提供者的责任上走得更远。阿根廷最高法院认为，要求网络服务平台提供者承担责任，必须基于网络服务平台提供者存在过错。主动地监控并不是网络服务平台提供者的义务，权利人只有证明其对侵权行为的实际知晓且置之不理时，网络服务平台提供者才应当承担责任。但如何确定"知晓"，又分为可以直接认定的情况以及需要进一步分析的情况。前者如果内容明显存在违法的情况，仅需要收到一般的通知，就能认定为网络服务平台提供者已经知晓。而对于后者，则需要通过法院发出警告才能认定网络服务平台提供者知晓。② 欧美在认定"推定知晓"的标准上，虽基本上采用红旗规则、纳尔逊知道、故意漠视 ③ 等规则，对符合这些规则的网络服务提供者的行为，作为排除"避风港"规则适用的条件，④ 但这些规则近乎"明知"标准，可以理解为网络服务提供者仅对摆在面前的违法行为负有管理的义务。

第二种做法是要求网络平台提供者主动介入。这种做法认为网络服务平台提供者对网络平台内的违法行为负有主动监管的义务。网络平台提供者必

---

① 欧盟要求成员国不得对网络服务提供者在传输、存储、寄存的信息方面苛以监控的义务，以免其负担过重。参见 DINWOODIE G B. Secondary Liability for Online Trademark Infringement: The International Landscape[J]. *The Columbia Journal of Law and the Arts*, 2014（37）: 463.

② 曹阳. 互联网平台提供商的民事侵权责任分析[J]. 东方法学, 2017（3）: 73-82.

③ 红旗规则是指，当有关他人实施侵权行为的事实和情况已经像一面色彩鲜艳的红旗在网络服务者面前公然飘扬，以至于处于相同情况下的理性人都能发现时，如果网络服务提供者采取鸵鸟政策，装作看不见侵权事实，则同样能够认定网络服务提供者至少应当知道侵权行为的存在。纳尔逊知道是指，主观上相信某一事实的存在有较高可能性，而故意采取行为避免了解该事实。故意漠视规则是指，在仅仅知道引诱行为正在侵权的风险时可以认定知道存在，不要求引诱人的积极行为从而故意避免知道这些行为的侵权性质。参见曹阳. 知识产权间接侵权责任的主观要件分析——以网络服务提供者为主要对象 [J]. 知识产权, 2012（11）: 24-37.

④ 张勇，王铧翊. 论安全港规则在中国适用的现实挑战——以"知乎"用户原创内容被无授权转载为例[J]. 电子知识产权, 2018（1）: 78-84.

须采取技术措施，如，通过在商业模式中加入防止侵权的算法①等措施来阻止平台内违法行为的发生。如果网络平台提供者没有尽到监管义务，没有采取应有的措施预防侵权发生，网络平台提供者就存在主观过错，符合"应当知道而不知道"的主观要件，需要承担侵权责任。备受关注的"韩寒诉百度文库案"②就是典型的肯定网络平台提供者承担事前审查义务的司法案例。我国若干司法解释，也反映出司法系统在某些领域赞同网络服务平台提供者负有主动监控义务的态度。最高人民法院在《关于审理侵害信息网络传播权民事纠纷案件适用法律若干问题的规定》（法释〔2012〕20号）中的第8条第3款规定："网络服务提供者能够证明已采取合理、有效的技术措施，仍难以发现网络用户侵害信息网络传播权行为的，人民法院应当认定其不具有过错。"

---

① 算法是数据处理领域的名词，指一系列解决问题的清晰指令，代表着用系统的方法描述解决问题的策略机制。也就是说，能够对一定规范的输入，在有限时间内获得所要求的输出。如过滤、实拍保护等技术，都是运用一定的算法而使得违法信息在输入时即被识别。

② 原告为当代著名作家，《像少年啦飞驰》是原告的作品，原告发现未经自己同意，《像少年啦飞驰》已经被上传到百度文库中，并且供用户免费在线浏览和下载。原告遂多次致函北京百度网讯科技有限公司（简称百度公司），要求对此事件进行处理，但最终协商未果。后原告以侵犯其作品的信息网络传播权为诉由，向北京市海淀区人民法院提起诉讼，要求关闭百度文库，立即停止侵权并且立即采取有效措施防止侵权再次发生，还要求百度文库向其赔礼道歉，赔偿经济损失25.4万元以及由此产生的其他诉讼费用等。百度公司认为，百度文库的内容来源于网友的传输，百度文库仅仅是信息存储的空间，并没有主动传输信息的行为。百度公司收到原告关于侵权的告知函件以后，立即采取措施，包括删除了链接相关作品，并将该作品纳入反盗版系统正版资源库，预防再次被侵权。百度公司尽到了应尽的义务，并不存在过错。法院认为，百度文库是主要的信息储存空间，一般而言，百度文库的提供者不负有对网络用户上传的信息进行事先审查、主动监控的义务。但原告曾于2011年就为百度文库侵权一事与百度公司进行过协商，百度公司应当对原告的作品负有较高的注意义务，然而百度公司的反盗版系统不能事先发挥应有的反盗版功能，也没有采取其他必要的措施来制止侵权行为的持续发生。对原告的作品《像少年啦飞驰》，依然是消极地等待权利人的正式通知后才采取措施。百度公司对百度文库中明显的侵权行为完全不加干预和限制，是违反其合理的注意义务的，据此，判决百度公司赔偿原告经济损失39 800元及其他开支共计4 000元。参见北京市海淀区人民法院（2012）海民初字第5558号判决书。另见北京慈文影视制作有限公司诉广州数联软件技术有限公司，广东省高级人民法院（2006）粤高法民三终字第355号判决书，也是基于平台未尽到审查义务而致使平台承担了相应责任。

对该条款进行反面解释，则可以得出"若未能证明已经采取合理、有效的技术措施，应当认定为具有过错"的结论。该司法解释第9条相继明确网络服务提供者是否符合"应知"的标准，规定应当根据网络用户侵害信息网络传播权的具体事实是否明显，综合各种因素进行判断。《北京市高级人民法院关于审理电子商务侵害知识产权纠纷案件若干问题的解答》（京高法发〔2013〕23号）第9条第2款的规定："知名商品或者服务以明显不合理的价格出售，足以使人相信侵权的可能性较大"，是判断"明知或应知被控侵权交易信息或相应的交易行为侵害他人权利"的标准之一。这些规则表明，网络服务提供者负有依据一定的标准对平台上的信息进行审查的义务，是否积极采取了预防侵权的合理措施，是判断是否承担损害赔偿责任的重要标准。

（二）《电子商务法》《消费者权益保护法》"应知"规则形同虚设

对于网络交易供给方发布的交易信息，法院基本认为，网络交易平台提供者没有主动审查的义务，在收到需求方通知（包括对交易供给方的投诉或者直接向平台主张权利）后，网络交易平台提供者只需采取删除、断开链接、让争议商品或服务下架等措施，即可避免承担责任。在交易双方发生纠纷时，网络交易平台提供者仅需提供供给方在平台登记的信息，就应认为履行了应尽义务。在北大法宝经典案例"王挺诉南京亮达电子商务有限公司、浙江天猫网络有限公司网络购物合同纠纷案"中，法院认为，"被告浙江天猫网络有限公司作为网络交易平台提供者尽到了合理的审查义务，其在原告王挺与被告南京亮达电子商务有限公司发生争议后介入调解，现涉案货款已全额退还给原告，不符合'应知销售者利用其平台侵害消费者合法权益，未采取必要措施'的情形，故被告浙江天猫网络有限公司不应对原告主张的三倍赔偿承担连带责任"。[1] 在另一经典案例"刘锟与佛山市顺德区莎碧娜家具有限公司、

---

[1]　山东省济南市槐荫区人民法院（2016）鲁0104民初756号民事判决书。

浙江天猫网络有限公司网络购物合同纠纷案"中，法院也认为，原告刘锟必须举证证明自己已经告知被告浙江天猫网络有限公司存在侵犯自己权利的行为，或者是证明被告浙江天猫网络有限公司存在应尽的监管义务，应当知道经营者存在侵权行为，而被告没有采取有效的措施，才能主张被告浙江天猫网络有限公司与经营者承担连带责任。原告刘锟未能提供证明被告浙江天猫网络有限公司主观上对违法行为的已知或者应知，故被告浙江天猫网络有限公司不需要承担责任。[①] 在"李翔诉北京京东叁佰陆拾度电子商务有限公司案"中，判决书更是直接言明"作为网络交易平台提供者如不能提供销售者或服务者的真实名称、地址和有效联系方式的，才需承担相应的法律责任"。目前为止，未见有认定网络交易平台提供者因为"应当知道而未知道"违法行为，而与供给方连带赔偿需求方损失的判决。因此，司法实践在网络交易平台服务提供者对需求方承担责任的主观要件的认定上，基本采用了"实际知道""客观知道"的标准。此司法适用显然与电子商务、消费者保护领域中对网络交易平台存在监控审查义务的规定相违背。

第三节　既有规范的实施困境

一、角色与责任脱节

（一）网络交易平台提供者在网络交易中的重要角色

网络交易平台提供者是现代网络交易中不可或缺的主体，缺少网络交易平台提供者，网络交易就不可能大规模发展。

第一，网络交易平台提供者充当了交易信用的担保者。早期社会以农业

[①]　辽宁省大连经济开发区人民法院（2016）辽 0291 民初 2548 号民事判决书。

经济为主，人们基本上通过自给自足的方式满足需求，交易发生的频率不高，可以流转的动产在社会财富中所占比例较小，相比交易的便捷性和效率，人们更注重财产交易的安全性，财产交易安全则通过复杂的交易形式保障。纵观交易形式变化的历史，交易程序经历了从繁到简的过程。在古代社会，交易必须经过严格的程序才能实现，如古罗马时代曾经过"曼兮帕蓄"（mancipatio）方式，受让人不仅需要使用规定的方式发表意见，而且还需要取得被转让的物品才能获得财产，所有这些行为还须在转让人、若干见证人和公证人在场的情况下实施才能发生效力，只有完成这些仪式，交易才能完成。西周时期是我国规定合同形式法定要件的最早时期，这一时期的交易规则要求将交易的内容写于木片或竹片上，一式两份，交易人各持一份，同样需要使用固定的语言，需要见证人在场见证交易过程。[①]

在社会诚信制度尚未建立的情况下，繁杂合同形式的设置，是促使人们形成对允诺的尊重和遵守的重要手段，也对早期社会中信用观念的建立至关重要。因此，在这个时期，就形成了"仪式不但和允约本身有同等的重要性，仪式甚至比允约重要"[②]的交易观念。随着商品经济的出现和社会物质财富的增长，社会分工逐步明确，交易类型增多，交易成为常态，僵化的形式主义显然无法适应商品贸易发展的需要，立法者不得不考虑将交易从烦琐的形式桎梏中解脱出来，简化合同形式。合同的形式简易化和合同内容的随意化，是适应商品贸易快速发展的必要条件，也是人们对经济发展和交易便捷追求的结果。

简化合同形式的经济交往，必然伴随信用交换。在自由交易的市场中，信用的授予无时不在，无处不有。而授信必然与风险相伴，授信人要冒着失

---

① 曾宪义.中国法制史（第三版）[M].北京：北京大学出版社，2013：223-224.

② 亨利·萨姆纳·梅因.古代法：与社会远史及现代观念的关系[M].郭亮，译.北京：法律出版社，2016：134.

信人失信的风险。在明知有风险的前提下，交易双方仍然愿意进行交易，其根本的原因就在于彼此之间存在信任。而这种信任来自交易人对交易相对人信息的掌握，无论在任何社会关系中，信任度的高低通常与当事人一方掌握对方的信息量大小成正比。①

在农业社会和工业社会的传统社会，虽然省去了繁杂的法定交易形式，但经由对交易对手身份信息以及由此反映的信用的掌握，也能够使交易得以顺利进行。只不过，在信用依附于血缘关系和身份关系的"熟人社会"中，交易的进行依赖于"对一种行为的规矩熟悉到不加思索时的可靠性"。②而在"生人社会"中，人们则需要花费一定的资源来获取更多交易对手的信用信息，以减少经济领域中的不确定性。③如果说，在"熟人社会"，信用是建立在熟人之间相互信任基础之上的合作秩序，人们之间的信任是"人格化"的，④那么，在"生人社会"里的交易，信用仍然依附于交易人的身份，只不过与纯粹的主观信任相比，信用的内容更为客观化，究竟一个人有多少信用，要看人们对他偿还能力的评价。⑤概言之，陌生人之间发生交易的基础仍然是互相信任，彼此相信对方会如约履行承诺，无论这种信任是来源于对信息的掌握，还是仅仅来源于对交易相对人拥有朴素正义观的期盼。因此，信任的"人格化"，在传统的"生人社会"，依然没有改变。传统交易依然注重考察交易对手的信用和履约能力，以保障交易安全。

在利用互联网进行交易的早期，商品的生产或销售企业，通过域名申请，以在自建的企业网站上销售商品为主要交易方式。需求方基于对企业的信任，往往愿意先行通过电子银行转账付款至企业账户，再由企业通过物流配送有

---

① 赵磊.商事信用：商法的内在逻辑与体系化根本 [J].中国法学，2018（5）：160–180.

② 费孝通.乡土中国 生育制度 [M].北京：北京大学出版社，1998：6.

③ 黄奕林，赵爱华.不确定性经济学的发展 [J].经济学动态，1997（9）：38.

④ 徐洁.担保物权功能论 [M].北京：法律出版社，2006：26.

⑤ 约翰·穆勒.政治经济学原理（下）[M].胡企林，朱泱，译.北京：商务印书馆，1997：62.

体物，或者直接在线传输无体物（如影视带、电脑软件等），履行交付义务。这种形式的交易虽然也经由网络，但与传统交易并无本质区别，仍然无法摆脱交易对手的"信用"在交易中的重要作用，因而，这种以对逐个个体的信用考察为前提的交易，并不具有扩展能力，由此也决定了网络交易的规模无法得到大范围的扩张。

早期的互联网，网络用户只是充当网站等网络服务提供者的消极阅读者角色，网络用户能向网站传播信息。与此不同的是，现代网络技术为信息传播提供了更为畅通的途径，网络信息量变得庞大。互联网从Web1.0向Web2.0的发展进化过程中，网络服务提供者与网络用户之间的关系从单向的信息传递转向双向的信息交流互动。在Web2.0阶段，代码权的不断下放，社交网站以及以微信、微博为代表的网络新技术、新业态、新应用，打破了以往由网络服务提供者集中控制主导的自上而下的信息发布体系，[①] 逐渐转变为网络用户主体之间的双向交流互动新机制。开放的现代网络不仅为每个人获取大量信息，也为每个人主动发布信息提供了便利途径。

在网络技术进入Web2.0时代的很长一段时间里，交易信息的传播和接收途径很畅通，互联网反而成了实施诈骗的有力工具。海量"鱼龙混杂"的信息充斥网络空间，在开放的匿名环境中进行的交易，交易主体的信用和履约能力、交易主体所发布的交易信息的真实性等信息，交易相对方无从把控，如果缺乏相应的引导机制，交易信息"邂逅"潜在交易相对人的概率比传统交易更低。辨识可靠的、"值得信任"的人，[②] 必然成为交易信息被有效利用的前提。只有摆脱以交易对手信用考察作为交易前提的桎梏，网络交易才能大规模发展。面对这一问题，需要作为第三方的权威机构，将散落在世界各个角落的潜在交易人进行连接，促成彼此之间的交易。在这样的社会背景下，

---

① 胡泳.众声喧哗——网络时代的个人表达与公共讨论［M］.南宁：广西师范大学出版社，2008：36.

② 瞿学伟、薛天山.社会信任：理论及其应用［M］.北京：中国人民大学出版社，2014：179.

产生了聚集包括交易主体在内的交易信息的网络交易平台。网络交易平台提供者作为第三方主体，通过技术控制，打造自身信用，为交易的双方如期履约提供保障。网络交易平台的出现摆脱了交易双方考察交易对手信用的束缚，使互联网因自由、开放的品性而产生的高效潜能被充分挖掘了出来，为高效而便捷的网络交易取代传统交易奠定了基础。

费孝通先生曾指出，任何阶段社会的权威，都表现为控制力的掌握。网络交易平台提供者拥有对技术的控制权而形成的"时势权力"[①]，成了网络信息时代的权威。

第二，网络交易平台提供者充当了网络交易秩序的维护者。在机械的计算机时代，代码是程序员编写程序的要素，程序员通过程序对计算机下达指令，以达到利用计算机完成某项任务的特定目的。网络技术是计算机应用的高级阶段，同样需要通过编写代码达到运行目的。因此，代码的作者就是技术的控制者，也成了网络社会的"立法者"[②]。

在网络交易中，网络交易平台提供者为了维护交易秩序，制定了交易规则，实施其"立法权"，并通过技术设置交易程序，直接将交易规则付诸执行。在物理空间，通过"商场"等实体平台虽然也制定交易规则，但这种交易规则的拘束力很难内化在平台利用者之间的交易活动中。在网络空间里的

[①]　费孝通先生从结构功能主义视角，分析了人类社会存在的不同的权威类型：一是解决社会冲突的"暴横权力"，这种权力存在于不平等的上下阶级社会中，权力的获得依靠命令而转化为权威，被命令者仅是表面的顺从而非内心的接受。二是从社会合作中发生的"同意权力"，权威者是通过社会成员权利的让渡而获得社会授权。三是社会继替中产生的"长老权力"，权威的基础是社会传统，通过"教化"而产生。四是解决问题的"时势权力"。时势权力是指当社会变迁使得旧有的社会结构不能应对新环境时，出现了解决问题的"文化英雄"，从而获得人们的信任和跟随而产生的一种新型权力。其权威来源于解决社会新问题的实际能力。参见费孝通.乡土中国　生育制度［M］.北京：北京大学出版社，1998：60-79.

[②]　劳伦斯·莱斯格.代码2.0：网络空间中的法律［M］.李旭，沈伟伟，译.北京：清华大学出版社，2009：89.

自动和智能化交易，则必须按照网络交易平台提供者设定的程序才能完成交易。这些程序的设置是网络交易平台提供者通过代码编辑而来，它看似只是一种交易规范，事实上则是一种交易各方都无法规避的技术规范。电子化交易必须遵循相应的技术规范，因而，网络环境下平台提供者所设定的交易规范，就具有直接的实施效力。网络交易平台提供者成了网络内生秩序的主要建构者。①

在当今的网络交易中，一方面，各种新业态、新模式呈井喷式发展，"集中化的时代已经过去，现在的世界充满了更多的商机，以及更加分散的事物"②，企业可以通过平台直接面向消费者，不再以层级式的经销商为中介，整个交易形态呈现出明显的"扁平化"和"去中心化"倾向。但另一方面，谁掌握了技术，谁就有了决定技术规范的能力，网络交易平台提供者通过编写代码控制技术，根据其设计的不同交易模式，设置交易程序，制定交易规则，俨然成了网络交易中的立法者和执法者。"平台经济"的到来，形成了"要么利用平台，要么被平台消灭"的态势，进而又形成了平台的"再中心化"③。

网络交易的发展依托于网络交易平台。在这个平台经济时代，平台提供者利用其信息技术优势、传播优势和规模优势，不仅成为多边群体的连接者，还成了交易生态圈的主导者。④ 网络交易平台提供者承载着构建实体交易空间之外的但又与之密切联系的网络交易空间，并且发挥着推动整个网络交易生态发展演变的支撑作用的角色。

---

① 邹晓玫.网络服务提供者之角色构造研究［J］.中南大学学报（社会科学版），2017，23（3）：63-69.

② 史蒂夫·萨马蒂诺.碎片化时代：重新定义互联网＋商业新常态［M］.念昕，译.北京：中国人民大学出版社，2015：296.

③ 马长山.智能互联网时代的法律变革［J］.法学研究，2018，40（4）：20-38.

④ 周辉，李仁睿，黄其杰，等.网络平台民事责任研究报告［J］.网络法律评论，2018（2）：241-268.

（二）网络交易平台提供者与用户之间的利益失衡

我国既有民事立法中，对网络交易平台服务提供者在网络交易中的责任问题，无法周延，也并未作出合理的规定。

侵权责任立法在适用范围上，无法周延规范网络交易平台在网络交易中的责任问题。虽然相较而言，《民法典》第 1195 条规范网络服务平台责任的范围，不同于《信息网络传播权保护条例》与 DMCA，不再仅限于侵犯著作权领域，[①] 而适用于侵犯所有权利的领域，但总的来说，也主要运用于网络用户利用网络服务平台侵犯第三人的精神性权利，如人格权、知识产权等方面。对于交易一方利用网络交易平台侵害相对方的人身和财产权利，虽然可以适用，但仅限于对交易中固有利益损失的救济，而一般并不救济因网络交易中的违约造成的损失。由于对违约造成的期待利益的救济违背了侵权法仅保护固有利益的传统原则，[②] 便将大量的需求方因供给方利用网络交易平台从事违法行为而遭受的损失，排除在侵权责任立法的适用之外。

《消费者权益保护法》的规定虽在一定程度上填补了交易一方利用网络交易平台侵害相对方的权益时，网络交易平台提供者的责任无法可依的缺憾，但是，如前文所述，由于在网络交易平台提供者与供给方承担连带责任的主观条件问题上缺乏明确的标准，司法实践仅以"明知"作为网络交易平台提供者承担连带责任的条件，而将"应知"规定束之高阁。

《电子商务法》将"电子商务平台经营者"单列一章，对其义务和责任进行了诸多规定，其中，既包含了民事义务，也包含了行政义务。对于网络交易平台提供者在网络交易中的民事法律责任，主要体现在该法第 38 条中，该

---

① 欧盟于 2000 年通过的《电子商务指令》第四部分对网络服务提供者履行传输、系统缓存、服务器寄存功能时的侵权责任作了限制性规定。

② 王利明. 侵权责任法与合同法的界分——以侵权责任法的扩张为视野 [J]. 中国法学，2011（3）：107-123.

条第 1 款界定了两种违法行为：一是网络交易平台经营者销售的商品或者提供的服务不符合保障人身、财产安全要求的行为；二是有其他侵害消费者合法权益的行为。对于平台内的这两种违法行为，网络交易平台提供者知道或者应当知道其存在，但未采取必要措施时，应与该平台内经营者承担连带责任。相较于《消费者权益保护法》第 44 条第 2 款，该条款突出强调网络交易平台提供者对不符合保障人身、财产安全要求的交易标的的监管义务。但这一规定仍然存在《消费者权益保护法》第 44 条第 2 款原则性过强，且缺乏具体规则的问题，同样变相成了网络交易平台提供者逃避责任的"尚方宝剑"①。

《电子商务法》第 38 条第 2 款对于关系消费者生命健康的商品或者服务，虽然特别要求网络交易平台提供者对经营者的资质资格进行事先审核，在未履行该事先审核义务，导致消费者遭受损失时，则应承担相应责任。根据《中华人民共和国电子商务法条文释义》，相应的责任是指在有如《食品安全法》等特别法规定的情况或者网络交易平台提供者对消费者做出更为有利的承诺的情况，按照特别法或者特别约定承担责任；在不属于特别法规定的情形时，则应当综合考量网络交易平台提供者的责任性质、过错程度、损害后果、因果关系等因素进行民事责任认定与追责。②然而，《电子商务法》在突出强调网络交易平台提供者对关系消费者生命健康的商品或服务的经营者有资质审核义务的同时，也反向说明网络交易平台提供者对不关涉消费者生命健康的商品或者服务标的的经营者资质不存在审核义务，似乎明确了网络交易平台提供者"应知"的注意义务仅限于法律的明文规定中。因此，在对网络交易平台提供者在网络交易中的责任问题上，《电子商务法》仍然延续了《消费者权益保护法》"网络交易平台提供者对平台内的交易信息及交易行为

---

① 李永.网络交易平台提供者侵权责任规则的反思与重构［J］.中国政法大学学报，2018（3）：139-151.

② 电子商务法起草组.中华人民共和国电子商务法条文释义［M］.北京：法律出版社，2018：115-116.

没有普遍的主动监管义务"的立场。

当今社会，网络交易平台提供者掌握着网络交易生态圈，平台经济已然成为新经济时代的代名词。若网络交易平台提供者在网络交易中所承担的义务，仅限于对网络交易平台中的交易信息与交易行为的被动审查，则与网络交易平台提供者在网络交易中所拥有的全方位支配权利完全不对等。

网络交易平台既是现代网络交易发展的产物，也是科技发展的新兴产物，因此，对于网络交易平台提供者在网络交易中的地位和作用、在网络交易中应当承担的责任，传统的合同法律制度没有也不可能作出特别的规定。在规则阙如的情况下，司法实践必然适用非典型合同的一般规则：第一，以意思自治为原则，尊重当事人的自由约定，只要当事人订立的合同不违反国家法律的强制性规定，在发生争议时，按其约定处理；第二，在当事人意思不完备时，合同双方当事人补充协议，不能达成补充协议时，按照合同的有关条款或者交易习惯确定。

由于网络交易平台提供者往往通过服务协议将自身定位为提供平台服务的第三方，如此，根据合同相对性原则，用户在网络交易中受到的损害，责任主体应当是与其交易的相对方，与作为服务提供方的网络交易平台提供者毫无关联。

网络交易平台提供者是一个私主体，由其作为技术规范的掌控者所制定的技术规范是一种"私人"决定的行为规范，完全是私人根据自己的主观意志决定的，[1]其内容也必然是基于自身的利益和运营的需要而产生。处于技术控制地位的网络交易平台提供者，将其制定的技术规则转化为与用户之间的服务协议，使自身在网络交易中"既是裁判员又是运动员"[2]。技术控制者利

---

[1] 龙卫球.我国网络安全管制的基础、架构与限定问题——兼论我国《网络安全法》的正当化基础和适用界限［J］.暨南学报（哲学社会科学版），2017，39（5）：1-13.

[2] 姚黎黎.网络服务协议中动态条款的异质性规则与权利平衡［J］.学习与实践，2017（4）：61-68.

用技术优势制定有利于自身的技术规范，以获得更多利益，这就不可避免地将风险转嫁于非技术控制方。尽管如此，用户也只能被动地遵守规则。故此，完全依照技术协议来定纷止争，将使网络交易平台的法律责任与其在网络交易中的重要角色完全脱节，无法保障用户应有的交易安全，也就不具有公平性可言。现有的法律制度，难以平衡交易中技术掌控方与相对方的权利和义务关系。

二、民事立法与行政立法抵牾

为了撇清网络交易平台服务提供者在行政法上的义务与民法上应尽的注意义务，京高法发〔2013〕23 号司法解释第 5 条第 2 款重点强调："电子商务平台经营者对利用其网络服务公开传播的交易信息一般没有主动的监控义务。不能仅因电子商务平台经营者按照相关管理要求对交易信息合法性的事前监控，或者客观上存在网络卖家利用其网络服务侵害他人知识产权行为，就想当然认定电子商务平台经营者知道侵权行为存在。"这一规定虽然是针对网络交易供给方侵犯他人知识产权时，网络交易平台提供者责任认定的规定，但这一态度也基本代表了我国对网络交易平台提供者的事前信息审查责任进行限制的司法立场。

从学理上，依照公法、私法分立之精神，违反强制性规定的行为在私法上的效力，公法上不可能予以规定，[①] 对于公法上之义务是否同时兼具私法义务，不能一概而论。[②] 换言之，行为人违反强行性法律规范，不一定能证成行

---

① 孙鹏. 私法自治与公法强制——日本强制性法规违反行为效力论之展开 [J]. 环球法律评论，2007（2）：64-75.

② 受到公法优越思想的指导，过去我国司法认为管制规范所确立的行为准则就可以直接解释为侵权行为法上的行为准则或注意义务。近年来，学界主流普遍认为，公法领域设置的管制性规范，并未站在私法的立场上进行思考，因而不能想当然认定管制性规范所创设的义务，也应当涉及私法。参见解亘. 论管制规范在侵权行为法上的意义 [J]. 中国法学，2009（2）：57-68.

为人的主观过错。① 一般认为，管制性规范的目的在于社会秩序的管理，行政管理规范的立法者不可能如民事立法者，对私法的相对正义也同样做了充分的考量。② 此外，管制规范还可能因社会环境的改变、法律结构的调整等问题而显得落伍。③ 因此，公法与私法接轨，公法"遁入"④ 私法的方式，需要借助于转介条款或者引致条款。⑤ 若非如此，公法上确定的义务就不能当然地等同于私法意义上的注意义务，而应当交由法官根据案件的具体情况，自主评价管制规范对过失认定的影响。学界一般认为，应当以德国《民法典》第823 条第 2 款为蓝本，若所违反的法律为保护性法律，则至少可以形成过错的"表见证据"，而对何为保护性法律，法官仍应当斟酌考量其文义、历史、体系等因素。⑥

《网络交易管理办法》《网络食品安全违法行为查处办法》等行政规章，对网络交易平台服务提供者苛以事前审查的行政义务，更多的是基于效率因素考量，网络交易平台提供者在网络交易秩序的维护上比行政机关更为便利。而交易秩序的维护正是为了避免权利人和交易双方因为他人利用交易平台实

---

① 叶名怡.论违法与过错认定——以德美两国法的比较为基础 [J].环球法律评论, 2009, 31（5）: 93-102.

② 苏永钦.再论一般侵权行为的类型——从体系功能的角度看修正后的违法侵权规定 [M]//苏永钦.走入新世纪的私法自治.台北: 元照出版社, 2002: 366.

③ 凯斯·R.桑斯坦.权利革命之后: 重塑规制国 [M].钟瑞华, 译.北京: 中国人民大学出版社, 2008: 26.

④ 苏永钦.再论一般侵权行为的类型——从体系功能的角度看修正后的违法侵权规定 [M]//苏永钦.走入新世纪的私法自治.台北: 元照出版社, 2002: 312.

⑤ 转介条款是指通过民法中管道性条款的授权，概括地转介某个社会伦理或公法规定，法官在审理案件时还需要斟酌使用。引致条款是指法官在审理民事案件时，直接通过民法上肩负沟通民法与公法任务的管道性条款的授权直接适用管制规范。参见苏永钦.再论一般侵权行为的类型——从体系功能的角度看修正后的违法侵权规定 [M]//苏永钦.走入新世纪的私法自治.台北: 元照出版社, 2002: 369-370.

⑥ 叶名怡.论违法与过错认定——以德美两国法的比较为基础 [J].环球法律评论, 2009（5）: 93-102.

施违法行为而受损。若由于网络交易平台提供者没有履行法律（行政法规）要求的审查和监控义务，而使权利人和交易相对人受损，则也至少可以成为平台服务提供者具有过错，"应当知道而未知道"的"表见证据"。

从事实逻辑上分析，网络交易平台提供者既然被课以行政法上的审查和监控义务，那么，网络交易平台提供者对被行政法列入事先审查或监控范围的违法信息，就存在知道的可期待性，否则网络交易平台提供者将陷于无休止的行政责任之中。如果不承认网络交易平台提供者存在信息审查的民事义务，则面对交易平台内的同一违法行为，必然出现网络交易平台提供者"人格分裂"的情况：一方面网络交易平台提供者因为没有履行事先审查和监控义务而受行政处罚；另一方面却因为在民事领域网络交易平台提供者没有普遍审查义务，而推定平台对违法行为的"未知"，不存在过错，不需要承担民事责任。换言之，在公法领域具有期待可能性的"知道"，在私法领域却为了倾斜性保护网络交易平台提供者，不顾法律体系的"外科式"①，直接推定为没有"知道"的期待可能性。在法律推定明显与事实相背离的情况下，为了达到既定目的而坚持法律推定，这种做法无异于掩耳盗铃。

一方面，行政法明确规定了网络交易平台提供者的主动审查义务，将网络交易平台提供者定位为网络交易治理的重要角色；另一方面，民事立法含糊其词，导致民事司法更多地倾向于网络交易平台提供者不具有普遍审查义务，在责任的主观要件上适用"实际知道""明知"违法行为存在的标准。对于同一种事实，在不同部门法之间的解释相互抵牾，引发了法秩序内部的自我矛盾。

显然，矛盾的解决只有以下两个途径：其一为限制民事责任途径。直接将《消费者权益保护法》《电子商务法》《民法典》侵权责任编的"知道或者应当知道"规则都作为"明知"的限制解释。只要在民事立法中明确了平台

① 顾祝轩.民法系统论思维——从法律体系转向法律系统［M］.北京：法律出版社，2012：3.

服务提供者只有在"明知"存在违法情况，才需要承担责任的规定，那么，对网络平台承担责任的主观过错要件评价标准，行政法上的规定便毋庸置疑。其二为扩张民事责任途径。这一做法便是司法上选择不逃避，以行政法上的义务作为网络交易平台提供者应尽注意义务的标准。在民事领域未对网络交易平台提供者的注意义务作出明确界定时，其注意义务与行政法规强制性标准保持一致。

两个路径的选择，应当取决于网络交易平台提供者在网络交易中所扮演的角色和地位。

第四节　关系合同范式下网络交易平台提供者的应然法律地位

一、角色具体化定位方法

关系合同理论主张将古典合同理论中"孤立的个体"摆在社会结构相应的位置上，形成特定的角色，从而根据这些角色调整其法律地位。从 19 世纪末到 20 世纪立法演变的过程中，我们可以清晰地看到这种角色分化，如经营者和消费者、组织与个人、雇主与雇员、保险人与被保险人。这些主体要求法律给予不同的对待，合同法自然也就面临着分化。美国学者 E. 艾伦·范斯沃思（E. Allan Farnsworth）对 20 世纪的法现象总结道："对于在传统上被认为是规范商品或者服务交易的法律，立法机关分离出与一般合同法不同的特殊领域。集体协商协议被归入劳动法的领域，以保险单形式存在的保险合同被认为是保险法的范围，甚至买卖合同都经常被视为商法而并非合同法的范围。"①

然而，麦克尼尔的关系合同理论在角色形成上走得更远，认为角色不仅限于身份和缔约时的地位，更为重要的是，角色的形成还受所在团体的习惯、风俗，自身的社会交往，以及缔约过程中的各种社会因素影响。由于关系合同理论主张不同的角色应予以不同的法律对待，赋予不同的义务和权利，因此，与古典合同法所追求的封闭体系及自成逻辑的一体化、适用形式化相反，关系合同理论推动了合同法的碎片化。它更加推崇在原有的立法基础上继续推进碎片化的分析，拓展那些当事人之间地位明显不平等的法律领域。②

角色保全规范就是关系性规范的重要组成部分。在缔结合同过程中，角色的性质本身要求其内在一致；也就是说，角色决定他们的行为将要或者应当产生什么样的期待。如果角色出现冲突，合同关系将会受挫。③因此，将合同主体与相应角色特性相关联，调整其法律地位，才能够展示个体自由和角色承担义务之间的平衡关系。

分析网络交易平台提供者的法律地位，也应采用关系性思路，即便是同为服务合同主体的服务提供者，在关系合同的视野中也不应该是抽象的、单一的、无差别的服务提供者。因此，应将网络交易平台提供者置于整个网络交易发展进程的背景下，从其产生、发展的各个阶段中所处的地位和发挥的作用，进行碎片化分析，进一步予以分层化、具体化，从而形成符合其角色的地位界定。

---

① E. 艾伦·范斯沃思. 美国合同法 [M]. 葛云松，丁春艳，译. 北京：中国政法大学出版社，2004：36.

② 孙良国. 关系契约理论导论 [D]. 长春：吉林大学，2006：41.

③ 麦克尼尔. 新社会契约论 [M]. 雷喜宁，潘勤，译. 北京：中国政法大学出版社，1994：37–39.

二、提供平台服务的特殊合同主体地位

（一）网络交易平台提供者法律地位的几种观点

对于网络交易平台提供者的法律地位，学界曾主张适用合同法分则规范有名合同的规则，出现卖方说和居间人说两种不同的观点。[1] 也有主张将其类比于《消费者权益保护法》规定的柜台出租方，[2] 类推适用柜台出租方的有关规定。

卖方说将网络交易平台提供者视为交易的一方当事人，主张网络交易平台提供者应当对需求方承担买卖合同中卖方的责任。居间人说则认为网络交易平台提供者提供的是一种居间撮合的服务，为交易双方订约提供媒介服务。两种学说均存在一定的缺陷，无法准确定位网络交易平台提供者的地位。

卖方说的问题在于没有区分单一型网络交易平台提供者和复合型网络交易平台提供者的不同模式。只有当复合型网络交易平台提供者以自身的名义进行交易，才能定位为合同的当事人、网络交易中的卖方。居间人说也不恰当，网络交易平台提供者仅仅是为交易双方建立沟通的渠道，并没有接受双方委托而为其寻找订立合同的机会，也没有为任一特定的交易方提供任何特定的商机。[3] 网络交易平台提供者提供的平台是开放的，只要符合一定的条件，就可以利用平台进行交易。网络交易平台提供者并非传统的居间人，交易双方与网络交易平台提供者之间并不存在居间合同关系。

网络交易平台提供者与《消费者权益保护法》规定的柜台出租确实具

---

① 全国人大常委会法律工作委员会民法室.消费者权益保护法立法背景与观点全集［M］.北京：法律出版社，2013：255-256.

② 吴仙桂.网络交易平台的法律定位［J］.重庆邮电大学学报（社会科学版），2008（6）：47-50.

③ 杨立新.网络交易民法规制［M］.北京：法律出版社，2018：92.

有相似之处：第一，目的相同，都是以营利为目的。[1] 大多数[2] 网络交易平台提供者直接向注册的供给方收取一定的技术支持费，并且从供给方交易金额中抽取一定比例作为佣金。这类似于传统的商场向柜台承租方收取租金或者根据交易额"抽点"。第二，功能相同。都是聚集交易信息，起到交易中介的作用。第三，性质相同，都是为交易双方提供交易平台服务。[3] 柜台出租方和网络交易平台提供者都不直接参与交易活动。商场柜台出租方的作用在于让商家展示自己的商品或服务，而网络交易平台提供者的主要作用也在于传递信息而不是改变信息的形式或内容。正是因为两者具有极大的相似性，在《消费者权益保护法》的修订过程中，曾有观点提出过将有关网络交易平台提供者的责任内容融入原38条有关展销会和租赁柜台购买商品或者接受服务的损害赔偿责任的条文中，同时在"展销会结束或者柜台租赁期满"后增加"不再利用该网络"的表述，[4] 该条款所确定的不真正连带责任，适用于网络交易平台提供者。

虽然网络交易平台与柜台租赁具有一定的相似性，但其相似性仍未达到使得法律对其作出同等评价的程度。其原因在于，二者的区别是明显的：一是网络交易平台是虚拟形式的平台。柜台租赁与网络交易平台的性质不同，柜台租赁是实体性交易平台，而网络交易是虚拟性交易平台。《消费者权益保护法》虽使用"柜台租赁"的用语，但事实上，商场的柜台是租赁者自己根据自己的需要定做的，柜台的所有权并非属于商场，也就无租赁柜台的基础。租赁柜台的经营者实际上租赁的标的是商场某一范围的经营场所。因此，柜台租赁的标的物是实体存在的不动产。而网络交易平台属于虚拟财产，虽然

---

① 吴仙桂．网络交易平台的法律定位［J］.重庆邮电大学学报（社会科学版），2008（6）：47-50.

② 单一的C2C网络交易平台提供者，则不向供给方收取任何费用。

③ 杨立新．网络交易平台提供者为消费者损害承担赔偿责任的法理基础［J］.法学，2016（1）：3-11.

④ 全国人大常委会法律工作委员会民法室．消费者权益保护法立法背景与观点全集［M］.北京：法律出版社，2013：6.

我国《民法典》对虚拟财产已有涉及，但对虚拟财产的民法属性尚未达成共识。[①] 杨立新教授认为网络虚拟财产为物权的客体，所以，将网络交易平台的属性界定为虚拟不动产。[②] 此种观点是值得商榷的。毫无争议的是，虚拟财产是以电磁记录的形式保存在特定运营商的服务器上的，权利人在行使其虚拟财产的权利内容时必须得到运营商的配合，[③] 或者说权利的行使至少处于运营商的控制下，[④] 因此将网络交易平台的属性界定为不动产，则物权所具备的"排他性"显然不足。本书更赞同中国社科院法学研究所《民法总则评注》中关于虚拟财产的属性认定观点，该观点指出，虚拟财产是"网络服务提供者向权利人提供的具有专属性质的服务行为"[⑤]，网络交易平台并非不动产。因此，与实体存在的不动产商场相比，在虚拟平台上的交易，增大了交易双方维权的难度。二是网络交易平台具有开放性。对于提供平台服务的对象，网络交易服务提供者并无严格的条件限制，只要具备民事行为能力，一般而言，均可以经过注册，借助网络交易平台进行不受时间和空间限制的自由交易。柜台租赁则囿于实体空间的限制，只能择优选择承租对象。因此，网络交易平台提供者对供给方的监管较柜台出租者对供给方的监管难度更大。[⑥] 三是网络交易平台具有一定的公共属性。网络交易平台提供者具有天然的技术优势，不仅可以通过技术检测到交易量、交易评价等诸多信息，而且可以制止违法违规交易行为。[⑦] 也正因为有了平台的约束，信用关系才可以在素未谋面的交

---

① 瞿灵敏.虚拟财产的概念共识与法律属性——兼论《民法总则》第127条的理解与适用 [J].东方法学，2017（6）：67-79.

② 杨立新.民法总则规定网络虚拟财产的含义及重要价值 [J].东方法学，2017（3）：64-72.

③ 刘惠荣，尚志龙.虚拟财产的法律属性探析 [J].法学论坛，2006（1）：74-78.

④ 梅夏英.虚拟财产的范畴界定和民法保护模式 [J].华东政法大学学报，2017，20（5）：42-50.

⑤ 陈甦.民法总则评注（下册）[M].北京：法律出版社，2017：880.

⑥ 杨立新.网络平台提供者的附条件不真正连带责任与部分连带责任 [J].法律科学（西北政法大学学报），2015，33（1）：166-177.

⑦ 洪海."宽进严出"背景下网络交易平台监管责任浅析 [N].中国工商报，2015-03-14（3）.

易双方得以形成，[①] 交易双方才能在平台中顺利地交易，网络交易平台因此能够引导大量的不特定供给方和需求方，聚焦海量交易信息。在这样的开放空间中，网络交易平台提供者的任何不当行为，都可能带来蝴蝶效应，从而引发公共安全问题。网络交易平台提供者对维护网络交易秩序、保障网络交易安全有着义不容辞的责任。也正因为如此，公法领域的行政法也为网络交易平台设定了一定的管理义务。[②] 而柜台租赁完全是当事人之间面对面的民事行为，不存在公共安全的问题。

（二）网络交易平台提供者是特殊的服务合同主体

以网络交易平台为依托进行交易是现代网络交易的最主要模式，网络交易平台提供者也是近几年新出现的概念，[③] 在认定其法律地位时，无法用固有的民法概念和固有的服务合同类型来诠释。网络交易平台提供者在网络交易中的民法地位，就是网络交易平台提供者与交易双方之间提供网络交易平台服务合同主体。[④] 但双方的服务合同关系，是一种特殊的服务合同关系：网络交易平台提供者为交易双方提供的平台，是网络交易平台提供者利用网络技术，通过数字信息传输、搜索、存储、编辑或发布等功能构架出的与物理空间完全不同的交易平台。在交易平台上，集中了众多潜在的交易人，借助便捷的网络检索、查询和浏览功能，交易双方进行相互匹配、磋商和交易。由于是非面对面交易，对于交易相对方的真实身份、履约能力，交易信息的真实性以及交易的安全性等问题，只能完全依赖于网络交易平台提供者的审查。

---

① 徐洁.担保物权功能论［M］.北京：法律出版社，2006：57.

② 给网络服务提供者设定管理义务是各国立法的趋势。参见皮勇.论网络服务提供者的管理义务及刑事责任［J］.法商研究，2017，34（5）：14–25.

③ 杨立新，韩煦.网络交易平台提供者的法律地位与民法责任［J］.江汉论坛，2014（5）：7.

④ 杨立新.网络交易平台提供者民法地位之展开［J］.山东大学学报（哲学社会科学版），2016（1）：23–33.

正因为如此，提供交易平台服务是一种综合化的服务，它融合了信息服务、支付服务、信用服务以及为完成交易的相关服务等综合性服务。因此，网络交易平台提供者提供的服务是一种全新的网络化综合服务模式。[①] 在这种服务模式中，网络交易平台利用技术规则主导交易模式，制定交易规则，控制交易进程。网络交易平台提供者对交易的控制作用，决定了网络平台提供者与用户之间的关系有别于传统的服务合同关系，[②] 其权利义务关系并不能完全任由双方当事人自由约定，网络交易平台提供者作为技术控制方应当被赋予更多的法定义务。这种服务合同关系是一种需要立法才能予以特殊干预的合同关系。因而，网络交易平台提供者在网络交易中的法律地位，是与用户（交易双方）之间形成的特殊服务合同主体地位。

三、负有安全保障义务的服务合同主体地位

"法律责任是因违反法律关系上的法定或者约定的义务所产生的对于相关主体所应承担的法定强制的不利后果。"[③] 法律责任是以义务为存在前提的，义务产生于法定或者约定。既有的立法虽然规定了网络交易平台提供者负有合理的注意义务，但由于保护平台的理念已经深入人心，在司法实践中，对网络交易平台提供者的责任认定，仅以《民法典》侵权责任编第 1195 条第 2 款的"通知—删除规则"、《消费者权益保护法》第 44 条前段"披露免责规则"为中心，而将《民法典》侵权责任编第 1197 条"知道规则"和《消费者权益保护法》第 44 条后段的"应知规则"束之高阁。这些立法的司法适用状况，反映了司法者未能对网络交易平台提供者在网络交易中的重要作用形成正确的认知，因而，完全忽视了网络用户的利益。在形式平等的网络平台服务协

---

① 师晓丹，李新. 创新社会管理相关法律问题研究［M］. 北京：中国政法大学出版社，2012：124.

② 王珉. 电子商务合同主体地位与法律关系研究——以淘宝网 C2C 交易模式为例［J］. 行政与法，2012（5）：118-121.

③ 李龙. 法理学［M］. 武汉：武汉大学出版社，2011：317.

议中，网络交易平台提供者仍然可以基于自身的控制地位，制定趋利避害的格式条款，用户只能概括性地选择接受或者不接受。现有立法均未能完全扭转网络交易平台提供者与用户之间的利益失衡状态。

维护网络交易安全，应是网络交易平台提供者的基本义务，这种安全维护的义务，是一种"事前保障义务"，而非《民法典》侵权责任编第 1195 条的"通知—删除"规则的"事后止损义务"。本书认为，在既有立法存在局限性的情况下，有必要在网络交易平台服务合同的义务设定上，突破当事人的意思自治，无论当事人是否约定，安全保障义务都应当成为网络交易平台服务的内容。换言之，安全保障义务应当法定地成为网络交易平台提供者的合同义务，在用户因为网络交易平台未履行该义务而遭受损失时，可依据网络交易平台服务合同追究其违约责任。对网络交易平台提供者苛以法定的安全保障义务，存在其事实基础、价值基础和理论基础。

（一）事实基础：非中立角色定位

在互联网 Web1.0 时代，[①] 网络传输的内容由网络用户发起，网络服务提供者仅提供技术和通道支持，服务提供者不改变标准技术，不干涉任何权利，网络服务提供者的角色以被动性、工具性和中立性为特征，扮演着"纯粹的传输者"[②] 的角色。而产生于 Web2.0 时代的网络交易平台提供者，其功能已经发生了质的变化，网络交易模式日新月异，网络交易平台提供者在网络交易中的中立地位早已被动摇。

第一，从客观上讲，互联网 Web2.0 时代扩展了搜索和通信功能，网络交易平台不仅为商品和服务提供交易场所，还以此创造各种交易模式，通过制定平台内的规则来维护交易秩序，越来越深入地介入平台内交易，扮演着撮

---

① Web1.0 以编辑为特征，只是解决了人对信息搜索、聚合的需要，而没有解决人与人之间沟通、互动和参与的需求。

② 高薇. 互联网时代的公共承运人规制［J］. 政法论坛，2016，34（4）：83-95.

合交易的第三方角色，推动交易双方在线市场的形成。当今，互联网已经进入了 Web3.0 共享经济时代，网络交易平台成为操控商业模式的关键所在，不仅通过技术匹配供需关系，而且使用诸如事前筛选、竞价排名等系统工具，进行更为深入的管理和服务。①

网络交易平台提供者是追求利益最大化的私主体，用户量决定着网络交易平台的收益，在用户使用平台的边际成本几乎为零的情况下，网络交易平台提供者作为网络交易模式的技术掌控者、交易规则的设计者，一方面希望通过吸引更多的用户，进而创造更多的利益；但另一方面又希望利用合同规避自身的风险，在自己预先订立的格式合同中将自己定位为中立的第三方，对用户的损失不承担任何责任。如果依据合同自由原则，认可了网络交易平台协议条款的法律效力，在发生纠纷时，需求方的权益将难以得到保障。

随着网络交易模式的创新和分类的细化，以及网络交易平台提供者自身对网络交易参与程度的不断加深，网络交易平台的知名度和影响力在网络交易中充当了重要的撮合角色，许多需求方正是基于对网络交易平台提供者的认同和信赖才慕名而来，选择在该平台上开展网络交易。商业模式设计本身应当在定价的基础上考虑风险，当市场中对责任承担出现广泛误解的风险时，② 即使合同条款中并未规定相关责任，平台也应当为其自身造成的混淆负责。

第二，从主观上讲，网络交易平台提供者存在利益驱动。国家工商总局发布的 2014 年下半年网络交易商品定向监测结果显示：对网络交易商品完成的 92 个批次的样品采样中，有 38 个批次的样品为非正品，非正品率达到了41.3%，淘宝网的正品率仅为 37.25%。③ 不少平台虽然一直标榜致力于打击

---

① 周樨平.电子商务平台的安全保障义务及其法律责任 [J].学术研究, 2019（6）: 66-73.

② 圭多·斯莫尔拖.平台经济中的弱势群体保护 [J].环球法律评论, 2018, 40（4）: 55-68.

③ 工商总局.工商总局发布 2014 年下半年网络交易商品定向监测结果 [EB/OL].（2015-01-24）[2023-12-18].http://www.cac.gov.cn/2015-01/24/c_1114117219.htm?from=timeline.

假货，但却不见成效，根源就是利益，若不能在假货上得到任何利益，假货也就应该从平台上消失了。相对于交易需求方而言，网络交易平台提供者与供给方是天然的利益共同体，网络交易平台在利益的驱动下，极有可能利用事先精心设置的服务协议，放任甚至鼓励违法行为的存在，并对由此给需求方造成的损失置身事外。

网络交易平台提供者在网络交易中不亚于供给方的重要作用。受利益驱动放任供给方违法行为的可能，决定了以网络交易平台提供者通过精心设计的、将自身定位为超脱于交易双方的第三方网络服务协议，作为网络交易平台提供者与用户之间的责任分担依据，必然引发网络交易平台提供者与用户之间利益的失衡。

（二）价值基础：发挥组织经济功能

目前理论界认为，只有限制平台提供者的民事责任，才能促进新兴的互联网行业发展。其原因大抵如下。

第一，网络交易平台提供者不具有一般监控义务已成为国际共识。前文已论述，美国 DMCA 已经引领了限制平台责任的思想潮流，从前述相关国家和地区的立法例看，近乎一致地以限制网络服务提供者的责任为旨趣。在感受"互联网 +"极大福利的今天，该呼声更是高涨。[1]

第二，加重网络交易平台提供者的责任会造成互联网经济的不可持续发展。如果网络交易平台提供者需对交易信息负有事前主动的审查义务，意味着网络交易平台提供者需要投入更多的时间与金钱，[2] 这对中小平台可能带来较大损害，但却反而有利于垄断性平台的形成和发展，在没有竞争的情况下，

---

[1] 赵鹏.私人审查的界限——论网络交易平台对用户内容的行政责任 [J].清华法学,2016,10（6）:115-132.

[2] 张新宝，任鸿雁.互联网上的侵权责任:《侵权责任法》第36条解读 [J].中国人民大学学报,2010,24（4）:17-25.

最终会阻碍创新并进而损害互联网产业的可持续发展。因此，突破性创新应当是互联网领域创新的核心。突破性创新必然是对现行做法的突破，这种突破可能会给法律适用带来挑战。在应对这些法律挑战时，鼓励创新应是必须坚持的基本立场。[①]

第三，网络交易平台提供者对违法行为的事前审查将损害合法销售商的利益。根据商标权利的"穷竭原则"，只要是从合法途径获取的商品，第三人均可以销售。而网络交易平台提供者对交易信息的事前主动审查会对他人销售合法商品的行为带来一定的"寒蝉效应"。其主要原因在于，网络交易平台提供者基本无法辨别出售商品的来源，而为了避免侵权指控，网络交易平台提供者的最优选择是只准许来源于权利人认可渠道的商品在平台上进行交易，这无疑损害了其他合法销售商的利益。

第四，加重网络交易平台提供者负担将损害消费者的利益。要求网络交易平台提供者主动审查信息，最大的受害群体是消费者。对网络交易平台提供者施加过于严格的责任，这将会增加交易成本，也必然会将成本转嫁于消费者，消费者难以或几乎不可能得到网络交易平台提供者提供的免费或低价格服务，这将阻碍信息的自由流动，损害公众获得信息的能力以及衍生的其他消费者利益。另外，如果鼓励网络服务提供者采取严格监控行为，网络交易平台提供者就能轻易获取消费者相关信息并利用这些信息获得利益。一来会使消费者在网络交易中成为"透明人"，消费者的隐私权无法得到保障。二来通过对消费者在网上所留下的个人信息进行分析，网络交易平台提供者能够掌握消费者的心理活动进而控制消费者的消费行为，从而损害消费者的消费自主权。消费者原本在网络交易中就处于弱势地位，如果允许网络交易平台提供者主动监控各种信息和行为，其后果只能是消费者会减少在网络上的

---

① 周汉华.论互联网法［J］.中国法学，2015（3）：20–37.

交易活动，从而损害互联网平台经济的健康发展。[①]

第五，主动审查不具有经济性。[②] 虽然在理论上，要求网络交易平台提供者用户对上传于平台上的任何信息进行人工干预是可行的，但在实践中，这样的做法并不具有可操作性。就智能操作而言，排除违法信息和侵权行为，需要涉及众多迥异判断规则以及合法来源与合法销售等的区分，平台提供者基本不可能通过算法做到全部排除。就人工干预而言，虽然人工干预可以做到排除违法，但是一来人工干预需要付出极高的成本；二来即使让网络平台提供者来决定哪些是违法行为，基于风险规避，网络平台提供者的选择要么是过分监管，大量删除信息，包括存疑的合法信息，要么是回归到封闭平台。过分监管的后果是大量的合法信息被错误删除。因此，即使投入极高的人力成本，网络平台提供者事实上也不可能有效解决问题。

上述理由试图证实，为了"互联网行业的发展"，就必须限制网络交易平台提供者的责任。然而，仔细分析，这些理由是经不起推敲的。

第一，所谓国际共识不应作为网络交易平台提供者责任限制的经验素材。中国在网络交易领域的发展，已然走在了世界的前列，其发展模式、发展路径以及发展过程中面临诸多问题，解决问题的思路不再是依靠发达国家的前车之鉴，只能选择摸着石头过河。另外，由于各国法律制度和环境的差异，照搬国际上所谓先进的制度，不将其进行本土化改造，不仅不能实现应有的先进效果，还极有可能引发一系列负面社会效果。

第二，互联网领域的创新以突破性创新为核心，但突破性创新的尺度并不是突破现有的法律底线，不能以假冒伪劣、虚假信息来制造网络交易的虚假竞争繁荣，使网络交易成为鼓励售假的合法途径。

第三，网络交易平台提供者的主动审查会损害合法销售商的利益，这是

---

① 曹阳.互联网平台提供商的民事侵权责任分析［J］.东方法学，2017（3）：73-82.

② 陈锦川.网络服务提供者过错认定的研究［J］.知识产权，2011（2）：56-62.

"强盗逻辑"。网络交易平台提供者的利益来源于用户,用户是平台的上帝,网络交易平台提供者会在利益与责任之间选择平衡点,选择合适的方法辨别出售商品的来源,在确实无法辨别出售商品的来源时,网络交易平台提供者的最优选择仅准许经权利人授权的供给方利用该平台进行交易,以免遭受侵权控诉。① 若无权利人的授权,又无法提供其他合法证明,供给方便是违法销售商,更遑论保护其利益。

第四,网络交易平台提供者主动介入信息审查,并非是能轻易获取消费者的相关信息并利用这些信息获得利益的唯一途径。在现有限制平台提供者责任的制度下,平台内部员工泄密门事件一样不折不扣地发生着。行为留痕是网络本身所具有的特征,为了保证交易安全和交易的顺利完成,网络交易平台本身更是各类信息的聚集地,信息的获取与网络交易平台提供者是否具有主动审查义务无关。网络交易平台提供者通过获取消费者的信息,根据消费者的喜好,影响消费者的消费行为,是一种正当的营销策略,并未因此会损害消费者的利益。

第五,主动审查无疑会增加网络交易平台提供者的负担,但这是网络交易平台提供者在获取利益的同时必须为此付出的代价,这种代价的付出反而更有利于网络交易市场的长远健康发展。② 一个正常的商业模式不能以牺牲他人的利益为代价来获取自己的利益,换言之,不能仅以没有信息筛查能力为

---

① 实践中,网络交易平台根据其自身的管理规则,往往会对经营主体的资格进行审查。如,淘宝网"聚划算品牌团规则"中,对品牌资质做出"品牌商品应提供品牌的《商标注册证》或品牌授权书"。参见淘宝网"聚划算品牌团规则"第五节"商品条件"中的"品牌资质"要求,网址为 https://rule.taobao.com/index.htm?spm=a1zaa.8161610.0.0.eddc158541sjTO。也就是说,淘宝网对申请参加"聚划算品牌团的商家就有"身份信息""商标权利证明"的审查义务。如果参与聚划算品牌团的某一权利人,提交了某地区的独家品牌授权书,而后来又有商户提交了该地区该商标的独家权利授权书,之后又有商户提交了该地区该商标的独家权利授权书,那么网络交易平台提供商在审查过程中,就"有理由知道"有网络用户在实施商标侵权行为,也即可认定其"应知"。

② 申屠彩芳.网络服务提供者侵权责任研究 [M].杭州:浙江大学出版社,2014:131.

理由拒绝承担义务。①

综上所述，限制网络交易平台的责任非但不能促进互联网行业的发展，反而加剧了网络交易平台提供者与用户之间的利益失衡，不利于网络交易秩序的维护，而只有大胆地承认网络交易平台提供者存在与其角色相对等的义务，才能使合同关系得以维系，才能使网络交易各方得以共赢，形成经济共同体。

（三）理论基础：以"差异原则"干预风险分配

网络交易平台具有开放性，平台提供者利用自身的信用，汇集了大量的交易信息，聚集了大量的潜在交易者，成为社会性场所管理人、群众性活动组织者。② 网络交易平台提供者控制和主导交易模式，制定交易规则，对交易各方的商业模式、利益选择和分配均有着实质性影响。③ 有鉴于此，在网络交易平台提供者与用户之间的合同关系中，其权利义务不能完全由当事人自由约定，立法应当以"差异原则"强行苛以网络交易平台提供者承担与之角色相匹配的法定义务，将交易安全的风险分配给网络交易平台提供者。换言之，在网络交易平台服务提供者与网络用户的合同义务设置上，必须摆脱过分保护网络交易平台提供者的旧理念；相反，应当保护需求方的信赖利益，保障网络交易需求方在平台上的交易安全，使其不因交易供给方的违法行为而遭受损害。安全保障义务就是网络交易平台提供者必须对网络交易用户承担法定义务，这一事前保障义务的承担，在技术上可行，规则中有依据，经济上合理。

---

① 王宏丞，曹丽萍，李东涛.论视频分享网站侵权案件中的焦点问题［J］.电子知识产权，2009（4）：15.

② 刘文杰.网络服务提供者的安全保障义务［J］.中外法学，2012，24（2）：395-410.

③ 薛虹.论电子商务第三方交易平台——权力、责任和问责三重奏［J］.上海师范大学学报（哲学社会科学版），2014，43（5）：39-46.

第一，基于因果关系的考量。网络交易平台开启了网络交易的现代模式，由于网络交易双方无法对交易信息进行甄别，无法对交易相对方的行为进行控制，因此只能依托网络交易平台进行交易，只有在网络交易平台提供者的保障下，网络交易才能得到预期履行。网络交易平台提供者引导交易双方进入这一非实境化的、高度不确定的场域，开启了交易危险的源头。"开启或加入交往空间者对其中的他人负有安全保障义务，应在合理限度内照顾他人权益。"[①] 对由于该危险而带来的损害，危险的制造者当负消除损害的责任。

第二，基于危险控制理论的考量。网络交易平台提供者对平台具有他人不可替代的控制能力。由于自身的营运和管理，其最了解在平台中交易的各方及信息的实际情况。从供给方的入驻资格，需求方的实名信息，到交易信息的发布，无不在网络交易平台服务提供者的掌控内；最有可能预见网络交易平台中可能存在的安全隐患，最能够采取合理的措施防止损害的发生；在损害发生后，最大程度地减轻损害造成的后果，[②] 最有可能对造成的损失进行及时补救。如在阿里巴巴服务协议的违约处理条款就有这样的规定，"如因您的行为使得第三人遭受损失或您怠于履行调处决定，您授权并同意阿里巴巴／或其关联公司出于保护社会公共利益或保护其他用户合法权益目的，可指示支付宝公司自您的支付宝账户中划扣相应款项进行支付。如您的支付宝余额或保证金不足以支付相应款项的，您同意委托阿里巴巴使用自有资金代您支付上述款项（但阿里巴巴并无此义务），您应当返还该部分费用并赔偿因此造成阿里巴巴的全部损失。"[③] 在天猫规则中，规定入驻商家必须向天猫商城缴纳五万元的保证金。可见，网络交易平台提供者对用户具有极强的控制力，网络交易平台提供者在解决对用户利用网络交易平台给他人造成的损失填补

---

① 刘文杰．网络服务提供商的安全保障义务［J］．中外法学，2012，24（2）：395-410．

② 张新宝．互联网上的侵权问题研究［M］．北京：中国人民大学出版社，2003：47．

③ 《阿里巴巴服务条款》第 9.3.3 条．网址为：http://terms.alicdn.com/legal-agreement/terms/suit_bu1_b2b/suit_bu1_b2b201703271338_74297.html?spm=a211h4.10560363.0.0.701617ebUxXKXb．

问题上，可谓如臂使指。

第三，基于权利与义务对等的考量。安全保障义务应当分配给因特定危险的产生而获得利益者。现实中，除了公益性平台，几乎所有平台都具有商业目的。[1] 不少平台看似提供的是免费应用，[2] 但他们也因此获取了最有价值的资源——用户的注意力。[3] 在商业实践中，平台的使用一般存在着免费方与付费方。如 B2C 交易平台，供给方是付费方，平台提供者不仅向供给方收取使用平台的固定技术费用，还根据交易额抽取相应比例的费用。需求方则为免费方，无须为利用平台进行交易支付任何费用。因此，基于大多数网络交易平台提供者向用户免费提供平台，就认为应当减轻网络交易平台提供者的注意义务的观点是片面的。在网络上违法行为已经众所周知时，网络交易平台提供者却装聋作哑，放任甚至希望其存在以获得暴利。若任其发展，最终将造成网络交易劣币驱逐良币的畸形发展。[4]

第四，基于节约社会总成本的考量。根据法经济学的理论，"义务应分配给可以最小成本实现它的人"。安全保障义务的注意成本理应分配给危险的制造者和保有者。其正当性不仅仅出于利益平衡等道义上的考量，也着眼于经济上的考虑，使控制风险成本的社会付出趋于最小化。[5] 网络交易平台提供者控制着网络平台的总体运行，具备运营平台和保障网络安全的软硬件措施和专业的技术人员，因此，其能够以较小的成本排除网络交易的安全隐患，防止和制止网络平台中的违法行为，保障网络交易平台中用户的交易安全。

---

① 朱剑桥.电子商务主体责任追溯制度探析［J］.北京工商大学学报（社会科学版），2012，27（5）：58-64.

② 张新宝.互联网时代个人信息保护的双重模式［N］.光明日报，2018-05-02（11）.

③ 王利明.中华人民共和国侵权责任法释义［M］.北京：中国法制出版社，2010：194-195.

④ 王利明.中华人民共和国侵权责任法释义［M］.北京：中国法制出版社，2010：194-195.

⑤ 张新宝，唐青林.经营者对服务场所的安全保障义务［J］.法学研究，2003（3）：79-92.

第五节　违反安全保障义务的责任承担方式

一、安全保障义务的关系性合同义务溯源

在麦克尼尔看来，完全孤立、追求功利最大化的个人之间的合同不是合同，而是战争。[①] 合同目的的个人性和合作性是个别性合同与关系性合同的根本区别，合同团结也是导致关系合同理论与古典合同理论分道扬镳的核心理念。以原子化的经济人为主体假设的古典合同法，仅关注到了合同当事人对立的一面，而没有认识到合同关系的合作面向，在这种合同范式中，双方当事人只要按照约定的条件进行交易即可；除此之外，他们之间没有其他的关系联结，因此，这种合同法不要求当事人之间存在合同文本之外的协作关系，更不要求当事人之间进行积极的配合行动。在关系性合同理论的视野里，合同关系不仅仅是双方之间的债权、债务关系，而且是为实现合同能够顺利进行的共同目标而相互协作的有机整体。合同法应当重视合同中的合同团结面向，认识到双方一旦进入合同关系，就已经形成了一个共同体。而在这个共同体中，双方的权利义务不仅由合同文本决定，同时也由各自角色和地位决定。换言之，合同关系就是一个当事人根据各自的地位各司其职的共同体关系。[②]

现代合同法修正了古典合同法契约义务仅来源于合同文本的狭隘认识，产生了涵盖合同成立前、履行中或消灭后的法定义务，这些义务是由诚实信

---

① 麦克尼尔.新社会契约论［M］.雷喜宁，潘勤，译.北京：中国政法大学出版社，1994：2.

② 傅静坤.二十世纪契约法［M］.北京：法律出版社，1997：57.

用原则发展出来的，是附随于主给付义务的合同义务，被称为"附随义务"①。但如前文所述，现代合同法是古典合同法的亚种，合同关系的核心仍是放在给付义务和交换关系上，所谓合同团结不过是交换保持不破裂的规范，对于这些合作、协力义务在合同义务中也仍被定位为"不太重要的琐屑之事"②。它仅仅需要满足最低的限度即可，违反这些义务一般也不会影响当事人合同目的的实现。而在麦克尼尔看来，正是合同中当事人的协助和合作促成了社会有机共同体的形成，这些合作的义务远远超越了附随义务，因此，这些基于诚信原则而产生的义务，不应仅仅是合同的附随义务，而更应成为反映合同本质的主要义务之一。侯国跃教授认为，通过诚信原则的扩张完全可以替代关系合同理论。③ 傅静坤教授也认为，关系合同理论本质上是以诚信原则为基础的。④ 本书认为，且不论诚实信用原则的扩张难以衍生出前文所阐述的合同关系的独立价值，更无法取代关系合同理论的理论构建和制度规范，仅是在对合作关系和互惠共赢价值理念的重视程度上，关系合同理论就已经远远超越了现代合同法中的诚信原则。

在现代法律体系中，安全保障义务是侵权法上的特殊义务。但安全保障义务正是由合同法上的合作义务演化而来。在缔约过程中，安全保障义务是由合同交易过程中的信赖要求产生的个别性义务，缔约人与交易相对人发生"交易上的接触"，因而，也存在对他方的人格和财产等产生影响或加害的危险，即"契约危险"。基于交易安全信赖的考虑和诚实信用原则的要求，合同当事人之间必须存在一种安全保护义务，要求对对方的人身、财产安全尽一定的注意义务，以避免损害的发生。随着社会纠纷的日益复杂，合同领域中的各种风险扩大成社会风险，私人利益演变成公共利益，对这一问题的关注

---

① 王利明.合同法研究（第一卷）[M].北京：中国人民大学出版社，2011：83.

② 麦克尼尔.新社会契约论[M].雷喜宁，潘勤，译.北京：中国政法大学出版社，1994：83.

③ 侯国跃.契约附随义务研究[D].重庆：西南政法大学，2006：160.

④ 傅静坤.二十世纪契约法[M].北京：法律出版社，1997：55-63.

和担忧导致合同责任的弱化和侵权责任的强化，而安全注意义务也最终从个别性保护义务过渡到了一般性保护义务，① 这种保护义务所要求的注意义务逐渐演化成了一种不关乎身份、职业或者契约关系的一般性民事责任。②

有可能给他人带来危险或者拥有使他人陷入危险因素的人，就负有为了避免这种可能成为现实而必须采用的必要且有期待可能性的预防措施的义务。③ 无论这种危险的诱发因素来源何处，这一法理都应当是共通的。换言之，尽管现代法上，安全保障义务已然成了侵权行为法的"规范发生源"，④ 但并不妨碍我们参考安全保障义务来确定合同法上的义务。⑤

起源于德国司法的"安全保障义务"与起源于美国的"网络服务提供者义务"分属于两个条款，都被移植至原《侵权责任法》和《民法典》之中。但这两个条文分属于不同的系统，似乎未曾有过交集。⑥ 安全保障义务条款的任务是规定宾馆、商场、银行、车站、娱乐场所等公共场所的管理人、群众性活动组织者，具有保障群众在这些空间的人身安全和有形财产的义务。而网络服务提供者的责任似乎更多地是针对知识产权、精神性人格权等的保护。网络空间虽不是物理空间的简单投射，虽不能将网络交易平台简单地类比为商场或其他公共场所，但这并不能否认网络交易平台不但存在着对人格权、财产权的侵害危险，网络交易平台更是存在着对用户的有形财产损害的

---

① 熊进光.侵权行为法上的安全注意义务研究［D］.重庆：西南政法大学，2006：39.

② 陈聪富.论侵权行为法上过失之概念［J］.台大法学论丛，1998，33（4）：144.

③ 候国跃.契约附随义务研究［D］.重庆：西南政法大学，2006：148.

④ 克雷斯蒂安·冯·巴尔.欧洲比较侵权行为法（下卷）［M］.焦美华，译.北京：法律出版社，2004：297.

⑤ 周友军.交往安全义务理论研究［M］.北京：中国人民大学出版社，2008：176.

⑥ 但也有学者认为，我国《侵权责任法》第36条第2款和第3款的规定应当解释为网络服务提供者的安全保障义务。这是我国对安全保障义务制度的突破和发展。参见周友军.论网络服务提供者的侵权责任［J］.信息网络安全，2010（3）：56-58.

诱发因素，使得交易者面临技术风险、维权风险等。①对这些风险加以防范，即为安全保障。在网络交易过程中，网络交易平台提供者是交易的开启者和最终管理者，用户基于对网络交易平台提供者的信赖而在平台上开展交易，网络交易平台提供者就应负有安全保障义务。日本学者松本恒雄（Tsuneo Matsumoto）也指出，应当提出"违反网上商城利用合同的附随义务"这一概念，使网络交易平台服务提供者承担违反附随义务的责任。②本书认为，依据关系合同理论，用户与网络交易平台提供者之间存在服务合同关系，而合同标的是为用户提供的具有安全保障的平台服务，提供具有安全保障的平台是提供平台服务的应有之义。基于网络交易平台提供者在网络交易中的支配性地位及用户的信赖利益保护，安全保障义务应属于网络交易平台提供者在提供平台服务合同中的主要合同义务之一。

二、违反安全保障法定义务的连带责任承担方式

迄今为止的现代法学体系，在分配义务和追究行为的责任之际必须充分考虑到行为的主观意志和客观控制能力。③网络交易平台提供者的义务分配亦应当如此，网络信息技术的发展日新月异，网络安全保障义务的范围具有不确定性和变化性，网络交易平台提供者的客观控制能力应当被理性评估。用户正是基于适格的网络交易平台提供者应当具备保障网络交易安全的能力，能够检测并消除网络服务平台中那些不能为网络用户所知的安全隐患，④才与其建立合同关系。网络交易平台服务提供者不仅仅是一般的网络服务提供者，而是作为开放环境下交易的组织体，这一角色应当在确定其义务内容时被嵌

① 齐爱民，陈琛．论网络交易平台提供商之交易安全保障义务［J］．法律科学（西北政法大学学报），2011，29（5）：67-74．

② 杨立新．网络交易法律关系构造［J］．中国社会科学，2016（2）：114-137．

③ 季卫东．风险社会与法学范式的转换［J］．交大法学，2011，2（1）：9-13．

④ 王思源．论网络运营者的安全保障义务［J］．当代法学，2017，31（1）：27-37．

入考量，因而，它不仅负有提供保障网络安全、稳定的技术服务义务，还应当尽到一个理性的、谨慎的、具有与其作为开放环境下交易的组织体所相应具有的专业技术知识的服务提供者的注意义务。

法定安全保障义务的内容，不仅应当包含以上《消费者权益保护法》、《电子商务法》、行政法所规定的义务内容，还应当对网络交易供给者提供的交易信息的真实性和合法性进行审查，保障需求方不因供给方提供非真实信息、欺诈等不当履行合同行为和侵权行为而遭受损失。若网络交易需求方在交易平台上遭受侵权和违约损失，应当推定，网络交易平台并未适当地履行提供网络交易平台服务。

网络交易本身是由多个合同交织而形成的，每个合同都具有很强的外部性。用户与网络交易平台提供者之间存在着提供平台服务合同，而网络交易平台提供者提供的服务质量，直接关系到网络交易双方能否顺利地完成交易。面对这种相互交织的情况，关系合同理论主张突破合同的相对性，非违约方具有向合同交织网中对违约行为负有责任的主体主张赔偿的权利。在网络交易中，正是由于网络交易平台违反安全保障义务，才使得行为人有机会利用网络交易平台侵害他人利益，这种侵害表现为需求方在与供给方交易过程中，因供给方的侵权行为或者违约行为而形成的损失。网络交易平台提供者的安全保障义务就在于避免这种损失的发生，违反该义务的责任形式应当对此项损失承担赔偿责任。

本书认为，与《侵权责任法》第1198条规定的在第三人侵权和负有安全保障义务人结合造成损害的场合，安全保障义务人承担相应的补充责任的形式不同，由于网络交易平台为非实体空间，需求方维权的难度较实体空间大，因此，违反网络交易平台服务合同中的安全保障义务，其责任形式应当是对需求方造成的损失，与供给方承担不真正的连带责任。需求方可以要求供给方或者网络交易平台提供者任何一方承担责任。在网络交易平台提供者承担责任后，再向引起损害的供给方追偿。通过连带责任形式，才能全面保护网络交易需求方的利益。

《侵权责任法》和《电子商务法》均规定网络交易平台提供者在知道网络用户利用其提供的网络服务侵害他人民事权利而不采取措施的情况下，对他人的损失承担连带赔偿责任。对此，不少学者认为这种责任承担方式缺乏理论依据，因为连带责任造成每一个有清偿能力的连带责任人都可能对全部损失承担责任，由此可能对与自己行为无因果关系的损害或超过自己参与度的损害负责，这是一种对风险的再分配机制。而正是因为连带责任是一种较重的责任，传统民法坚持以主观共同故意为限。[①] 即使理论的发展使其适用范围不再仅限于行为人之间具有共同故意，也要求行为人之间必须具备基于一致行动的意思形成"一体性"，既包括以故意侵害他人为目的而一致行动，也包括虽然没有侵害他人的一致意思，但可以预见共同作出的行为会导致他人损害，并且可以避免这样的损害发生的情况。[②] 根据"一体性"理论，网络交易平台提供者只有在能够预见平台内的供给方行为导致损害后果而不采取行动时，才能因过失行为与直接侵权行为形成"一体性"，从而使网络交易平台提供者与供给方对损失承担连带责任，而即使主张网络交易平台提供者应承担安全保障义务的学者，也认为如果平台提供者仅仅是没有采取合理、有效的侵权预防措施，则并不能成立"一体性"，而由此承担连带责任。[③] 本书认为，在肯定网络交易平台提供者具有采取合理、有效措施防止交易风险的安全保障义务前提下，以连带责任作为责任承担形式，是最佳选择。第一，连带责任本身就是风险的再分配手段，在无辜的受害人与有责的加害人之间，以受害人权益维护为中心，体现了"深口袋"原理，将某加害人丧失清偿能力的

---

① 王竹 . 论教唆行为与帮助行为的侵权责任 [J] . 法学论坛，2011，26（5）：64-69.

② 叶金强 . 共同侵权的类型要素及法律效果 [J] . 中国法学，2010（1）：63-77.

③ 周樨平 . 电子商务平台的安全保障义务及其法律责任 [J] . 学术研究，2019（6）：66-73.

风险转由全体加害人负担。① 第二，此处的连带责任，也并非侵权连带责任。而是基于用户在网络交易中遭受的损失，存在竞合的两种请求权基础。一为交易一方违约，造成另一方损失的赔偿责任；二为网络交易平台提供者违反安全保障的合同义务，给用户造成损失的赔偿责任。非违约方可以选择其中一方承担违约责任。

这一责任承担方式的实施，造成了网络交易平台提供者并非交易主体，却承担着交易合同责任的结果。这是由于网络交易的交织性和网络交易平台服务合同存在外部性而引发的法律效果，这在一定程度上也突破了合同相对性原则。

根据这一结论，诸如，前述北大法宝经典案例"王挺诉南京亮达电子商务有限公司、浙江天猫网络有限公司网络购物合同纠纷案"等，网络交易平台提供者主张"不符合应知销售者利用平台侵害消费者合法权益"的理由，则不可使其免责。网络交易平台提供者应当与南京亮达电子商务有限公司承担因虚假宣传而引起的合同责任，对需求方的损失承担连带责任，需求方可以要求供给方或者网络交易平台提供者任何一方承担责任。在网络交易平台提供者承担责任后，再向引起损害的交易供给方追偿。

这一责任形式的确立，并未超出网络交易平台能力的承受范围。一方面，对网络交易供给方的交易信息进行逐一审查，仅是增大平台运营成本的问题，而非力所不能及的技术问题。这些成本正是网络交易平台提供者作为网络交易秩序的管理者必须付出的代价。另一方面，网络交易平台对入驻平台的供给方，一般而言都要求缴纳保证金，并且在服务协议中约定了通过网络交易平台传播不真实交易信息的合同责任。因此，网络交易平台即便为网络交易供给方承担了违约责任，也不会对网络交易平台提供者造成过多的负担。因

---

① 曹险峰.数人侵权的体系构成——对侵权责任法第 8 条至第 12 条的解释［J］.法学研究，2011，33（5）：54-69.

为通过对用户的极强控制力，网络交易平台提供者可以如汤沃雪般向损害行为的实际实施者追偿。这一论断从某些网络交易平台自觉打出"无假货"的口号、推出"先行赔付"措施的实践便可窥知。

第四章　网络交易中的合同主体

第一节　供给方的合同责任主体认定

　　在网络交易平台提供者安全交易程序的保障下，交易双方无须如传统交易一般，过多地关注彼此的真实身份。但是，供给方信息的披露仍然具有重要的法律意义。我国多个立法均规定了网络交易平台提供者审核平台内供给方所披露信息真实的义务。其中，《电子商务法》第27条规定，电子商务平台经营者应当要求申请进入平台销售商品或者提供服务的经营者提交身份、地址、联系方式、行政许可等真实信息，进行核验、登记，建立登记档案，定期核验更新，并于第15条规定供给方的亮照经营义务。① 这些规范的目的一方面在于让交易相对人了解营业登记的信息，起到信息披露、保障相对人知情权的作用，需求方对在合同成立前无法接触的商品和无法体验的服务，将供给方的商誉作为其品质的参考因素。另一方面则是向需求方传递基于交易关系的合同责任承担主体的信息。尽管这样的规范看似使合同关系简单明了，但是在网络交易实践中，由于网络交易平台提供者的介入，网络交易存

---

① 《电子商务法》第15条规定："电子商务经营者应当在其首页显著位置，持续公示营业执照信息、与其经营业务有关的行政许可信息、属于依照本法第10条规定的不需要办理市场主体登记情形等信息，或者上述信息的链接标识；前款规定的信息发生变更的，电子商务经营者应当及时更新公示信息。"《网络交易管理办法》第23条第1、2款也作了几乎相同的规定。

在三方角色，其中的关系远比传统交易复杂。

关系合同理论认为，当事人之间关系的各个侧面都可能是合同的关联因素，应该将调整当事人不同方面的系列合同视为一个整体予以审视。在合同团结的理念下，关系合同理论摒弃了合同神圣至上的观念，更着眼于诚实信用和公正交易，主张根据合同具体情况保护对方的信赖和合理的期待。网络交易具有交织性，在责任主体认定上应当注重分析其交易背景，才能得出合理的结果。

本节分别对自营模式、团购模式和网约车模式这三种争议较大的交易模式的合同责任主体相关问题进行分析。

一、自营模式

复合型网络交易平台提供者在网络交易中扮演两种角色：一是为交易双方提供平台服务的第三方角色；二是作为买卖合同或者服务合同的一方当事人的供给方角色。复合型网络交易平台提供者以自己的名义销售商品和提供服务的商业模式，称为"自营模式"。在网络交易平台提供者的自营模式下，需求方在交易过程中遭受损失的，应当由作为交易一方的网络交易平台提供者承担合同责任。

《电子商务法》第37条规定，电子商务平台在平台上开展商品或者服务自营业务的，应当以显著方式对自营部分和平台内其他经营者经营部分进行区分和标记。如此，需求方可以是否具有显著的自营标识作为识别交易相对人的标准，这样的规定看似操作性极强，但实践中，网络交易平台提供者往往根据自身的利益，对"自营"的概念外延进行任意扩充，在发生纠纷时，网络交易平台提供者又以自己并非交易相对人为由拒绝承担合同责任。

2016年5月，原告范某在京东商城网站购买了四款标注"京东自营"的手表，之后发现手表存在质量问题，原告遂向北京市朝阳区提起诉讼，将京东商城网站的运营商北京京东叁佰陆拾度电子商务有限公司列为被告，要求被告承担责任。而被告辩称其与原告范某之间不存在买卖合同关系，其只是提供网络交易平台的服务者，自身并未参与商品交易，不是买卖合同的卖方。理由是，"京东自营"是指京东集团自营，而非京东商城自营。消费者在京东商城购买的标注"京东自营"的商品或者服务，交易的相对方是由京东集团根据送货地、库存数量而确定的。原告购买的手表，是由天津京东海荣贸易有限公司销售并向范某开具的发票。随后，被告北京京东叁佰陆拾度电子商务有限公司在诉讼中又出具了其与天津京东海荣贸易有限公司之间的《平台服务协议》，该协议约定：北京京东叁佰陆拾度电子商务有限公司"仅提供产品信息展示的平台服务，不从事产品交易事宜，不对产品交易事宜负责"。法院认为，被告北京京东叁佰陆拾度电子商务有限公司是网络交易平台提供者，并不是原告购买手表的销售者，原告购买的商品，销售主体为天津京东海荣贸易有限公司，原告可以通过电子发票形式知晓销售者真实名称、地址和有效联系方式。目前，也没有证据证明被告北京京东叁佰陆拾度电子商务有限公司明知或应知销售者利用其平台侵害消费者合法权益，所以，原告范某应向天津京东海荣贸易有限公司要求产品质量问题的赔偿，而被告北京京东叁佰陆拾度电子商务有限公司并非本案的适格被告。最后，法院裁定驳回了范某的起诉。[①]

从该判决结果看，法院虽认定网络交易平台提供者在交易后才披露实际交易相对人的行为不符合"充分、显著"的标准，但并未实质性地揭示网络交易平台服务提供者与需求方之间的法律关系。本书认为，即使网络交易平台提供者与关联公司存在内部协议，但关联公司若以网络交易平台提供者自营的名义对外从事交易，关联公司与网络交易平台提供者之间的关系应当解

---

① 李俊慧.真相了！京东自营不等于京东商城自营，那消费者咋维权？〔EB/OL〕.（2017-01-12）〔2023-12-21〕.https://www.163.com/dy/article/CAIVB94P05118A9F.html.

释为事实上的间接代理关系，应当类推适用《民法典》第 926 条关于间接代理的法律规定。在上述案件中，北京京东叁佰陆拾度电子商务有限公司作为受托人以自己的名义与第三人签订合同，在合同履行时披露了真实的交易主体，即作为委托人的天津京东海荣贸易有限公司。依据法律规定，间接代理行为能够使第三人在受托人与委托人之间产生选择向何者主张权利的法律效果。在本案件中，范某既可以选择北京京东叁佰陆拾度电子商务有限公司，也可以选择天津京东海荣贸易有限公司主张权利。

法院依据北京京东叁佰陆拾度电子商务有限公司与天津京东海荣贸易有限公司之间的约定，判断北京京东叁佰陆拾度电子商务有限公司仅是提供交易平台的第三方，不是合同的当事人，不需承担合同责任。这种判决忽略了内部协议的外部性，并未考虑到这种内部约定实质上已经影响了作为第三人需求方的利益，对第三人并不能产生拘束力，不宜作为划分与第三人之间责任的依据。

网络交易平台提供者之所以区分"自营"与"非自营"，是基于用户对网络交易平台提供者的信赖、对自营的产品质量和后续服务的信任，网络交易平台服务提供者也因此获得了相对的竞争优势。若是以网络交易平台服务提供者与供给方之间的协议，作为判断网络交易平台提供者法律责任的依据，则为网络交易平台提供者与供给方这一利益共同体故意混淆交易对象、侵害需求方的利益提供了合法途径。因此，"诚实信用原则"作为关系性内在规范在实定法上的典型体现，应当发挥其法律规范对案件事实涵摄的漏洞填补功能。可喜的是，《电子商务法》已对这一问题作出了明确的规定："电子商务平台经营者对其标记为自营的业务依法承担商品销售者或者服务提供者的民事责任。"

二、团购模式

采用 B2T 交易模式的网络交易平台提供者，存在商店模式和商厦模式两种类型。商店模式网络交易平台提供者是自身与需求者进行交易，如聚美优品等平台，网络交易平台提供者与需求方二者的法律关系为买卖或服务合同关系。商厦模式仅为交易双方提供平台服务，自身不参与交易，如淘宝网上的聚划算，需求方的交易对象为供给方。

由于服务性的消费必须到服务者的经营场所实地接受服务，无法如商品通过物流交付完成交易，如，美团网等聚集餐饮、娱乐等服务性消费团购信息的网络交易平台提供者，只能采用在平台上销售电子消费券的形式来达成交易。因此，服务性团购模式指团购者在团购网上选取电子消费券并在线支付后，团购网站向付款的团购者提供电子消费券，团购者凭此券可以要求电子消费券指定的商家提供网站承诺的商品或者服务的交易模式。这种交易模式就产生了团购平台提供者与消费券指定的商家之间何者为需求方交易相对方的辨识难题。

以美团网在 2018 年 8 月推出的海银海记潮汕牛肉火锅为例，简单描述如下网络团购流程：网购页面标示了商家海银海记潮汕牛肉火锅的地址信息、餐厅图片信息、团购所包含的详细菜品信息，门市 212 元、团购价 168 元价格信息，有效期至 2018 年 9 月 10 日的日期信息。团购者通过点击"立即购买"并付款，将消费金额转入美团账户上。付款完成后，即在团购者的会员账户上生成订单和美团券。另外，在美团网的用户协议中，美团网将"团购交易"定义为："用户与商家通过美团网进行交易团购商品／服务的活动"。[1]

美团网一方面以自己的名义向团购者销售以其网站命名的"美团券"；另一方面又在其平台服务协议中将自己定位为交易的第三方。因此，美团网在

---

[1] 《美团网用户协议》第 1.5 条。

网络交易中的地位，究竟为需求方的交易相对方，还是第三方，难以区分。尽管团购网页也详细地显示了商家的信息，但并不能因为披露了商家的信息，就能够使美团网处于交易中的超脱地位。早在2011年，美团网就出现过商家对美团券不认账的乌龙事件。美团网在一段时间推出了"价值50元，仅售29元的DQ冰雪皇后现金券"活动，到了截止日期已有12 003人团购了此券。同日，DQ冰雪皇后在中国的代理单位上海适达餐饮管理有限公司，在其官方网站上发出了"未与其他任何第三方合作团购"的申明，团购者被拒绝持券在实体店消费。面对此事件，美团网只能采取"按50元先行赔付"参与此次团购会员的措施。但在几日后，DQ冰雪皇后实体门店又表示，该团购券可以使用。造成此次乌龙事件的背后原因是美团网与上海适达餐饮管理有限公司之间原本签订了合同，后美团网以低于合同的价格销售团购券，遂双方发生了纠纷，致使上海适达餐饮管理有限公司宣布团购券无效。但后又由于双方重新达成了合意，上海适达餐饮管理有限公司遂认可美团券的消费功能。

可见，在实践中，美团券并不具有"无因性"，对于美团券上负载的商家的履行义务，商家可以基于其他理由不履行或者不完全履行，而不必向团购者承担任何责任。在发生纠纷时，团购者只能向美团网申请退款或者采取其他维权措施。

本书认为，团购网站向团购者销售以团购网站命名的电子团购券，在发生团购合同纠纷后直接要求团购网站承担责任等的种种行为表明，网站与团购者之间的关系，并非简单地提供交易平台服务的合同关系。网站的行为已经使其形成了特定的角色期待，这种角色就应被认定为是网络团购合同的供给方主体，而团购合同的标的物为美团券。商家根据其与团购网站之间订立的合同，作为网络团购合同中约定的第三人向需求方履行提供团购商品或服务的义务。因此，团购合同的性质应为第三人代为履行的合同。

三、网约车模式

自 2012 年开始，我国开始出现网约车。网约车作为共享经济的标志，有效地整合了闲散资源，弥补了出租车特许经营带来的交通供给不足，也增加了就业灵活性，因而在短期内得到了迅速发展，也发展出了多种交易模式。

在以滴滴出行为代表的网约车平台上，就存在着出租车服务、专车服务和快车服务等不同称呼的交通服务。在 2018 年《网络预约出租汽车监管信息交互平台运行管理办法》实施之前，滴滴出行在其服务协议中就对三种模式的法律关系进行界定。根据协议，出租车服务是出租车公司利用滴滴出行发布出租车服务信息，与潜在的服务需求方信息相互匹配，为服务需求方提供交通服务。出租车的所有权归属于出租车公司，司机与出租车公司之间存在雇佣关系，因此，与需求方交易的对象实为出租车公司，滴滴出行仅是为交易的促成提供信息发布和技术服务的第三方。专车服务则是滴滴出行自营的服务项目，需求方的交易对象为滴滴出行；车辆的所有权归属于滴滴出行，驾驶人员与滴滴出行之间存在雇佣关系。快车服务则是指将愿意从事交通服务的社会闲散的私家车主，以滴滴出行为媒介，使用自己的私家车为服务需求方提供交易服务。通过滴滴出行选择快车服务的交易需求方，其交易的对象则为私家车司机个人，而滴滴出行仅仅是交易信息服务的中介者。[①]

私家车是滴滴出行最为主要的交通资源，快车服务占据了滴滴出行交易中的绝大部分比例，也是共享经济最为重要的体现方式。在这种交易模式运行的一段时间里，陆续出现了网约车司机侵害乘客利益，甚至连续发生危害乘客生命财产安全的严重事故。[②] 这些事故暴露了网约车交易平台提供者本身

---

① 李雅男. 网约车平台法律地位再定位与责任承担 [J]. 河北法学，2018, 36（7）: 112–126.

② 2018 年 5 月 5 日晚，空姐李明珠在郑州航空港区通过滴滴出行，乘坐了司机刘振华的顺风车，计划前往郑州市区，途中被司机李振华奸杀。2018 年 8 月 24 日，浙江温州乐清市赵培辰乘坐滴滴顺风车后失联，8 月 25 日犯罪嫌疑人钟元在乐清一处山上落网。到案后，钟元交代了对赵培辰实施强奸，并将其杀害的犯罪事实。这两起恶性事件引起了社会各界的广泛关注。

存在着重大经营管理漏洞和安全隐患，严重威胁人民群众出行安全和合法权益。人们普遍对网约车平台提供者仅仅只是信息的服务中介者的法律地位感到不满，呼吁网约车平台提供者应当承担起交通安全保障的义务。网约车平台提供者究竟应当在运输合同中扮演何种角色，就成了争议问题。专车模式是网约车平台提供者的自营模式，网约车平台提供者的法律地位就是承运人，自不待言。下文主要分析私家车运营模式。

在网约车模式下，乘客通过网站发出要约，虽然由网约车平台上的驾驶员接单作出承诺，在约定的时间和地点进行运输行为，但是不能据此认为运输合同的相对方就是实际运输者。第一，乘客只是接受客运服务，对车辆本身并没有控制权。实践中，车辆、驾驶员均是网约车平台提供者提供、招募和组织的，在服务过程中，网约车平台提供者将乘客的需求与车辆进行匹配，本质上具有运输调度功能，[①]并非仅发挥信息中介功能。第二，网约车平台提供者是运输合同内容的制定者，服务内容、标准和规范、计费规则等均由网约车平台提供者制定和执行，并在结束后根据议定价格收取乘客费用，同时也是乘客给付的对象。第三，网约车是一种新型的客运形式，网约车运输合同也是一种特殊的客运合同。尽管在快车和出租车模式下，网约车平台提供者并非车辆所有权人，与司机事实上不存在雇佣关系，但是，法律不应苛求普通用户应当知晓网约车平台和司机之间的内部关系。换言之，网约车平台的内部运营模式不能成为其免责的抗辩理由。因此，无论从网约车运营的实际情况，还是从乘客的利益保护角度，都应将网约车平台视为运输合同的一方当事人。

2018 年出台的《网络预约出租汽车监管信息交互平台运行管理办法》已经将网约车平台提供者定位为承运人的角色，并明确规定了网约车平台承担

---

① 侯登华.共享经济下网络平台的法律地位——以网约车为研究对象［J］.政法论坛,2017,35（1）: 157-164.

承运人的责任。换言之，在网约车的交易模式中，承运人为诸如滴滴出行的网络交易平台提供者，而非具体提供服务的驾驶员。这就意味着，无论网约车交易平台服务协议如何规定（约定）运输合同的主体，网约车平台提供者都被定位为运输合同中的承运人，与乘客形成运输合同关系。在运输合同的法律关系中，作为承运人的网约车平台提供者具有保证乘客安全的法定义务，乘客在搭乘网约车过程中受到的损害，可以《民法典》中关于客运合同中运输人的义务规定为请求权基础，直接向网约车平台提供者主张赔偿。至此，彻底地结束了乘客无法辨别交易相对人，网约车平台提供者利用网络服务平台协议将自己置身事外的局面。这一规定符合普通大众的交易观念，促使网约车平台提供者提高车辆和司机的准入标准，能够从源头上控制事故发生的风险，有利于保障乘客的合法权益。

第二节　需求方的合同责任主体认定

网络交易平台提供者主要通过间接实名制对需求方的真实身份及交易资格进行审查，网络实名制是使网络身份与个人的真实身份建立起对应关系的一种制度，要求网络使用者从事网络活动时须提供真实有效的个人身份信息。网络实名制按流程分类，可以分为登记实名和注册实名。登记实名，指用户在申请入网时，需向网络服务提供者提供真实的身份证进行登记，将个人信息与 IP 地址绑定。早在 2012 年，全国人民代表大会常务委员会《关于加强网络信息保护的决定》第 6 条就作出了规定："网络服务提供者为用户办理网站接入服务，办理固定电话、移动电话等入网手续，或者为用户提供信息发布服务，应当在与用户签订协议或者确认提供服务时，要求用户提供真实身份信息。"至此，我国全面实行入网登记实名制。注册实名，是指用户在各种平台用身份证号、手机号码等个人信息进行账号注册。注册实名制从操作上可以分为前台实名制和后台实名制。前台实名是指要求网络用户披露自己的真实身份，而后台实名是指要求用户将真实身份与在线身份之间的映射关系备案于网络平台，以使在网络空间下的行为有被合法追踪的可能性。目前，在网络交易中，对于供给方，采用的是前台实名制。对于需求方，采用的是后台实名制，需求方在交易中可以匿名交易。需求方在网络交易平台上注册账号，一般都要求用户在自设账号密码的同时，绑定手机号码。我国已经全面实施手机号码实名认证，因此，网络交易账号所绑定的手机号码的实名认证者，即为网络交易账号的注册者。通过账户绑定手机号码的方式实现账户与注册者身份的联系，即间接实名。间接实名采用向用户手机发送验证码，或者提供验证码生成器给用户，由用户回填验证码的方式确保账户为用户（即手机使用者）本人控制。[①] 然而，在网络交易实践中，网络行为主体与注册主体并不存在一一对应的紧密联系。一是存在账号借用的情况。一个账号为多人使用的情况并不罕见。网络交易平台往往制定规则，账号以使用的频率或者交易额为标准区分等级，高级别的账号在购物时可以享受更多优惠，这种交易规则刺激了多个行为主体使用同一个账号，以最大化实现优惠共享。二是存在手机注册者与使用者错位的情况。如，家长以自身的信息为未成年人办理手机卡，产生网络账号的注册者与使用者错位的情况。三是存在冒用的情况。只要拥有网络账户和密码，就可以注册者的名义实施网络交易。

相互龃龉的网络账号注册规则与使用规则，非但无法通过间接实名制使需求方朦胧的面纱变得清晰，也无法消除借用、冒用他人网络账号实施交易的情况，反而使这些情况变成了常态。在网络交易中名实不符的情况下，交易的风险在名义载体、行为人和相对人之间如何分配，是网络交易不可不分析的问题。

---

① 梅臻.《电子签名法》适用的难点问题探析［J］.法律适用，2016（7）：107–111.

一、借名、冒名交易的责任主体认定问题

（一）使用他人名义实施法律行为的效果

依据民法意思自治原则，民事主体既可以自己名义实施法律行为，也可以通过行使代理权以被代理人的名义实施法律行为。这两者都是"名"与"实"的统一。但若未经他人授权，以他人的名义实施法律行为，则会出现"名"与"实"相脱离的情况。德国法将这种名实不符的行为称为"使用他人名义实施法律行为"。对比代理行为，使用他人名义实施法律行为的特点在于，行为人并不披露自己的真实身份，不仅以名义载体的名义实施行为，并且使相对人误信其就是名义载体本身，以此获得相对人的信赖，从而取得某种利益。

使用他人的名义实施法律行为，可以分为使用虚构名义实施行为、借名和冒名三种类型。使用虚构的名义实施行为，是指行为人使用的名义是凭空杜撰的，其目的只是想使自己处于匿名状态，由于虚假名义不具有法律意义，因此该行为的法律后果应由行为人自己承担。[①] 对此，并无争议。

对于借名和冒名行为的法律效果，德国学界形成了不同的观点。

拉伦茨教授认为，借名行为和名义载体事后追认的冒名行为，都应当将名义载体认定为法律行为主体。但在以下两种情况中，无论名义载体是否追认，应当以行为人为法律行为主体：一是行为人当场作出意思表示，而相对人并未审查其名义便与其缔结法律行为的。二是行为人经常使用他人名义实施法律行为，以至于对相对人而言，其他人的名义就相当于行为人的名义。[②] 除此以外，名义载体事后不予追认的冒名行为，则应当类推适用《德国民法

---

① 迪特尔·梅迪库斯.德国民法总论［M］.邵建东，译.北京：法律出版社，2013：693.
② 卡尔·拉伦茨.德国民法通论（下册）［M］.王晓晔，译.北京：法律出版社，2013：463-465.

典》第177条①关于无权代理的规定，由相对人选择要求行为实施者履行法律行为所创设的义务或者承担赔偿责任。在拉伦茨看来，借名行为和冒名行为的法律效果，除了考虑名义载体和相对人的意愿，还应当考虑法律行为的实施方式和行为人的习惯。

海尔穆特·科勒（Helmut Kohler）认为，如果对相对人而言，并不在乎其交易伙伴为何人，而且行为人主观上是想为自己缔结法律行为，那么法律行为的效果归属于行为人。如果情况表明相对人只愿意与名义载体缔结法律行为，则应当类推适用无权代理的规定。与拉伦茨不同，科勒除了考虑相对人和名义载体的意愿之外，还考虑了行为实施者是否为自己缔结法律行为的意愿。②

吕特斯（Ruthers）教授则认为，使用他人名义实施法律行为的效果主要取决于相对人的意愿。如果相对人看重的是行为人的行为，身份对于所缔结的法律行为没有意义，则法律行为效果归属于行为人。相反，如果情况表明相对人只愿意与名义载体缔结法律行为，那么行为就不能在行为人与相对人之间生效，而应适用无权代理的规定。③

而在迪特尔·梅迪库斯（Dieter Medicus）看来，这个问题仅需考虑名义载体的意愿。对于借名行为，名义载体应当直接承担该行为的效果。对于冒名行为，由名义载体决定是否追认该行为。④在前者，起决定作用的是名义载

---

① 《德国民法典》第177条规定："（1）某人无代理权而以他人名义订立合同的，对被代理人有利和不利的合同是否生效，取决于被代理人的追认。（2）另一方催告被代理人就追认作出该表示，该表示只能向另一方为之；在催告前向代理人表示的追认或者对追认拒绝即失去效力，该项追认只能在受领催告后两个星期以内予以表示；不表示追认的，视为拒绝追认。"

② 杨代雄.使用他人名义实施法律行为的效果——法律行为主体的"名"与"实"[J].中国法学，2010（4）：89-99.

③ 杨代雄.使用他人名义实施法律行为的效果——法律行为主体的"名"与"实"[J].中国法学，2010（4）：89-99.

④ 迪特尔·梅迪库斯.德国民法总论[M].邵建东，译.北京：法律出版社，2013：694-695.

体的事前意志；在后者，则是名义载体的事后意志。

杨代雄教授则认为，除了考量名义载体、相对人意愿这两个因素外，还应当考虑相对人是否善意，以及名义载体是否具有重大过错。对于冒名行为，在极少数情况下，如果名义载体事后对该法律行为进行追认，那么，应当认定该法律行为在名义载体与相对人之间成立并生效。在多数情况下，名义载体事后不追认法律行为，则应当由区分相对人是否善意而定：如果相对人是善意的，法律行为在名义载体与相对人之间成立并生效；如果相对人并非善意，该法律行为不能拘束名义载体，应该判定该法律行为不成立，在法律适用上，应该类推适用无权代理的规定。[①]

冉克平教授认为，冒名行为是一种诈骗行为，只存在赔偿问题。冒名订立的合同，相对人如果没有辨认出冒名人的虚假，由此蒙受损害的，可以请求实施诈骗的人赔偿损失。冒名订立合同的行为构成诈骗，因诈骗而达成的交易，法律不应予以保护，应按无效合同论。[②]

（二）网络交易中借名、冒名交易的法律效果

对于使用他人名义进行网络交易的法律效果，王利明教授认为应该区分为两种情况：一是以纯粹虚拟的身份进行交易，也就是说，用户登录的姓名与密码等都是虚假的，在此情况下，首先应当查明虚构身份的行为人，如果能够查明，则可以认为该当事人以化名进行交易，其进行交易的意思表示是真实的，合同在行为人与相对人之间成立。但如果未能查明行为人，则只能认为合同仅有一方当事人，合同不能成立。二是假冒他人名义从事交易，登录的账户是真实存在的，在此情况下，另一方当事人可以根据无权代理的规定行使催告权和撤销权，如果在催告本人以后，本人拒绝追认的，该合同无

---

① 杨代雄.使用他人名义实施法律行为的效果——法律行为主体的"名"与"实"[J].中国法学，2010（4）：89-99.

② 冉克平.论借名实施法律行为的效果[J].法学，2014（2）：81-91.

效。如果本人承认，则该合同有效。[①]可见，王利明教授认为，在网络中的借名和冒名交易的法律效果，同样主要考虑名义载体的意愿。

关系合同理论认为，每一个交易都嵌入复杂的关系中，理解任何一个交易，需要了解它所包含关系的所有实质性因素，对任何一个交易的有效分析，需要在交易所包含的所有实质性因素中，识别出可能对交易产生重大影响的因素。网络交易主体之间存在着不同于传统交易的社会关系，而这些社会关系就足以影响合同责任的承担。

本书认为，传统交易和网络交易下的借名和冒名交易，法律效果不应完全相同。

第一，借名行为和冒名行为在网络交易中较为常见。传统民法并未将使用他人名义实施的法律行为作为独立的类型予以明文规范，究其原因：一是现实层面，行为人制造冒名顶替的"权利外观"以假乱真并非易事，相对比较少见；二是解释层面，学说上认为运用适当的法律解释方法，可供选择的代理制度能够应对这一案型。然而，在网络交易的数字化环境中，借名和冒名交易并不罕见：其一，只要掌握账号和密码，任何人都可以使用名义载体的身份进行交易。其二，网络交易平台提供者所设计的网络交易规则，变相地引导了借名交易。其三，相对人并无审查行为人与名义载体是否相符的动力。一般而言，在网络交易平台提供者设置的交易规则保障下，网络交易供给方并不挑剔交易伙伴，名义对相对人而言无意义。这些因素都促成了网络中的借名和冒名交易的发生。

第二，网络交易中相对人并无信赖利益保护的需要。传统民法之所以选择在代理的框架内解决借名和冒名行为，在于这些行为与代理同样产生相对人信赖保护的需要。但是，在相对人并不在意行为人为何人时、在知道或者应当知道行为人并非名义载体时，仍与行为人缔结法律行为，便无信赖利益

---

① 王利明.合同法研究（第一卷）[M].北京：中国人民大学出版社，2011：312.

保护可言。在网络交易中，很难认为相对人存在需要被保护的信赖利益。正如本书前面所述，网络交易平台提供者一方面通过平台服务协议，作出了"账户仅限本人使用"的规定（约定），[①] 以限制自身责任；另一方面又基于鼓励交易的目的，使用了简单的快捷账户登录模式，同时允许绑定他人（非注册主体）的银行账号或者他人的第三方支付平台账号用于交易支付。换言之，整个交易程序并无任何行为人与注册主体之间的关联认证，这些设置体现了网络交易平台提供者和供给方放任甚至允许借名交易和冒名交易。在网络交易平台提供者和供给方对名实不符的交易未采取任何规制和审查措施，导致该类行为司空见惯的情况下，谈论供给方的信赖利益保护，难免牵强。

因此，本书认为，在网络交易中借名和冒名行为的法律效果，并不能完全类推适用代理制度，名义载体的意愿也不应当成为主要的考量因素。一是无论是借名还是冒名进行网络交易，行为人本意上是为自己缔结法律行为，而非为名义载体缔结法律行为。尽管借名和冒名行为事前或者可能在事后取得名义载体的同意，名义载体同意的内容，应认为是同意出借名义。名义载体的意愿并不能想当然决定法律行为效果的归属。二是网络交易使用自动信息系统，交易伙伴对相对人并无个性化特征。换言之，相对人并不挑剔交易伙伴。因此，行为人作为交易的主体，相对人也并不排斥，而交易的内容事实上是行为人与相对人合意而成。因此，网络交易中借名和冒名行为体现的是行为人与相对人自由意志的合意，交易的效果当然应当归属于行为人和相对人，与名义载体意愿无涉。

在网络交易的个别场域，若情况表明网络交易相对人看重与其交易伙伴的身份，则应当认定借名和冒名订立的合同无效。借名和冒名交易而使合同

---

① 《淘宝平台服务协议》第 3.2 条。网址为：https://terms.alicdn.com/legal-agreement/terms/TD/TD201609301342_19559.html?spm=a2145.7268393.0.0.f9aa5d7cxc4Ewc.《唯品会服务条款》第 3.7 条，网址为：https://viva.vip.com/act/supportClause-pc?wapid=vivac_802&ff=125|2|1|12.

归于无效的责任分担，应当考虑网络交易平台提供者未对账号管理义务的过错、行为人的过错，以及名义载体的过错。针对不同情况，由以上三者按照各自的过错承担相应责任。

对比传统交易，网络交易中使用他人名义实施法律行为存在行为环境的特殊性，对其法律效果的分析就需要嵌入交易平台提供者的账号管理义务、网络交易中主体的行为模式、相对人的特殊情况等因素进行综合分析。简单地套用传统民法中使用他人名义实施法律行为的法律制度，便为网络交易平台提供者和供给方逃避责任提供了可能，易导致网络交易主体各方利益失衡。

二、主体行为能力判断问题

（一）网络交易对行为能力制度形成的挑战

在网络空间中，行为主体的身份均通过账号或者名称来表征，由账号和密码组成的虚拟身份，俨然只是一个网络代码，与行为人的所有真实信息可以完全脱钩，一个账号甚至可以虚构多种身份，在不同的场景中变换虚拟身份，进行各种各样的网络交往活动。相对于物理空间中的主体而言，网络空间的行为主体更为"同质化"[①]。因此，交易对手的真实情况，包括年龄、精神状况等，在物理空间所能鉴别的关于一个人的所有特征，在网络上都无从感知，而这些特征却可能体现行为人的行为能力，进而决定其订立的合同的效力。

就供给方的行为能力而言，一般来说，根据法律，网络交易平台提供者具有审查平台内供给方资质的义务，供给方在注册时的行为能力已经经过了网络交易平台提供者的审查，加上完成交易的操作程序较为复杂，行为能力

---

① 谢勇.论电子合同主体的缔约能力[J].人民司法，2013（23）：80-84.

欠缺者作为供给方进行网络交易的可能性较小。① 相比之下，需求方为行为能力缺失者的情况较为常见。截至 2016 年 6 月，我国 10—19 岁网民占比高达 20.1%，10 岁以下儿童群体的占比从 2015 年的 2.7% 上升至 2.9%。②

自网络交易出现以来，行为能力缺失者因在网上订立合同而引发纠纷的现象时有发生。早在 2000 年 9 月 20 日，《光明日报》就刊登了 8 岁儿童网购打印机引起纠纷的案例。在该案例中，8 岁的小男孩用自己父亲的身份证号码在网上成功注册账号，并用该账号购买了一台打印机，当打印机被送到家里后，遭到了小男孩父亲的拒收，从而引发了合同有效与否、损失由谁承担等问题。③2006 年《武汉晨报》报道，一名 14 岁男孩在某网站看中了一套游戏软件，遂用鼠标点击"确认购买"，之后又通过点击"同意"签署了网上弹出的格式买卖合同。一星期后，男孩家长接到了软件商要求付费的电话，但家长以孩子未成年为由拒绝付款。④ 2013 年，浙江省工商行政管理局网站上也登载了温州市鹿城分局受理的一起未成年人网络消费纠纷案件。刚满 15 周岁的男孩将自己积攒下来的零用钱汇入母亲的网银账户中，随后又使用母亲的网银账号在苏宁易购购买价值 1 599 元的摩托罗拉 MT917 型号手机，将手机拆封使用后被父母发现，父母要求店家退货退款，苏宁易购未同意而引发纠纷，最终不得不请求工商部门调解。最后，手机虽然在工商部门的帮助下得以退货，但是由此却反映出了在网络交易中，民事行为能力缺失者的保护与交易安全之间的冲突问题。行为能力缺失者通过网络订立的合同效力应当如何评价？

① 极端的情况下，供给方也可能由于某种原因在获得交易资格后丧失行为能力。
② 管小红.2016 年中国互联网网民规模与网民结构情况分析［EB/OL］.（2016-09-07）［2023-12-20］.http://m.chyxx.com/view/446041.html.
③ 齐爱民.电子商务法原论［M］.武汉：武汉大学出版社，2010：86.
④ 刘万啸.电子合同效力比较研究［M］.北京：知识产权出版社，2010：66-67.

（二）《电子商务法》的应对

关于民事行为能力缺失者在网络交易中订立的合同效力问题，学界曾存在以下三种观点。第一种观点为有效论。该观点认为应当考虑网络交易的特性，动辄以《民法典》为据否定网络交易供给方与民事行为能力缺失者所订立的合同效力，必定会挫伤供给方网络交易的信心。应该从保护无过错方当事人利益和维护交易稳定的角度考虑，将使用网络的无民事行为能力人和限制民事行为能力人视为完全民事行为能力人。因此，应承认合同的效力。[①] 其一在于网络的开放性，供给方面向不特定的多数人，加之交易不是面对面地进行，供给方难以辨别相对人的具体情况。其二在于网络交易的即时性，民事行为能力缺失者订立的合同，在经法定代理人追认之前，善意相对人虽然根据《合同法》第 47 条的规定享有撤销权，但在网络交易中，供给方根本没有机会行使撤销权，其利益难以得到保护。第二种观点为传统论。该观点认为仍应该适用传统民法中有关当事人行为能力的规定，无行为能力所为的意思表示为无效民事行为，限制行为能力人所为的意思表示为效力待定的民事行为，只有当法定代理人追认后才有效。至于供给方所受到的损失，可以要求其法定代理人承担。[②] 第三种观点为折中论。该观点认为网络交易的特殊性只是增加了身份难以识别的可能性，或者说是身份识别的难度在网络环境下有所增加。随着技术的进一步发展，网络环境下的身份识别问题肯定能够得到应有的解决。如果着眼于目前的技术状况，就认为传统合同法关于行为能力缺失者缔约能力的规定不能适用于网络交易，未免过于草率。但是，若行为能力缺失人在网上订约时实施了欺诈行为，并以欺诈行为引导供给方与其订立了合同，则该合同为有效合同。因为供给方在订约的过程中已经尽到了善意且谨慎的义务，如果不赋予该合同以应有的法律效力，不仅无法保障善

---

① 刘满达.电子交易法研究［M］.北京：知识产权出版社，2004：23.

② 申长永.电子合同对现行《合同法》的挑战及对策［J］.企业经济，2005（10）：167-169.

意供给方的合法权益，而且也有损于交易安全，不利于交易秩序的维护。[①]

然而，我国的《电子商务法》并没有采纳上述任何一种观点，而是作出了相应行为能力推定规则的规定。该法第 48 条第 2 款规定："在电子商务中推定当事人具有相应的民事行为能力。但是，有相反证据足以推翻的除外。"根据《中华人民共和国电子商务法条文释义》，这里的"相反证据"，是指"缔约相对人知情"，如，"电子商务经营者通过视频对话、身份认证等方式，足以知道缔约方无完全行为能力。"[②] 如前所述，网络交易的间接实名制已经全面建立，使用未成年人的身份信息无法成功注册网络交易账号，因此，无论行为人是行为能力缺失的成年人，还是未成年人，供给方通过审查需求方注册信息知晓行为人行为能力具体情况的可能性几乎为零，一般而言，也不会选择视频对话的方式进行缔约。换言之，依据相应行为能力推定规则，在缔约相对人不知情的情况下，行为能力缺失者的缔约能力被推定为具有相应的缔约能力。这一条款的适用，将使绝大多数行为能力缺失者订立的合同产生法律效力，从而对行为能力缺失者产生拘束力。这一规则的适用是传统民事行为能力制度的重大突破。

（三）既有规则的反思

行为能力缺失者在网络交易中订立合同的效力问题，指向的是网络交易的动态安全与民事行为能力缺失者的利益保护两种价值的位阶选择问题。德国著名法学家哈里·韦斯特曼（Harry Westermann）认为，"至少在私法的领域中，法律的目的在于：以赋予特定利益优先地位，而他种利益相对必须作一定程度退让的方式，来规整个人或者社会团体之间可能发生，并且已经被类型化的利益冲突。'赋予优先地位'本身即一种评价的表现，对此，立法者

---

① 林瑞珠.知识经济下电子合同之发展与变革［M］.北京：北京大学出版社，2005：129.

② 电子商务法起草组.中华人民共和国电子商务法条文释义［M］.北京：法律出版社，2018：147.

可以有各种不同的动机。"①但"对于每个社会、每个心灵对存在一些行为、确信的态度以及一些价值，他们在特定的时点被毫不保留地认可，不需讨论，因此也不需被正当化。这些行为、确信态度及价值会提供一些优先顺序、模型、确信及规范，借此可以研拟出一些批评及正当化行为的方式、倾向及建议的标准。"②"尊重和保障人权，是现代文明社会的客观要求。"③在民法领域，人权问题首先体现为人格利益的优先性，在人格利益与财产利益或者其他种类的利益，甚至与社会利益发生冲突时，主体的人格利益绝对优先保护，人格利益在各项民事利益中位于最高的序位。④

1. 行为能力缺失者利益保护不足

洛克（Locke）在《政府论》中指出，人按照自己的意志来实现行动的自由，是以能够理性地了解用以支配自己行为的后果为前提。在他具有理性认识之前放任他享有无限制的自由，并不是让他得到本性自由的特权，而是把他投入野兽中，让他处于和野兽一样的状态，远远低于人所处的状态。⑤无民事行为能力制度肇始于古罗马法，系统形成于德国民法典，制度形成的目的在于设置社会交往中行为人必须具备的理解和判断能力的最低标准，⑥保护没有意志能力或者意志能力不健全的主体，避免其在实施民事法律行为时遭受相对人的损害。

保护"意志能力薄弱"主体的利益是行为能力制度的精神实质，避免欠缺行为能力者承受因欠缺判断力支配其行为的不利后果乃行为能力制度设置的旨趣。行为能力制度对行为能力缺失者的保护，并非仅体现为财产利益保

① 卡尔·拉伦茨.法学方法论［M］.陈爱娥，译.北京：法律出版社，2013：1.
② 卡尔·拉伦茨.法学方法论［M］.陈爱娥，译.北京：法律出版社，2013：11.
③ 龙翼飞.关于民法草案中人格权法、婚姻法、收养法和继承法的立法思考［J］.法学杂志,2003(3):22-24.
④ 李莉.我国民事立法中价值评价和选择方法研究［M］.北京：法律出版社，2014：228.
⑤ 洛克.政府论（下篇）［M］.叶启芳，瞿菊农，译.上海：商务印书馆，1982：39-40.
⑥ 朱广新.民事行为能力制度的体系性解读［J］.中外法学，2017，29（3）：590-608.

护，更体现为人身利益保护。就未成年人而言，该制度的终极目的在于让未成年人在人生的初期阶段健康、安全地发育和成长。"幼儿的独立性差，情绪性强，言行举止容易受到影响，而此阶段的受教育状况和成长环境，又很可能直接关系着一个人一生的发展状况"。[①] 因此，未成年人需要基本的、长远的人文关怀。就行为能力缺失者的成年人场合，由于行为能力的缺失更多源自心理及精神健康疾病，行为能力制度为其意思能力的恢复营造安全环境。[②] 这种保护就是通过剥夺意思能力不健全者独立行为的自由，或者将其独立行为自由限制在法定范围内。

网络交往环境的变化，适用行为能力制度对行为能力缺失者进行保护，可能致使交易安全价值受损，却不能成为削弱行为能力缺失者利益保护的理由，因为在以人为本的民法世界里，人的身心健康相对于财产权利，具有天然的优越地位。

有学者主张，台湾地区《电信法》第 9 条的规定，"无行为能力人和限制行为能力人使用电信之行为，对于电信事业，视为有行为能力人"，就是为了保护交易安全而将行为能力缺失人视为有行为能力人的立法例，以此表明立法并不必须在任何时候都以民事行为能力人的保护为首要目标。这种观点乃是对台湾地区立法断章取义的解读。仔细阅读台湾地区《电信法》和《邮政法》的相关规定，可以发现适用"所有合同主体的行为能力视为完全行为能力"拟制条款的范围仅限于"邮政事务对中华邮政公司所为之行为""使用电信之行为，对于电信事业……"。从台湾地区《电信法》第 9 条但书部分[③] 可以看出，立法者并无意将使用电信发生的网络交易行为涵摄入第 1 款规定中

---

① 陈甦.民法总则评注［M］.北京：法律出版社，2017：142.

② 陈甦.民法总则评注［M］.北京：法律出版社，2017：148.

③ 台湾地区《电信法》第 9 条：无行为能力人或者限制行为能力人使用电信之行为，对于电信事业，视为有行为能力人。但因使用电信的其他行为，不在此限。参见林瑞珠.知识经济下电子合同之发展与变革［M］.北京：北京大学出版社，2005：127.

适用。对于"当事人接受公共信息服务，属于小额合同或者纯受益行为"，立法者认为这种情况无需考虑行为人的行为能力。[①] 因此，台湾地区的立法并非弃行为能力缺失者的利益于不顾，而是针对特定的不影响行为能力缺失者利益的情况作出特殊处理，以平衡双方利益。

另一部分学者主张可以借鉴日本《民法典》第 21 条解决网络交易安全与行为能力冲突的问题。该条文的内容为："限制行为能力人使用欺诈的手段使他人相信其为行为能力人的，其行为不得撤销。"[②] 这一观点即前述的"折中论"。本书认为，对于日本《民法典》第 21 条，同样不具有借鉴意义。第一，该条款在体系上位于日本《民法典》总则篇，该规范的立法理由在于限制行为能力人使用诈术的行为，并将其作为认定该限制行为能力人具有不法行为能力的判断标准。该规范适用于所有交易领域，而不单适用于网络交易，更不是针对网络交易所设计。而我国《民法典》并未有此规定，说明我国并不将使用诈术作为认定限制行为能力人具有不法行为能力的客观标准之一。第二，日本《民法典》第 21 条的规定，本身也存在正当性瑕疵。限制行为能力人使用诈术使对方相信自己具有完全行为能力，目的是使交易能够顺利达成，并不代表限制行为能力人对交易的内容和价值就具有清醒的认识。换言之，使用诈术也未能改变限制行为能力人的意志能力薄弱、判断能力缺失等状况，因此，使用诈术的限制行为能力人的利益同样需要行为能力制度的保护。

"折中论"尚不可取，而《电子商务法》基于网络交易环境的特殊性，最终选择了比"折中论"更为激进的立法方案，[③] 在网络交易中适用民事行为能

---

① 白锐.电子商务法［M］.北京：清华大学出版社，2013：125.

② 沈阳师范大学法律文化协同创新中心.日本民法典［M］.王爱群，译.北京：法律出版社，2014：22.

③ 相比上述的折中论，后者肯定当事人具有相应行为能力的前提是行为能力缺失者主动实施欺诈行为，而前者的前提仅仅是缔约相对人不知情，这就在客观上扩大了肯定行为能力缺失者缔约能力的范围。

力推定规则，以相对人是否实际知道行为人行为能力缺失为判断合同效力的标准，将导致大部分民事行为能力缺失者订立的合同被认定为有效合同。这样的立法选择，架空了民事行为能力制度在网络交易领域里的适用，这种立法选择与民法以人为本的价值理念背道而驰。

2. 对网络交易安全保护有余

拉伦茨指出："与无行为能力人订立合同或对之作出意思表示的人不受保护，即使对方不知情，并依情况也不可能考虑到另一方当事人无行为能力时，也同样如此。"[①]换言之，在通常情况下，每一个人应当自行承担遇见无行为能力人并因此遭受信赖损害的风险。[②]"根据法律的评价，对行为能力缺失者的利益保护优先于对交易的保护。"[③]

行为能力制度是保护行为能力缺失者利益的制度，制度设计本身也是以牺牲部分交易安全而保全行为能力缺失者的利益构架的。但行为能力制度在保护行为能力缺失者利益的同时，对善意的交易相对方也给予基本的保护与关怀，[④]赋予交易主体对与限制行为能力人订立的合同享有撤销权、对法定代理人的追认的催告权、对民事主体行为能力的界定通过以年龄标准和实质判断能力标准相结合的类型化处理、[⑤]适时调整（降低）成年年龄或无民事行为能力人年龄标准[⑥]等措施，都是力图在缩小和限制民事行为能力制度对交易安全产生的不利影响。

有学者认为，长期以来，我国民事行为能力制度对缺乏缔约能力的当事人给予特殊保护这一价值重视有余，而对他方当事人的期待利益、信赖利益

① 卡尔·拉伦茨.德国民法通论（上册）[M].王晓晔，译.北京：法律出版社，2013：142.
② 迪特尔·梅迪库斯.德国民法总论[M].邵建东，译.北京：法律出版社，2013：417.
③ 卡尔·拉伦茨.德国民法通论（上册）[M].王晓晔，译.北京：法律出版社，2013：142.
④ 朱涛.自然人行为能力制度之法理研究[D].重庆：西南政法大学，2010：53.
⑤ 朱广新.民事行为能力类型化的局限性及其克服[J].法学评论，2014，32（1）：18-26.
⑥ 我国《民法总则》将无民事行为能力人年龄标准由原来的10岁以下调整为8岁以下。

权益的保护不足，因而认为此制度厚此薄彼，背离了行为能力制度本身的双重价值。[①] 本书认为，这是对价值平衡理论的错误适用。从法律体系的内部考察，行为能力制度本身就是为了保护行为能力缺失者的利益，限制行为能力缺失者的责任，以对抗恶意甚至是善意相对人。行为能力缺失者的保护与交易安全这两种价值在民事行为能力制度中显然不具有平等位阶，在发生冲突时，后者理应给前者让路。因此，若由于行为能力制度本身就体现了尽力缩小对交易安全的不利影响的制度设计，而认为行为能力制度具有双重价值，将平衡两种价值视为行为能力制度的功能，[②] 是对行为能力制度功能的误读。

《电子商务法》中行为能力推定规则的适用将使大量在传统交易中存在效力问题的合同，在网络交易中直接被认定为有效合同，客观上也引起同一交易主体的同一民事行为在网络环境与传统环境中适用出现不同法律效力的混乱。《电子商务法》对传统民事行为能力制度大刀阔斧地进行一番改革，以彰显对网络交易的特殊关怀。而实际上，网络交易并未改变交易的本质，网络交易的非面对面特性给交易人行为能力判断带来的困难，并不能就此推论出网络交易安全比传统交易安全更值得保护的结论。网络交易的特殊性不足以成为颠覆传统行为能力制度的充分理由。《电子商务法》中的行为能力推定规则，不仅本末倒置地牺牲了行为能力缺失者的利益，而且也形成了对网络交易安全过多的保护。

（四）行为能力判断规则的传统法回归

网络交易对传统行为能力制度有一定的颠覆，但确实能够增进网络交易安全。对网络交易安全的价值追求，如果建立在对既有法律制度价值折损的基础上，通过拆东墙补西墙的方式去实现，并非科学的方法。对此，应当另

[①] 马强.无民事行为能力人网络购物合同应可撤销［J］.人民法治，2015（12）：48-51.
[②] 朱涛.自然人行为能力制度之法理研究［D］.重庆：西南政法大学，2010：54.

辟蹊径，在规范行为能力缺失者的行为和防止网络冒名行为上下功夫。

1. 利用网络实名制过滤交易

在现有的网络交易设置流程背景下，实行间接实名制可以过滤未成年人注册账户进行交易。对于行为能力缺失的成年人，其行为能力虽无法在身份注册时就被有效地辨识，但根据《民法典》第24条第1款的规定，不能辨认和不能完全辨认自己行为的成年人，其利害关系人或者有关组织，可以向人民法院申请认定该成年人为无民事行为能力人或者限制民事行为能力人。法定代理人可以凭借法院的有效判决主张行为人为行为能力缺失人，从而否定合同的效力。通过现代大数据分析的技术手段，网络交易平台提供者已经可以将以行为人行为能力缺失为由否认合同效力的账号列入黑名单，禁止其再一次交易。如此，可以避免地动辄以行为能力缺失为由否认合同的效力，也不至于在很大程度上危害网络交易的确定性。

2. 设置相对复杂的程序阻碍行为能力缺失者进行网络交易

未成年人冒用他人名义进行注册或者盗用他人账号进行交易，在网络交易中较为普遍。对此行为，技术和系统控制方可以通过设置相对复杂的交易程序，如在注册账号时，除了必须提供相关的身份证明，还应当要求使用与其提供的身份证明相符的银行账号，如果二者不符，则不能注册成功。在交易过程中，订立合同时必须经过密码验证，在支付时增加通过手机随机密码验证等程序，以使行为能力缺失者难以完成交易。通过这些方式，可以有效地阻碍未成年人包括成年的行为能力缺失者完成交易，避免无效交易的发生。

网络交易平台提供者或者供给方若并未设置合理的防止行为能力缺失者参与交易的障碍性程序，则应当自行承担由于合同无效所引起的损失。2014年1月，美国联邦贸易委员会宣称，苹果公司在销售收费软件及程序时，设置购买者输入账号和密码之后的15分钟内，无须进行任何输入就可以点击购买其他应用软件的不合理程序。不少未成年人在未经家长同意的情况下，利用这一时间点击购买了应用软件。美国联邦贸易委员会认为苹果公司在程序设置上存在过错，因此，苹果公司同意退还用户应用软件的使用费至少 3 250 万元，并修改使用软件的方法及计算费用。[①]

根据法律规定，合同的效力取决于当事人是否具有相当的行为能力，该标准是一种弹性标准，若技术和系统控制方已经设置了行为能力缺失者难以达到或者较为复杂的程序，行为人仍可以完成这些操作而顺利交易，如果该行为人为限制行为能力人，解释论上应当认为该行为人具有从事交易相应的缔约能力。

本书认为，在网络交易中适用传统的行为能力制度，也并未如立法者所担忧的，对网络交易安全构成极大的威胁。在传统交易中，当事人双方达成合意，合同即告成立并产生效力。若欲否定合同的效力，应当提供行为人行为能力缺失的证据。[②]同样，在网络交易中，在双方达成合意时合同成立并生效，除非提出法定的否定合同效力的理由，在这种情况下，账号注册者必须提供证据证明行为人为行为能力缺失者，才能否定合同的效力。一是完成这样的举证难度较大。二是即便能够举证证明行为能力缺失者使用了该账户，账号注册者也应当对因账号保管不力而导致的合同无效损失承担责任，这就在一定程度上削弱了账号注册者主张合同无效的动力。三是即使账号注册者未存在过错，行为能力缺失者的监护人也应当为合同无效引起的损失承担责任，不至于过多损害相对人利益。

本书认为，在网络交易主体行为能力对合同效力影响的问题上，《电子商务法》没有理性地、动态地评估传统民事行为能力制度给网络交易带来的影响。在技术发展到能够很大程度识别交易当事人行为能力的今天，法律就不

---

① 新华网.苹果公司与美国联邦贸易委员会和解［EB/OL］.（2014-01-15）［2023-12-20］.http://news.xinhua, com/2014-01/16/c_118991284.htm.

② 陈甦.民法总则评注（上册）［M］.北京：法律出版社，2017：126.

应轻易地给予网络交易特殊对待。这一规则体现了立法者急于使网络交易摆脱传统民事能力制度的束缚，急于为网络交易发展扫清障碍的目的。但该规则的实施，不仅使传统民事行为能力制度在网络交易中失去意义，而且还反向地鼓励了技术和系统控制方对需求方民事行为能力审查上的懈怠，鼓励了非诚信交易行为，与促成网络交易共同体的目标相背离。

第五章　网络交易中的要约和要约邀请

要约是一方当事人以缔结合同为目的，向对方当事人提出合同条件，希望对方当事人接受的意思表示。[①] 要约一旦到达受要约人，便具有约束表意者的效力。与之相对的概念是要约邀请，要约邀请是希望他人向自己发出要约的意思，它只是当事人订立合同的预备行为，本身并不发生法律效果。[②] 一个行为被定性为要约抑或要约邀请，对表意者具有重大影响。由于互联网的开放性，网络交易中表意者的行为效果会产生放大效应，倘若完全适用传统要约与要约邀请的区分规则，将导致表意者与受意者之间利益失衡。

第一节　区分要约和要约邀请的传统规则

一、两大法系关于要约构成的分歧与调和

（一）两大法系关于要约构成的分歧

大陆法系国家认为，"要约是以订立契约为目的的须受领的意思表示"[③]，由于"要约尚不能发生当事人所欲之效力，故非法律行为"[④]，即要约只是一种

---

① 崔建远.合同法［M］.北京：北京大学出版社，2013：37.

② 王泽鉴.债法原理［M］.北京：北京大学出版社，2013：175.

③ 王泽鉴.债法原理［M］.北京：北京大学出版社，2013：173.

④ 史尚宽.债法总论［M］.北京：中国政法大学出版社，2000：19.

意思表示。^①而英美法系则认为要约是当事人所作出的一种允诺，"假定被受要约人接受并支付或者允诺支付要约的'价款'，其将去做或者放弃做某事的允诺"^②。由于理念的不同，两大法系对要约构成存在一定分歧。以下从要约构成的三个基本要素，即确定性、受拘束性和特定性分别进行分析。

第一，确定性方面。德国法认为，如果一项意思表示还没有包含订立合同所需的一切必要内容，那么该意思表示就仅仅是合同订立的预备行为，^③而非要约。法国法也认为，要约的内容必须"具体达到承诺人只需回答'同意'二字，合同即可达到成立的地步"^④。两大大陆法国家都重点指明，在涉及买卖和财产租赁时，价格的确定是构成要约最基本的条件。英美法国家则对要约的确定性要求相对宽松，《美国统一商法典》第305条规定，"只要当事方确有订立合同的意图，即使售价未定，合同也可以成立……。"两大法系虽都认为要约的内容原则上应当具体明确，但在具体明确的标准上却大相径庭。对涉及价金的合同类型中要约的构成是否必须具备价格条款的不同态度，可以看出大陆法系的做法较为严格，而英美法显示出了尽力促成合同的宽松立场。

第二，受拘束性方面。大陆法认为，要约需要追求合同法律关系形成的"效果意思"，使受要约人能够充分理解要约人欲表明的意图，即受要约人一旦承诺，合同即告成立的效果。因此，要约的内容与订约的意图密切相关。内容越是具体明确，说明订约意图越发强烈。诸如，商业广告、发送价目表以及橱窗中陈列的商品，都只能视为向潜在的交易者发出的要约邀请。^⑤因为这些表示都不能理解为表明订立合同的确定意愿。英美法则没有引进意思表

---

① 对此，我国也有学者提出不同的看法，认为要约和承诺本身就是一项法律行为。参见隋彭生.合同法律关系成立新探——从"法律事实"出发的理论分析 [J].政治与法律，2012（7）：116-124.

② 阿狄亚.合同法导论 [M].赵旭东，译.北京：法律出版社，2002：55.

③ 迪特尔·梅迪库斯.德国民法总论 [M].邵建东，译.北京：法律出版社，2013：269.

④ 尹田.法国现代合同法：契约自由与社会公正的冲突与平衡 [M].北京：法律出版社，2009：56.

⑤ 卡尔·拉伦茨.德国民法通论（下册）[M].王晓晔，译.北京：法律出版社，2013：722.

示这一概念，但同样认为要约应当区别于两类意思表示："初步磋商"与"玩笑和欺骗"[①]。美国学者 A. L. 科宾（Arthur Linton Corbin）认为，一项建议构成要约，"它必须表明意旨或目的，它必须是这样一种行为，以致受要约人合理地相信产生合同的权力已经赋予了他……，正是根据这一理由，要约不包括要约邀请或仅是初步磋商的行为，或很显然是开玩笑的行为，或并无产生法律关系目的的行为。"[②] 在实践中，英美法通常采取"一般理性人"的抽象标准来衡量要约的构成，这种标准较为灵活，以至于一般被大陆法排除于要约之外的诸如商业广告、橱窗展示等行为，英美法的法官都可能解释为要约。

第三，特定性方面。特定性方面的分歧是指要约是否应向特定人发出。这一分歧源于两大法系民法观念的不同。在商业实践中，大陆法系国家对要约的注意力集中在意思表示上，向谁发出了要约，即表明意愿与谁缔结合同，故要求要约对象上的特定。德国法认为，要约发出的对象必须特定，原因有二：一是表意人不可能多次履行其描述的给付；二是如果将向不特定人发出的信息也视为要约，会使当事人卷入无法履行的合同风险，这是任何理智的人都不会作出的选择。[③] 因此，这种界定有益于交易安全。但德国法也承认在特定情况下，要约也可以向不特定的对象发出，如自动售货机。法国法则较德国法灵活，允许存在向不特定的公众发出的"共同性要约"[④]。而英美法系对要约的注意力放在允诺上，允诺一经发出，要约人受其约束，故不考虑该允诺的对象是否特定，这种做法则注重交易便捷。[⑤] 英国判例认为，如果不特定的大众中某人按照广告中的指示履行特定行为，则双方便缔结了契约关系，

---

① 杰弗里·费里尔，麦克尔·纳文.美国合同法精解［M］.陈彦明，译.北京：北京大学出版社，2009：136–142.

② 科宾.科宾论合同（上册）［M］.王卫国，译.北京：中国大百科全书出版社，1997：133.

③ 迪特尔·梅迪库斯.德国民法总论［M］.邵建东，译.北京：法律出版社，2013：301.

④ 尹田.法国现代合同法：契约自由与社会公正的冲突与平衡［M］.北京：法律出版社，2009：54.

⑤ 马特，李昊.英美合同法导论［M］.北京：对外经济贸易大学出版社，2009：5.

双方就可以按照广告中的规定确定各自的权利义务。美国判例也认为，如果向不特定对象发出的信息，内容具体明确，足以使一个理性人认为是一项允诺时，就可以构成要约。①

英美法虽在要约的特定性要求上，较大陆法宽松，但两大法系在原则上都要求要约须向特定人发出，对"向不特定人发出的信息"予以要约定性则都秉持谨慎态度。

（二）两大法系关于要约构成的调和

《联合国国际货物销售合同公约》（以下简称《销售公约》）是国际上关于要约和要约邀请区别的最重要和最有影响力的立法，② 该法是对近半个世纪以来国际商事交易实践的总结，是在不同法系之间进行调和折中的结果。③ 按照《销售公约》的规定："向一个或者一个以上特定的人提出的订立合同的建议，如果十分确定并且表明要约人在得到接受时承受约束的意旨，即构成发价。一个建议如果写明货物并且明示或者暗示地规定数量和价格或者规定如何确定数量和价格，即为十分确定。非向一个或一个以上特定的人提出的建议，仅应视为邀请作出要约，除非提出建议的人明确地表示相反的意向。"④

在确定性方面，《销售公约》虽在涉金合同中以仅需货物数量和价格方法

---

① Carlill v. Carbolic Smoke Ball Co. 案是广告被视为要约的一个不同寻常的例子，即使要约人面临着可能的无限责任。所发布的广告允诺：感染流感的人，依据碳烟球的印刷说明每天使用碳烟球三次，持续两周，则支付 100 英镑报酬。尽管广告没有指定特定的受要约人，也没有限定特定数量的潜在者，法院将广告认定为要约。参见杰弗里·费里尔，麦克尔·纳文.美国合同法精解［M］.陈彦明，译.北京：北京大学出版社，2009：141.

② 截至 2015 年 12 月 29 日，核准和参加《联合国国际货物销售合同公约》的共有 84 个国家，涵盖了主要的国际贸易国家和地区。参见 CISG：Table of Contracting States. 网址为：http://www.cisg.law. pace.edu/cisg/countries/cntries.html.

③ 彼得·施莱希特里姆.《联合国国际货物销售合同公约》评释［M］.李慧妮，译.北京：北京大学出版社，2006：3.

④ 《联合国国际货物销售合同公约》第 14 条。

的确定取代大陆法系价格明确的要求，缓解了大陆法的僵硬，但其立场仍明显靠近大陆法，认为在货物的数量和价格无法被确定时，并不能成立要约。

在特定性方面，《销售公约》第14条第1款要求应"向一个或者一个以上特定的人提出"，紧接着第2款又规定"非向一个或一个以上特定人提出的建议，仅应视为要约邀请，除非提出建议的人明确表示相反的意向"。这一规定表明了原则上不将向不特定对象提出的建议视为要约，同时规定了满足一定条件下的例外情况。这在一定程度上综合了两大法系的观念。

由于在特定性的问题上，《销售公约》分为一般和例外两种情况，在受拘束性方面，也就相应地作出了一般情况和例外情况的不同规定。在一般情况下，要求信息的发出者"表明受要约人在得到接受时承受约束的意旨"。在例外情况下，向非特定的人发出的建议不视为要约，除非"提出建议的人明确表示相反的意向"，明确表明愿意受该建议拘束。此处出现了"表明"与"明确表示"，从文意上解释，"明确表示"应当仅指明确的语言或文字表达，即受领信息者"只有明确表达愿意受该信息拘束的意思，否则向非特定人发出的信息均为要约邀请"。"表明"则应理解为根据信息内容具体化程度推定订约的意图，并不要求需要通过语言或文字的明确表态，即明示或者默示均可。

二、《民法典》合同编关于要约和要约邀请的区分规则

作为《销售公约》的成员国，[①] 我国《民法典》合同编大部分借鉴了《销售公约》的内容。我国虽为实行成文法的国家，但在要约构成的规范上，《民法典》更加接近英美法国家的理念。其中第472条规定，要约是希望和他人订立合同的意思表示，该意思表示应当符合：内容具体确定；表明经受要约人承诺，要约人即受该意思表示拘束。第473条又强调："寄送的价目表、拍卖公告、招标公告、招股说明书、商业广告等为要约邀请。商业广告的内容

---

① 我国于1986年批准加入《联合国国际货物销售合同公约》。

符合要约规定的，视为要约。"

第一，在确定性方面，由于《销售公约》仅规范货物买卖，而《民法典》合同编规范所有交易，因而采用了"内容具体确定"的概括性规定。一般认为，所谓"具体"，是指要约的内容必须包含足以使合同成立的主要条款。所谓"确定"，一方面是指要约的内容必须明确，而不能含糊不清，使受要约人不能理解要约人的真实含义，否则无法承诺；[①]另一方面，是指要约具备了足以约束当事人的基本要素。一旦要约被对方接受，就可以形成合同，产生具有执行力的合同义务。[②]

第二，在特定性方面，《民法典》合同编并未以"向一个或者一个以上特定的人发出"为要约构成的条件。在原《合同法》的立法过程中，"合同法建议草案"第 8 条（要约的定义）的起草理由曾明确说明："本法认为，是否向'一个或者一个以上特定的人'发出，并不是构成要约的关键要素，因此本条采用'相对人'这一与英美法系的一些判例原则相一致的表述，即要约可以向多个人发出，但只能由特定的人作出承诺。"[③]原《合同法》第 15 条第 2 款就明确在满足一定条件下，对商业广告这一向非特定人发出的意思，可以认定为要约。因此，我国原《合同法》第 14 条未出现"向特定人发出"的表述，未将"向特定人发出"作为要约的构成要件，并非立法出现纰漏，而是有意为之。[④]

第三，在受拘束性方面，《民法典》合同编要约构成中"表明经受要约人承诺，要约人即受该意思表示拘束"，与《销售公约》"表明要约人在得到接

---

① 王利明.合同法研究（第一卷）［M］.北京：中国人民大学出版社，2011：311–312.
② 韩世远.合同法总论［M］.北京：法律出版社，2018：121.
③ 韩世远.合同法总论［M］.北京：法律出版社，2018：122.
④ 尽管如此，我国仍有不少学者提出，特定性仍应当是要约的构成要件，但这一要件又应当有所松动，表述为"原则上须向特定人作出，例外情形中也可以向不特定多数人作出"。参见杨代雄.《合同法》第 14 条（要约的构成）评注［J］.法学家，2018（4）：177–190.

受时承受约束的意旨"相比，二者并无实质区别。这里的"表明"，解释上应当为通过明示或者默示的方式"表明"①。默示的"表明"是指从客观行为推断受拘束的主观意愿，应当综合考虑其文字表述、交易过程以及交易习惯进行判断。与《销售公约》不同，《民法典》合同编并没有就表意人向不特定对象发出信息且"明示"受其拘束时，对该信息性质作出特别的规定。按照私法自治原理，若某一信息并不能满足要约的确定性或者特定性要求，但只要表意人明确表示愿意在受要约人承诺时受其拘束，则应当认定为要约。同理，若某一信息的内容在客观上已经符合了要约的确定性或者特定性要求，但表意人明确表示该信息只是要约邀请，则也可以阻却该信息发生要约的效力。德国《民法典》②和台湾地区的"民法"均明确规定，符合要约确定性或者特定性的信息，可以通过明确的意思表示阻却其生效，使其转变成无拘束力的要约邀请。

第二节　网页标价信息定性的比较法观察

在网络交易中，供给方利用自动信息系统，在设置了付款链接的网页上载明交易标的信息，向不特定的潜在交易对象发布交易信息。需求方通过点击网页上付款链接，"立即购买"，即会显示"立即付款"的页面，需求方可以

---

① 对于要约是否需要向要约人明示表明受拘束的意旨，曾出现过两种不同的观点。一种观点认为，要约必须表明一经承诺即受拘束的意思，即合同中必须有受要约拘束的确切用语。参见王家福.中国民法学·民法债权［M］.北京：法律出版社，1991：281.另一种观点认为，如果要约中已经表明了缔约的意图，即意味着要约人愿意接受承诺的后果，故没有必要在要约中另行声明要接受对方的拘束。参见王利明.合同法研究（第一卷）［M］.北京：中国人民大学出版社，2011：314.本书赞同第二种观点。如将"表明"等同于明确表示，则为当事人逃避责任提供借口。

② 德国《民法典》第145条规定："向他人要约订立合同的人，受要约的拘束，但其已经排除拘束力的，不在此限。"参见杜景林，卢谌.德国民法典全条文注释［M］.北京：中国政法大学出版社，2015：29.

自行完成付款，进而完成合同订立。

　　本章所指的网页标价信息，是指以在网页上显示交易的图示、规格、功能、型号、售价等相关信息，并附付款链接，需求方可以自动完成付款的信息。① 本章将深入讨论网页标价信息的性质。由于网络拍卖、网约车等特殊的网络交易页面信息，并没有设置付款链接，无法自动完成付款，其与传统的广告信息无异，应当认定为要约邀请，本章不予讨论，因其并非本章所讨论的网页标价信息。

　　网页标价信息的定性问题源于网络标价错误纠纷。网络标价错误是指供给方错误地将商品或服务的价格标示低于实际价格的情形。自网络交易出现以来，网络标价错误事件在国外、台湾地区等时有发生，不少公司为了维护商业信誉，选择"认赔"态度，维护商誉。② 但由于按照错误价格履行合同，

---

① 　当前国内民法学界通说也认为要约是一种意思表示，而不是法律行为。有学者认为这种理论不能存在不能自解的困境，不承认要约是法律行为，也就不承认承诺是法律行为。而又认为它们的结合是双方的法律行为。若二者都非法律行为，则两个不构成法律行为的意思表示的结合不能构成双方法律行为。参见隋彭生．合同法律关系成立新探——从"法律事实"出发的理论分析［J］．政治与法律，2012（7）：116–124．

② 　2002 年，柯达公司在其网站上将本为 329 英镑售价的照相机，错误地以 100 英镑的价格输入网页中，在从输入价格到发现价格输入错误的这几个小时内，网站已经自动接受了数千个订单。如果柯达公司履行这些合同，其损失大约为 200 万美元。柯达公司虽曾经辩称该合同并未成立，并称网络交易是法律的灰色地带，但柯达公司最后还是履行了合同。参见 HILL J E. The Future of Electronic Contracts in International Sales：Gaps and Natural Remedies under the United Nations Convention on Contracts for the International Sale of Goods［J］．*Northwestern Journal of Technology and Intellectual Property*，2003（2）：554. 2010 年 7 月 23 日，苹果公司线上商店（Apple Store）将教育专享价格为 47 710 元台币的 Mac mini 主机加购 8GB 记忆体后价格误输入为 19 900 元台币。虽在发现错误后将价格修改为 47 710 元台币，但在价格异常期间下单，并符合教育身份（大专院校学生，中小学各年级的老师、行政人员及职员）的消费者，均依照误价出货。2012 年 12 月 25 日，苹果公司的官方网站开卖 iPad mini WiFi 版，由于下单系统出错，结账时系统将原价为 10 500 元台币起的商品自动升级为 14 400 元起的 Cellular 版本。苹果公司最初采取的措施是自行将订单改回 WiFi 版，但经过台北市消保官的协调，苹果公司承认买卖的过程存在瑕疵而愿意弥补，同意仅加 2 000 元台币就可以升级成 Cellular 版本。参见张永健．购物网站标价错误之合约纠纷与行政管制——经济分析观点［J］．政大法学评论，2015（3）：162–163．

商家损失巨大，因此更多的商家采取"拒赔"的态度。[①]

随着网络交易的迅猛发展，我国网络标价错误事件也频繁出现，从2008年至今，我国法院已经受理了数十件因为网络标价错误问题而引起的案件。[②] 我国主要的几大交易平台，都发生过价格乌龙事件。[③] 然而，令人瞠目结舌的是，如此高发的案件，审判实践一直对相似行为作出了不同性质的认定，形成了不同的判决结果。网络这一新兴的交易环境给传统法律带来的挑战程度可见一斑。对这些事件引发的法律后果应当如何认定，虽取决于合同成立与否，但其核心问题却又在于分清网页标价信息的性质是要约还是要约邀请。

网络环境中的行为具有扩散性，因此，其法律效果也存在发酵效应。意思和行为通过网络这一特殊的传播介质发出，是否应当在认定意思和行为的性质时给予特殊考量，比较法上形成了不同的立场。

一、德国的理论见解

德国通说认为，网页张贴商品名录、表示价格的相关资料，原则上应认定为要约邀请，而非要约。[④] 德国最高法院在著名的"笔记本案"中就将网站

---

① 戴尔公司在台湾地区的网络商店就出现过两次标价错误事件：第一次事件，由于戴尔公司工作人员的疏忽，将原本仅适用于某型号产品的折扣活动，错误地将该折扣活动的范围设置为所有商品，短短几个小时内，戴尔公司网上订单 49 000 多笔，被订购共计 144 000 多件商品。第二次事件，戴尔公司某日凌晨至当天早上，某类电脑价格设置错误，将本应售价为 60 900 元台币的黑色基本款电脑，价格设置成为 18 558 元台币。几个小时内，就被订购将近 50 000 台笔记本电脑。事后，面对消费者要求履行合同的情况，戴尔公司极力主张其并未接受消费者所下的诸多订单，故合同并未成立。台湾地区法院对此问题作出的判决并未形成一致意见。"台北地方法院"简易庭 98 年度北消简字第 17 号判决、"台北地方法院" 98 年度诉字第 1009 号判决、"台北地方法院" 99 年度第 559 号判决、"台北地方法院" 99 年度消简上字第 1 号判决。来源：台湾法源法律网，http://fyjud.lawbank.com.tw.
② 王天凡. 网络购物标价错误的法律规制 [J]. 环球法律评论，2017, 39（2）：144–161.
③ 当当网、卓越网、京东商城等网站都出现过错误标价事件。
④ 吴瑾瑜. 论网站标价错误之法律效力 [J]. 月旦法学杂志，2010（187）：45.

上的商品标价与现实中商品的橱窗展示进行比较，认为商家应当拥有在发出具有约束力的合约意思之前，确定顾客的信誉及自己的供货能力。因此，网络页面的展示应当属于要约邀请。[①]该主张基于以下两个因素：第一，供给方的意愿。作为理性的商人，在尚未检视自身的供货能力或确认客户信用能力之前，供给方希望能保留合同成立与否的决定权，因此，供给方显然没有意愿将合同是否成交的决定权交由网页浏览者。换言之，此时供给方尚无受拘束的意愿。因此在法律定性上，在网页张贴商品图片、表示价格的行为，无异于价目表、商品广告单等，应当视为要约邀请。第二，供给方的利益。如果将网页标价信息视为要约，则供给方至少应当承担三个方面的风险。首先，相对人可能是无支付能力或者无支付意愿之人。其次，若要约的表示有错误时，要约人亦受拘束，仅在符合法定情形时才能撤销，且必须承担信赖利益的损害赔偿责任。最后，若商品存货不足，或无从立即补充情形，表意人必须承担债务不履行的损害赔偿责任。[②]

对于通说的观点，德国学界也有学者尝试以电子化无形商品反驳之，认为无形商品可无限的复制，不会发生接受订单远逾经营者履行能力、商品不足出货的问题。若加以电子支付的支付系统，则无所谓对交易相对人履约能力考察的必要性。应当承认网页标价信息类似自动贩卖机的设置，是为对不特定多数人的要约。[③]对此观点，通说反驳认为，即便是在以电子化无形商品交易和电子支付系统支付下，仍应以维持网页标价信息为要约邀请的性质，原因在于电子化无形商品也可能存在网络传输问题不能"线上送达"，仍有面临债务不能履行而承担损害赔偿的风险。故即使网页标价的商品信息是电子化无形商品信息，也应当认定其为要约邀请的性质。[④]也有个别学者认为，网

① 王天凡.网络购物标价错误的法律规制［J］.环球法律评论，2017，39（2）：148.

② 吴瑾瑜.论网站标价错误之法律效力［J］.月旦法学杂志，2010（187）：43.

③ 黄茂荣.债法通则之一：债之概念与债务契约［M］.厦门：厦门大学出版社，2014：352.

④ 吴瑾瑜.论网站标价错误之法律效力［J］.月旦法学杂志，2010（187）：45.

页上的信息应当是要约。第一，供给方检查库存的情况与需求方并无关系。第二，此做法可以激励商家持续供货。但在德国文献及判例中，主流的观点仍是将供给方的网页标价信息定性为要约邀请。①此外，德国也有学者提议，为了打消需求方的疑问，网页上应当出现特别明显的提示，明确告知需求方网页标价信息的性质。②

德国理论界和实务界均认为，排除与无信用或无支付能力的人缔约的风险以及避免承担因库存不足而引起的债务不履行的损害赔偿责任，是供给方应受到保护的利益。不仅仅是网络交易供给方，一般实体商店经营者都必然关注自身及交易相对人的履约能力，供给方在确认自身及相对人履约能力之前，通常尚无缔结契约的意思，无论是可能引起的债务不履行的原因为超过履行能力抑或网络传输问题。换言之，供给方发出具有约束力的合约意思之前，应当拥有这样的权利，即存在对其库存及顾客的履约能力进行评估的机会。③故无论是否牵涉网络交易，供给方避免承担损害赔偿责任及防止相对人不能支付的风险，向来被德国通说认为是值得保护的利益，并基于此而倾向于将广告、价目表等解释为要约邀请，不论这些广告和价目表是否以网页方式呈现。因此，他们认为，由需求方通过点击最终订单按钮发出的订单，才是真正的要约。订单在通常情况下能够由受领人调取时，则视为订单到达。④而在网络交易中，当要约的信息到达受要约人的信息接口时即视为要约送达，此时要约才具有法律拘束力。

---

① 德国联邦最高法院于 2005 年的判决，也再度确认原告于网页上贩卖电脑的表示为要约引诱，被告订购为要约。参见林丽真.网站上标价展售商品属于要约或要约引诱？——两则"台北地方法院"民事判决九十九年诉字第五五九号与九十九年消简上字第一号解析 [J].月旦裁判时报，2011（7）：89.

② 林瑞珠.知识经济下电子合同之发展与变革 [M].北京：北京大学出版社，2005：233.

③ 林雅莉.网路交易与消费者保护——以民法及消费者保护法之规范为中心 [D].高雄：高雄大学，2011：41.

④ 德国《民法典》第 312g 条第 1 款第 2 句：以与订单及受领确认书有关的当事人，在通常情况下能够调用订单及受领确认书为限。

二、英国的判例见解

英国虽然制定了《货物买卖法》，但并未对要约和要约邀请给予直接的立法定义。而在英国理论界，要约邀请被定义为"向他人发出出价邀请的通知"[①]。在司法实践中，英国法院常常根据具体情况判断意思的发出者是否具有明确的缔约意思。对于刊登在报刊上的商品信息广告、商店橱窗展示商品、发放商品名录传单以及超市的自助购物商品等形式，一般而言都被认定为要约邀请。类比商品广告传单以及橱窗展示商品，在网页上展示的商品同样也被视为一种要约邀请，只有需求方发出订约的要求才被认定是真正的要约。[②]在司法实践过程中，法院认为，为了避免库存不足，面对无数潜在买家，卖家应当有权利选择接受和拒绝来自买家的要约。如果将网页标价信息定性为要约，卖家将必须接受发自买家无法预计的承诺而不得不向所有买家履行，从而使得卖家无法控制合同的数量。卖家若无法在短时间内改变库存短缺的问题，则将面临违约的控诉。[③]另外，对买家的选择也是法律上的要求，例如，卖家出售受法律限制禁止向未成年人销售的商品等情况。所以，即使信息发布者的内容详尽，往往也会基于上述因素的考量，而认为信息发布者没有真正确定的缔约意思。一般认为，只要没有对外清晰地表达意思，则不必肯定信息发布者的缔约意思。[④]所以，只有在信息发布者明确表示需求方一旦承诺即接受其约束，网页标价信息才可视为要约而不再是要约邀请。

由于要约与要约邀请的区分常常过于具体，人们无法把握，因此，与德国相同，英国也有学者建议，供给方应在其网页对需求方做出明确告知：网页上的商品信息仅仅是供给方对商品的展示，而非要约。然而，时至今日，

[①] 约翰·史密斯.合同法［M］.张昕，译.北京：法律出版社，2004：7.

[②] 马特，李昊.英美合同法导论［M］.北京：对外经济贸易大学出版社，2009：4.

[③] WANG F F. E-confidence: Offer and Acceptance in Online Contracting［J］. *International Review of Law Computers & Technology*，2008，22（3）：270.

[④] 鹿一民.网络缔约中消费者权益保护的比较研究［D］.上海：复旦大学，2014：42.

英国判例并未作出相应的要求。①

三、《联合国国际合同使用电子通信公约》的立场

《联合国国际合同使用电子通信公约》是国际上关于电子商务的唯一专门性公约。《联合国国际合同使用电子通信公约》的一个主要目的是弥补《联合国国际货物销售合同公约》适用于电子订约的不足之处。②因此,《联合国国际合同使用电子通信公约》延续了《联合国国际货物销售合同公约》关于要约邀请和要约规范的基本理念,对网络交易中的要约和要约邀请区分也作出了规定。按照《联合国国际合同使用电子通信公约》的规定:"通过一项或多项电子通信提出的订立合同提议,凡不是向一个或多个特定当事人提出,而是可供使用信息系统的当事人一般查询的,包括使用交互式应用程序,通过这类信息系统发出订单的提议,应当视为要约邀请,但明确指明提议的当事人打算在提议获得承诺时受其约束的除外"。③

网络交易中使用的自动信息系统,是运用交互式应用程序来完成交易的。交互式应用程序具有自动化、即时性以及面向不特定对象提供商品和服务的特点,早已被广泛运用在自动售货机、游戏机的操作运行中。而正如前面所论述的,自动售货机虽面向不特定的对象,对供给方将商品标价陈列于内的做法,世界各国普遍认为应当将其视为要约。联合国国际贸易法委员会也认为,网络交易是运用交互式应用程序发出的信息,应当视为交易对方将其视作承诺即愿意受其约束的意思表示。④因此,由于交互式运用程序的应用,即

---

① WANG F F. E-confidence: Offer and Acceptance in Online Contracting [J]. *International Review of Law Computers & Technology*, 2008, 22 (3): 270.

② 《联合国国际合同使用电子通信公约》案文阐述说明。

③ 《联合国国际合同使用电子通信公约》第 11 条。

④ 参见联合国国际贸易法委员会第四工作组(电子商务)第四十二届会议电子商务的法律方面电子订约:背景资料,第 9 段。

使《联合国国际合同使用电子通信公约》明确了在没有相反的意思表示时，将"向一个或者特定人作出提议"作为要约构成的必要条件之一，但还是有不少学者已经认识到不宜不加区别地将《联合国国际货物销售公约》的"要约邀请模式"转移至网络交易，提议将网页标价信息解释为一种"公开求售，售完为止"的要约。① 换言之，他们认为，在这些情况下，可以通过声明要约只是针对有限数量的免责条款，以解决对相关产品或服务的可获量有限的担心。这些意见是对通过网络环境所发出的信息与通过传统环境所发出的信息进行比较所得出的结果。②

但是，又由于联合国国际贸易法委员会工作组在考察网络交易的商业实践时，发现网络交易供给方通常都在其网站上声明不受网页标价信息的拘束，表明需等待供给方进一步确认才能缔约的意愿。联合国国际贸易法委员会因此认为：推定使用交互式应用软件发布信息的人，都具有愿意受其信息拘束的主观意愿，并不能作为一条一般性的规则被提出，因为这显然与商业实践不相符。③ 因此，得出了"使用交互式的应用程序并不改变一项提议作为要约邀请的本来属性"④ 的结论。

按照联合国国际贸易法委员会的观点，利用交互式应用程序发布的信息，尽管面向不特定人，也可以将其视为要约。只是基于市场调查，使用交互式应用程序发出信息的人，多数不希望受其拘束，因而认为表意者实际上并没有受拘束的意愿，也就不能强行将其视为要约。因此，《联合国国际合同使用电子通信公约》最终仍然延续了《联合国国际货物销售公约》对要约和要约邀请的区分标准。

---

① GLATT C. Comparative Issue in the Formation of Electronic Contracts [J]. *International Journal of Law and Information Technology*, 2008（6）: 50.

② 联合国国际贸易法委员会第四工作组（电子商务）第四十二届会议工作报告，第 112 段。

③ 联合国国际贸易法委员会第四工作组（电子商务）第四十二届会议工作报告，第 112 段。

④ 联合国国际贸易法委员会第四工作组（电子商务）第四十二届会议工作报告，第 19 段。

四、我国台湾地区的判例与理论解析

台湾地区对网页标价信息的性质，司法实践中形成了"要约"和"要约邀请"两种主张。以下三个是主张网页标价信息是要约的司法判决。"台北地方法院"93 年度北消简字第 18 号民事判决认为，购物网站上刊登的商品广告，对商品的实图、品牌、尺寸、商品功能描述及售价，应足以认为与传统买卖的陈列，具有同一效果，视为要约。"台南地方法院"98 年度诉字第 1009 号判决认为，经营者在网站刊登优惠促销活动内容，将各项编订型号、规格、名称的商品分别标示出优惠售价，则该商品已达确定或可得确定的程度，标示售价也已确定，依此情形网站刊载商品信息应属要约。"台北地方法院"99 年度消简上字第 1 号判决，以三项理由确认网页商品标价应为要约：第一，消费者下单并不属于新要约。消费者依照网页上的内容点选下单，并未对其内容扩张、限制或变更。第二，商家在其网站上设定买卖契约成立前购买者的付款方式，足以认为商家是基于买卖契约已成立的情况下，指引购买者完成付款。因而，这种网页标价行为不宜解释为要约之引诱。第三，如若在购买者的价款已汇入商家账户内，或者以信用卡授权方式付款的，也已经处于商家随时可取得的情形下，此时认定双方买卖契约尚未成立，尚须商家接受订单为承诺后才成立，商家可恣意解释契约未成立，显失公平，也与价金给付是在契约成立之后的常理不符。在"'台北地方法院'93 年度北消简字第 18 号案"中，网络交易平台提供者主张网络上的商品，是通过图片和数据等展示，而不是以实体物品方式向受意方介绍，性质上类似于"价目表寄送"，故其性质应当属于要约邀请。但法院并未采纳该理由，认为网络交易平台上的商品展示页面，标有商品的图片、规格、品牌，描述了商品的功能，标明价格，应当是与传统买卖的商品陈列一致，在性质上应为要约。①

————————

① "台北地方法院"简易庭 98 年度北消简字第 17 号判决、"台南地方法院"98 年度诉字第 1009 号判决。来源：中国台湾法源法律网，http://fyjud.lawbank.com.tw。

以下三个是认定网页标价信息的性质为要约邀请的司法判决。"台北地方法院"94年度消简上字第7号民事判决认为,网络交易平台的标价信息是对不特定消费大众为出卖一定产品的要约引诱。[①] "台北简易庭"98年度北消简字第17号判决认为,根据定型化契约条款,双方已经约定"契约于业者接受客户订单后始为成立",说明交易供给方意图通过需求方要约的内容来决定是否承诺,从而规避自身无履行能力而导致违约的风险,这种做法在网络交易中较为常见。[②] 因此,这种针对不特定人发出的意思,与"寄送价目表"的行为一致,性质上属于要约邀请。"台北地方法院"99年度诉字第559号判决认为,如果在定型化契约条款已经明确约定合同必须经交易供给方接受才能成立,需求方就可以知道网站刊载商品信息仅仅是要约邀请,必须在需求方继续一定的订购行为才能成立要约。[③] 可见,"台湾地区法院"认定网页标价信息为要约邀请性质的判决,分别基于两种不同的理由:一是认为只要信息是向非特定人发出,就应当认定为要约邀请;二是认为信息虽是向非特定人发出,可以认定为要约,但在供给方已经明确不受网页标价信息拘束时,则表示缺乏要约构成的受拘束性,因而,网页标价信息应当认定为要约邀请。

在中国台湾理论界,大多数学者认为网页标价信息应以要约邀请定性。[④] 一是认为虽然商品信息已经呈现于网页,但这些呈现并非实体商品,与"货物标定卖价陈列"不同,而应当类比"价目表之寄送",不符合要约的确定性

---

① 中国台湾地区"台北地方法院"94年度消简上字第7号民事判决书。来源:中国台湾法源法律网,http://fyjud.lawbank.com.tw.

② 林诚二. 网路购物中错误标价衍生之法律问题 [J]. 月旦法学教室, 2009 (86): 10-11.

③ "台北地方法院"99年度诉字第559号判决、"台北地方法院"99年度消简上字第1号判决, 来源:中国台湾法源法律网, http://fyjud.lawbank.com.tw.

④ 参见冯震宇. 网路商品标错价格出售后得否撤销意思表示 [J]. 台湾法学杂志, 2009 (135): 204. 李淑如. 网路购物标价错误之法律解析 [J]. 台湾法学杂志, 2009 (135): 135. 张永健. 购物网站标错价之合约纠纷与行政管制——经济分析观点 [J]. 政大法学评论, 2015 (3): 162-175.

要求，应将其视为要约邀请。二是认为交易供给方的网页标价信息面向不特定人为之，网络交易供给方并无与所有看见该网页而欲订购之人成立契约的意思。① 而少数学者持"要约"论，② 基本的观点均认为只要网页标价信息的内容的确定或可得确定，其性质就应当认定为要约，从"下单的机制"即自助下单并履行完全可以推断网络交易供给方欲直接缔约之意思表示。中国台湾学者黄茂荣则认为，应当根据交易标的是否可以即时供货而给予网页标价信息不同的定性。在网络中能够即时供货的标的，即合同成立后需求方即可在网络上下载交易标的的情况，如影视或电脑软件，其性质就与"商品标价陈列"无异，应视为要约。但其他情形下，则不能视为要约。③ 另有学者认为，应当通过双方利益衡量的方式来确定网页标价信息的性质。④

五、我国大陆的司法认定标准

在我国大陆地区近年发生的十几起网络标价错误纠纷司法判例中，对网页标价信息的性质多以要约定性，少部分以要约邀请定性。

与我国台湾地区法院相类似，以要约定性的判决从要约构成的确定性方面着手，认为网页上的商品或服务的品牌、规格、价款等详细信息呈现于其网站上，内容明确具体，符合了要约构成的内容确定性要求，与商品标价陈

① 郭戎晋. 购物网站价格标示错误法律问题之研究——由"台北地方法院"民事判决出发 [J]. 台北大学法学论丛，2010（76）：22.

② 参见林诚二. 网路购物中错误标价衍生之法律问题 [J]. 月旦法学教室，2009（86）：10-11. 曾品杰. 从当事人属性看法律行为之规范——以网购业者标错价事件为例 [J]. 国立中正大学法学集刊，2011（32）：167.

③ 黄茂荣. 债法通则之一：债之概念与债务契约 [M]. 厦门：厦门大学出版社，2014：352-353.

④ 吴瑾瑜. 论网站标价错误之法律效力 [J]. 月旦法学杂志，2010（187）：39-46.

列出售具有同一意义。[1] 在认定满足要约内容确定性基础上，若供给方无其他明示意思表示，则认为内容确定性的满足足以推定供给方的缔约意愿，因而，网页标价信息的性质就是要约。但是，与我国台湾地区司法观点不同的是，即使在供给方发出了"排除要约效力拘束"声明的情况下，我国大陆法院通过格式条款的效力规制来否定该声明的有效性，从而仍然形成网页标价信息的性质为要约的判决结论。

以要约邀请定性的判决书，有从要约构成的特定性方面来否定网页标价信息的要约性质的，也有从要约构成的受拘束性方面来否定网页标价信息的要约性质的。

从要约构成的特定性方面来否定网页标价信息的要约性质的判决，认为网页标价信息面对的是数量不特定的网络潜在交易对手，供给方对其所能提供的货品数量的控制能力有限，所以，网页标价信息应当被认定为要约邀请。从北大法律网上收集的案例看，仅有上海市第一中级人民法院（2011）沪一中民—（民）终字第1696号民事判决书基于此理由而得出"要约邀请"的结论。以要约邀请定性的判决书主要从未满足要约构成中受拘束性方面阐述理由：在供给方做出不受网页标价信息拘束声明的情况下，认为网络交易供给方"不受拘束"的声明有效。因此，我国目前大部分认定网页标价信息的性质为"要约邀请"的判决，是以当事人明确作出排除受信息拘束的意思表示，[2] 因此，是以网页标价信息不符合要约的受拘束性要件为主要判决依据的。

---

[1] 一部分判决虽未论及网页标价信息的性质，而是重点分析格式条款是否有效及是否构成重大误解等问题。对这些问题分析的前提条件是建立在承认网络交易合同已经成立的基础上。参见福建省福州市中级人民法院（2015）榕民终字第3084号民事判决书、上海市浦东新区人民法院（2014）浦民—（民）初第15666号民事判决书、江苏省淮安市盱眙县人民法院（2015）盱民初字第01369号民事判决书、北京市（2018）京03民终第5603号民事判决书。

[2] 参见上海市浦东新区人民法院（2014）浦民—（民）初字第9378号民事判决书、上海市浦东新区人民法院（2015）浦民—（民）初字第22960号民事判决书、天津市第一中级人民法院（2015）一中民二终字第0588号民事判决书。

不同地区的法院、同一地区不同的法院，对网页标价信息的性质存在不同的判断，原因主要来源于两方面：第一，"要约"和"要约邀请"的划分本身就没有绝对客观的标准，在具体区分时经常存在争议。如，与网页标价信息相类似的是传统交易中的商品标价陈列。英美普通法认为，商品标价陈列与广告的性质相同，旨在以吸引顾客为要约表示，原则上属于要约邀请。而大陆法系认为，在超市或自助商店，货物标定卖价陈列，由顾客从货架上选取标的物，自行到柜台结账，绝大多数情形下，店家不会拒绝出售货物，似乎有更强的理由，认定在货架上陈列商品，即为要约。顾客只要最终表示买受的意思，合同即告成立。[①]而与之不同的是商品临街橱窗内的陈列商品，通常需要店员从橱窗中取出、将标的物交付给顾客，因为其目的更多地在于招揽顾客，所以即使附有标价，也不能认定为要约。[②]这些判断都是在符合要约构成的确定性条件下，以具体情况判断表意者的受拘束意愿。不同的主观解读，得出了不同的结论。第二，不同的结论代表了不同的利益保护倾向。德国法院的判决明确指出，网络交易供给方的利益是值得保护的利益，选择将网页标价信息解释为要约邀请。但如若认为网络交易是有别于传统交易的通过交互式信息传导机制进行的交易，作为信息发布者的网络交易供给方的地位更具有优势，应当矫正这种不公平地位，便会倾向于将网页标价行为解释为要约。

作为成文法国家，采用法律教义分析方法是对网页标价信息定性问题解决的路径。在《民法典》合同编对要约仅规定了确定性和受拘束性两个要件的现实情况下，则没有理由以网页标价信息的发布面对的是不特定的群体而否定该信息的要约性质。但在受拘束性的判断上，倘若当事人存在明确的表

① 陈自强.民法讲义（Ⅰ）：契约之成立与生效［M］.北京：法律出版社，2002：60.
② 参见王家福.中国民法学·民法债权［M］.北京：法律出版社，1991：284.王利明.合同法研究（第一卷）［M］.北京：中国人民大学出版社，2002：214.韩世远.合同法总论［M］.北京：法律出版社，2018：88.崔建远.合同法总论（上）［M］.北京：法律出版社，2011：127.

示以阻却该意思发生要约的效力，则应当尊重当事人的意思。

在网络标价错误纠纷中，交易双方利益平衡问题固然是法律正义的彰显，但要约与要约邀请的区分，应运用法律概念规范进行分析，这种分析本身具有技术性和中立性。倘若加入了价值衡量因素，其科学性便大打折扣，也难具有说服力。德国以保护经营者利益的特定价值取向，作为网络要约和要约邀请划分的理由，这种做法并不值得借鉴。正如中国台湾地区的学者张瑞星所批判的，此种逻辑论断为"互倒因果"[①]。可喜的是，在我国现有的判决书中并未出现此逻辑，而是通过"声明"的效力判断来对双方的利益进行平衡。因此，我国的司法判决虽未形成统一结论，但判决依据却是一致的：网页标价信息的内容已经十分确定，只要网页标价信息表意者无有效的明示反对声明，网页标价信息应当被认定为要约。

第三节　传统规则适用于网页标价信息定性的缺陷

一、对供给方利益保护有余

从德国法、英国法、《联合国国际合同使用电子通信公约》对网页标价信息性质的判断根据中可以看出，网页标价信息被认定为要约邀请的根源仍在于网页标价信息的受意对象是"不特定人"。逻辑是：面向不特定人的意思发出者，理应具有在意思受拘束前，审查与其交易对象的身份，并保障自身履行能力的权利。由于要约的拘束性要件，即是否受意思表示拘束的主观愿望对要约与要约邀请的区分具有决定性作用，因此，在表意者未明确表明其是否在受要约人承诺即受拘束时，不能被认定为要约。换言之，"一般情况下，

---

① 张瑞星.网路购物机制之微调——从购物网站标价错误之数件判决谈起［J］.智慧财产评论，2011，9（1）：12.

只要建议是发给多数人的，就会被认为不是要约"的观点，[①] 就是基于表意者都不愿意在考察自身和交易对手的履约能力前就受拘束的心理，以此推断出意思表示者并不打算受此意思表示约束的主观意愿。然而，这种顾虑和推定，在现今的网络交易中，已然可以通过技术手段得到解决。第一，应用互联网自动信息系统订立合同，需求方往往先行付款至指定账户，其履约能力得到了保障。第二，现代网络程序也早已实现在库存为零时自动停止订单接入的技术，这种技术可以有效避免相关商品的可获量有限，供给方可能承担无法履行的违约责任风险。

观察我国现阶段主要的网络交易页面：在页面的下方都存在"加入购物车""立即购买"等点击按钮，有些平台如京东，在页面显著位置显示"配送至某某地区"（系统根据购买记录信息自动识别）和"所在地区有/无货"，淘宝网则显示"库存中仅剩×件"。另外，当需求方在商品点击购买页面上点选了"立即购买"或者（点选购物车里所选商品）"结算"按钮，均会出现要求网络交易需求方核对信息后选择付款方式，然后链接到付款页面，需求方可以按照供给方所提供的付款方式付款。最后的交易状态显示为"待商家发货"。从整个交易流程看，每一阶段的标注与说明都显示了供给方明显地愿意接受发布交易信息拘束的意思，从中也很难解释供给方具有保留最终是否订约的权利。[②]

我国有学者认为，只有当网页标价信息上显示库存信息时，网页标价信息才能被认定为要约。[③] 本书认为，这一观点值得商榷，"就目前的技术水平而言，库存与订单系统的无缝对接并非难事"[④]，若以此作为判断要约与要约邀

---

① 海因·克茨.欧洲合同法（上卷）[M].周忠海，李居迁，宫立云，译.北京：法律出版社，2001：27.

② 王天凡.网络购物标价错误的法律规制[J].环球法律评论，2017，39（2）：144-161.

③ 杨代雄.《合同法》第14条（要约的构成）评注[J].法学家，2018（4）：177-190.

④ 杨代雄.《合同法》第14条（要约的构成）评注[J].法学家，2018（4）：177-190.

请的标准，则形成了网络交易供给方为了避免受拘束而不在网页上显示库存的反向激励。本书赞同前述德国少数学者的观点，就责任分配而言，供给方是否先行检查库存的情况并非需求方应当考虑的情况，更何况在已有成熟的库存与订单无缝对接技术条件下，依然选择不适用该技术，则引发的后果理应由供给方承担。

二、对需求方利益保护不足

运用网络自动信息系统订立合同的设置，本身就说明了信息发布者愿意在受要约方付款承诺时受到约束；否则，完全可以等待审查订单后再发送付款链接。我国司法判决中对这一事实的认定，与联合国国际贸易法委员会的立场一致。但问题在于，与联合国国际贸易法委员会工作组对互联网上销售商品或者提供服务的公司进行考察所反映的现象一致，我国大多数网络交易平台提供者或者供给方通过格式条款或自动电子邮箱声明不受网页标价信息的约束。

面对上述情况，我国不少司法判决仍肯定了网页标价信息的要约性质。他们基本以否定供给方不受所发信息拘束的声明的效力为其"杀手锏"，认为"这种声明是对消费者的消费习惯和交易方式习惯的重大改变，将对消费者的合同利益产生实质的影响"。[①] 除此之外，他们还认为这些条款的内容排除了对方的权利，加重了对方的义务，因此，应当适用格式条款的相关规定对其效力进行评价。只有条款拟定方对相对方做出合理的、充分的提示，才能肯定其效力。在未满足法律所要求的提示条件时，该声明无效，从而阻却了要

---

① 北京市朝阳区人民法院（2014）朝民初字第7450号民事判决书、北京市第三中级人民法院（2014）三中民终字第09381号民事判决书、北京市第三中级人民法院（2015）三中民（商）终字第04671号民事判决书。

约转变为要约邀请的法律效果。①

法院的这一做法体现了价值平衡的司法技术，但如果将排除网页标价信息约束的声明视为限制己方责任、加重对方义务的格式条款，则根据《民法典》合同编的规定，这种格式条款只需要向相对方做出合理的、充分的提示，就能够肯定其效力。而对于如何才能达到合理的、充分的提醒要求，也是不值得争论的问题，因为这只需立法或者司法解释做出统一回应便可以解决。可以预见的是，在信息高度流通的今天，倘若出台统一标准，网络交易平台提供者或者供给方通过声明排除己方的受网页标价信息拘束的做法将逐渐普及乃至全面覆盖。因此，若法院仍将网页标价信息的性质声明解释为限制己方责任、加重对方义务的格式条款，网页标价信息的性质就是要约邀请，不再需要裁量，② 更无任何讨论的必要。

若网页标价信息被定性为要约邀请，按照《民法典》合同编的规定，需求方针对网页标价信息发出要约后，要约在未得到承诺时合同不成立，则供给方可能基于各种理由任意不承诺或者延迟承诺。这将使得供给方以低价为噱头而吸引和招揽顾客的有违诚信原则的策略得以合法化。面对这一问题，欧盟《电子商务指令》第 11 条第 1 款规定，经营者必须通过电子手段"不迟延地"对消费者发出的订单进行确认。此外，德国将该指令转化为国内法，于德国《民法典》第 121 条第 1 款将"不延迟地"定义为"在没有过错的延迟的情况下"。这里的"不延迟地"不应理解为客观上的"立即"，而是立刻实施行为的主观上的可合理期待性。③ 中国台湾地区"行政院"消费者保护委员会公告的"网络交易定型化契约应记载及不得记载事项指导原则"也对

---

① 但也有判决认为这种限制并不涉及免除或限制被告责任，无须特别提示，参见上海市浦东新区人民法院（2015）浦民—（民）初字第 22960 号民事判决书。

② 张伟强. 网络交易标价错误的经济分析［J］. 法律科学（西北政法大学学报），2018，36（3）：52-64.

③ 杜景林，卢谌. 德国民法典评注［M］. 北京：法律出版社，2011：47.

供给方立即回复确认的义务作出了规定。① "台湾地区经济部"在"零售业等网络交易定型化契约应记载事项"中详细规定，"企业经营者对下单内容可于下单后 2 个工作日内附正当理由拒绝，若未拒绝则为接受下单。"对上述供给方特别规制的条款，固然在一定程度上保障了需求方的权益，但仍无法平衡双方的利益。网络交易中，往往都是需求方先完成"付款"行为：直接支付至供给方平台，或者间接支付至第三方。若将网页标价信息定性为要约邀请，合同的一方当事人可能已经履行完毕，另一方却仍掌握着使合同成立与否的命运，则使得已经履行完毕的一方处于无法预期之状态。另外，网络交易供给方可以摆脱要约的约束，享受广告效应或者赚取流量② 所带来的巨大商业利益，而网络交易需求方只能在举证困难的情况下自负时间成本和交易机会的损失。这种权利义务的失衡，已非简单地对"限制己方责任，加重对方义务"的格式条款拟定者施加"充分、合理提醒"的义务所能平衡。

第四节　要约构成规则在网络交易中的关系性重塑

一、动态的"权力"配置构建方法

麦克尼尔认为，由于"个别性合同对交易前的状况漠不关心，对当事人如何分配其交易产生的交换剩余也不感兴趣"③，导致实践中产生很多不公正的

① 中国台湾地区"行政院"消费者保护委员会发布的新闻稿中明示，"不论此种交易的经营者在网络上所刊登的商品信息就是要约或要约引诱，只要消费者下单，之后存在确认信，买卖契约已成立。"中国台湾地区"行政院"消费者保护委员会新闻稿"购物标错价，购物金兑换：消费者的权益在哪里？"参见雷秋玉，苏倪.论网络购物合同的成立及标价错误［J］.昆明理工大学学报（社会科学版），2014，14（1）：43-55.

② 薛虹.论电子商务合同自动信息系统的法律效力［J］.苏州大学学报（哲学社会科学版），2019，40（1）：70-78.

③ 麦克尼尔.新社会契约论［M］.雷喜宁，潘勤，译.北京：中国政法大学出版社，1994：78.

结果。而事实上，合同当事人之间存在着广泛的相互性和权力问题。合同当事人之间的"相互性"是合同得以建立和持续的基础。"相互性规范"也是麦克尼尔所构建的重要合同规范。在关系合同理论看来，交换这一简单事实仅仅说明了各方当事人对交换剩余进行了分配，各有所得，但它并没有说明这种分配是否公平。相互性规范要求的不是平均，而是某种公正。如果没有相互性，合同的关系终将会走向破裂。

权力的形成分为外部形成和内部形成。外部形成是由于社会分工的发展，某些人员在技术、信息等方面处于优势地位，形成了经济的、社会的或者政治上的权力，这些权力既形成于缔结合同之前，也贯穿于合同缔结的整个过程。而内部形成是指权力由双方约定形成，同时又随着合同关系的发展不断发生变化。这些权力因素的存在对当事人之间的权利义务产生了实质性影响。如果任由现实中处于弱势地位的人们自行订立合同，他们的权力将会不可避免地被更有优势地位的人所侵犯。因此，古典合同法中的合同自由原则不能被绝对适用，它在很大程度上要让位于实现合同公平的需要。

合同的实体公平究竟如何实现，产生了当事人权利分配的基本问题。对于如何通过规范来实现公平，关系合同理论并没有给出一个清晰明确的回答，但是该理论对合同公平的判断提供了一些指导，因为相互性规范、合同团结规范都要求某种程度的公平。在关系合同理论看来，实现合同公平的权力赋予和限制，只能根据合同实际缔结和履行的社会环境进行动态的个案分析。

二、特定性要件的弱化

关系合同理论提倡根据变动不居的社会环境对规范进行动态调整。在网页标价信息的定性问题上，如果以原有的规则应对已经变化了的技术环境，终究造成"规则与其存在基础的理由之间不可避免地错位"①。

现代网络交易模式对需求方提出了履约保障要求，技术的发展也使供给方实现了对库存的控制，域外"要约邀请论"最为核心的供给方"值得保护的利益"这一价值判断的事实基础已经不复存在。相反，防止"零售商用压低价格的商品展示将消费者吸引到商店来，然后以某种捏造的理由不将商品卖给消费者，"②就是大陆法系国家普遍将标有价格的商品展示视为一项要约的主要理由。同样，即使"要约邀请论"者，如联合国国际贸易法委员会③及台湾地区的黄茂荣教授④等，之所以认为"在对避免商家面对不可控的订单而无法履行的危险"情况下，宜将部分网页标价信息视为要约，也是防止基于网络的扩散性和外部性使得供给方蓄意借此赚取点击量，从而达到宣传目的以获取广告利益。⑤

因此，面向不特定对象发出的信息，一般被认定为要约邀请的传统规则，在网络交易中应当弱化。即使供给方发出的信息是面向不特定的对象，但只要配置了自动完成交易的程序，就应当认定为要约。换言之，网络交易中将网页标价信息认定为要约，并不会使供给方陷于不可控制的风险之中，反而可以防止其以损害需求方利益的手段达到广告利益，避免产生对供给方的过度保护而损害需求方利益的结果。

---

① 丹尼尔·A.法伯，刘秀华.法律形式主义举隅［J］.中央政法管理干部学院学报，2001（1）：49-52.

② 海因·克茨.欧洲合同法（上卷）［M］.周忠海，李居迁，宫立云，译.北京：法律出版社，2001：28.

③ 贸易委员会认为，运用互联网技术订立合同的建议，应当视为当事人若作承诺即受其约束的意思表示，参见联合国国际贸易法委员会第四工作组（电子商务）第四十二届会议工作报告，第112段.

④ 黄茂荣教授认为，如果网络广告中提供即时供货的服务，让购买人即可在网络上下载其订购商品的情形，则与"货物标定卖价陈列"无异，应视为要约。参见黄茂荣.债法通则之一：债之概念与债务契约［M］.厦门：厦门大学出版社，2014：352-353.

⑤ 刘继峰.网络交易错标价格问题评判思路的单一性与拓展［J］.学术论坛，2016，39（12）：91-96.

三、受拘束性要件的客观化

"权力的限制规范"是关系合同理论中重要的规范，主张通过限制社会环境而形成的"权力"来平衡交易双方的利益。依据传统规则，信息的发出者能够自由决定是否受其发出信息的拘束，但在网络交易中，需求方的交易严重依赖于供给方网页标价信息的设置和交易流程，在这样的情况下，供给方决定网络交易标价信息的性质，这一"权力"应当受到限制。换言之，要约和要约邀请的区分，取决于供给方的主观意志，这一区分规则在网络交易中应当被改变。

《国际商事合同通则》在其第10条第3款以"重大失衡"为标题规定："如果在订立合同时，合同或其条款不公正地给予一方当事人一项过度的利益"[1]，则合同或合同条款可以无效。德国《民法典》第305c条第1款对合同的异常条款进行规定："依情形，特别是依合同的外在表现，一般交易条款中的规定异乎寻常，致使使用的之合同相对人无须对此进行考虑的，其不成为合同的组成部分。"[2]本书认为，供给方"不受网页标价信息拘束的声明"，是一种将风险全然转嫁于需求方，自身不仅不需要承担任何风险，还可以因此而享受巨大利益的不公平条款。这一条款明显达到"重大失衡"的客观标准，这一条款所对应的交易模式，与普遍的交易习惯和观念严重背离，也是一种极为异常的条款。因此，这种"不受网页标价信息拘束的声明"应当纳入不公平条款、异常条款的范畴，使其不被纳入合同。[3]

---

[1] 《国际商事合同通则》第10.3条。参见司法部条约法律司.国际商事合同通则（2004）[M].北京：法律出版社，2004：122.

[2] 杜景林，卢谌.德国民法典评注[M].北京：法律出版社，2011：125.

[3] 张良.不公平合同条款的法律规制[D].武汉：武汉大学，2011：34.

我国《民法典》合同编虽也对不公平条款进行了规制，但对何为不公平条款，未进行进一步明确。[①]本书认为，对于网络交易中交易供给方约定"不受网页标价信息拘束的声明"，在立法上可参考德国《民法典》第309条，以"黑名单"[②]的形式，明文禁止其适用。[③]《电子商务法》第49条第2款规定，"电子商务经营者不得以格式条款等方式约定消费者支付价款后合同不成立，格式条款含有该内容的，其内容无效"，即这种立法规制精神的体现，这一规定明确了网页标价信息的性质为要约，禁止供给方通过声明排除其受拘束的效力。但这一规定仅限于经营者与消费者适用，范围过窄。

网页标价信息性质的"要约"和"要约邀请"的争论始于网络标价错误案件。准确地输入价格，是网络交易供给者所必须保有的谨慎。而网络标价错误案件的数量相对于其他案件的数量，仍属罕见。若在制度设计时，只为了防止罕见的事件在未来发生，给予这些例外情况过度权重，会影响大多数正常情况下的交易，从而会牺牲社会总体的最大福利。[④]

在对交易一方权益静态进行保护时，也应当思考合同权利义务的动态生成过程，特别是合同当事人合作达成目标的过程。保护对方的信赖和合理的期待，是合同团结理念的基本主张。网页标价信息要约邀请的定性助长了网络交易供给方的非诚信之风，对信息输入核对和网络技术改进的懈怠之风，最终会损害需求方的信赖利益。若由于供给方普遍通过明显的提示排除受网页标价信息的拘束，商家的错误结果反而由需求方承担，则需求方也会因其

---

① 苏号朋.格式合同条款研究［M］.北京：中国人民大学出版社，2004：303–359.
② 指立法规定的无须法官裁量的绝对无效的格式合同条款。
③ 苏号朋.格式合同条款研究［M］.北京：中国人民大学出版社，2004：110.
④ 张永健.购物网站标错价之合约纠纷与行政管制——经济分析观点［J］.政大法学评论,2015（3）：162–175.

无法预期而对网络交易失去信心，[①] 排斥这种自动信息系统操控下的网络交易，终将导致网络交易无法持续性发展。[②]

作为网络交易发达的国家，我国的立法不应当"崇洋"，而应当在整饬网络交易秩序道路上走得更远，运用"差异原则"干预风险分配，排除当事人的自由约定，直接将网页标价信息的性质认定为要约。

---

① 有观点认为，即使存在为吸引眼球，先故意"错标"价格而后又取消订单的行为，但问题不大，可以通过市场调节，声誉可以起作用。参见张伟强.网络交易标价错误的经济分析［J］.法律科学（西北政法大学学报），2018，36（3）：52–64.如果法律允许网络经营者不必为故意"错标"价格而后又取消订单的行为承担责任，网络交易相对人将对这无法预期的交易环境失去信心。因此，声誉只能在网络交易与传统（实体）交易间的取舍起作用，而非在网络经营者之间起作用。这种机制只会导致网络交易的萎缩，而无其他积极效应。

② 郭玉军.网络社会的国际法律问题研究［M］.武汉：武汉大学出版社，2011：280.

第六章　网络交易中的承诺规则

合同可通过对要约的承诺或通过能充分表明当事人各方合意的行为而成立。[①]网络交易是借助信息网络技术在线磋商而订立合同，同样需要经历要约与承诺的订立过程。但由于网络交易具有开放性、匿名性、智能性的特点，如将传统的承诺规则适用于网络交易中，将导致网络交易双方当事人利益失衡，从而使得网络交易无法正常进行。

第一节　承诺的传统规则

一、承诺的方式

承诺是需受领的意思表示，是要约受领人借此告知要约人对缔结合同的同意。[②]传统合同理论认为，一项有效的承诺应当包含"由受要约人作出""向要约人作出""与要约的内容一致"[③]"必须在要约的存续期间作出（或到达）"[④]四个基本的要件。一般认为，承诺的方式并不是承诺的构成要件，但在当事

[①] 《国际商事合同通则》第 2.1.1 条。司法部条约法律司.国际商事合同通则（2004）［M］.北京：法律出版社，2004：14.

[②] 汉斯·布洛克斯，沃尔夫·迪特里希·瓦尔克.德国民法总论［M］.张艳，译.北京：中国人民大学出版社，2014：89.

[③] 韩世远.合同法总论［M］.北京：法律出版社，2018：140-141.

[④] 崔建远.合同法［M］.北京：北京大学出版社，2013：142.

人有特别指定的场合，通常应当依据其指定的方式作出，才能构成有效承诺。如要约人在要约中明确要求，承诺的方式为受要约人将签字盖章后的合同文本寄回要约人处。此时，即使受要约人客观上已经对合同书进行了签章，并且也有证据表明要约人已经知晓这一事实，但并未将合同书按照约定寄送至要约人，受要约人的行为仍然未能完成承诺。① 通说认为，如果要约人在要约中已经说明了承诺必须依照一定方式为之，否则不生效力。这种情况下，承诺的方式就是承诺生效的特殊构成要件。② 若要约人虽说明了承诺以某种方式作出，但并未强调不以这种方式作出的后果，那么，以其他方式作出承诺的效力则应当取决于对要约的解释。通常情况下，如果限定承诺方式的动机在于确保受要约人迅速回复，而其他承诺方式较要约规定的方式能够更为方便或快捷地到达要约人手中，也应当肯定这种方式承诺的效力。

在未指定承诺方式或者对承诺的方式约定不明时，则应按照任意法对承诺方式的规定进行解释。我国《民法典》第 484 条规定的承诺方式分为两种：第一，通知的方式。《民法典》第 484 条第 1 款规定，"以通知方式作出的承诺，生效的时间适用本法第 137 条的规定。"通说认为，承诺原则上应当采取通知的方式作出。③ 但究竟采取哪种方式通知，法律并没有明确规定。应当认为只要能够明确地表达同意要约的意思即可，包括明示的通知和默示的通知。明示的通知是指明示的语言表达，既可以是书面的，也可以是口头的。默示的通知是指通过实施积极的作为作出承诺，德国理论界将这种方式称为"依可推断之行为"发出的承诺。④ 默示承诺的方式在实践中具有极为广泛的表现

---

① 上海第二中级人民法院（2000）沪二中经终字第 945 号判决。

② 王利明 . 合同法研究（第一卷）［M］. 北京：中国人民大学出版社，2011：252.

③ 参见王利明 . 合同法研究（第一卷）［M］. 北京：中国人民大学出版社，2011：260. 韩世远 . 合同法总论［M］. 北京：法律出版社，2018：140-141. 崔建远 . 合同法［M］. 北京：北京大学出版社，2013：142.

④ 迪特尔·梅迪库斯 . 德国民法总论［M］. 邵建东，译 . 北京：法律出版社，2013：255.

形式，通常指履行行为，如预付价款、装运货物或在工地上开始工作等。[1] 以行为作出的默示承诺，也是一种通知，该通知同样必须在到达受要约人处才能使承诺生效。第二，行为的方式。《民法典》第484条第2款后半句以"但书"的方式规定："根据交易习惯或者要约表明可以通过行为作出承诺。"这种承诺方式与前述默示的承诺方式不同，只要客观上有可以认为承诺的事实存在，并不需要以通知要约人为条件。故这种方式成了承诺意思表示须受领的例外，学说上称为"无须受领的意思表示"[2]，德国民法称为"意思实现"[3]。由于这种承诺方式是通过行为等事实来达到合同成立的"意思实现"，因此有观点认为这种行为并非意思表示，因而也就不是承诺，毋宁将这种以意思实现成立的合同归类为"以要约和承诺以外的方式成立的合同"。[4] 本书认为，《民法典》第484条使用了"承诺不需要通知"的表达，有意将意思实现视为一种承诺的类型，因此，从解释论的立场，意思实现在我国是一种意思表示。

由于意思实现不需要到达要约人，在行为作出时要约人根本不知道合同已经成立或者合同何时成立，因此，必须是在要约人已经做好并不需要受要约人通知就接受承诺的心理准备，才能肯定这种行为的承诺效果。[5] 如宾馆内冰箱中放置的饮料，客人可以自由取用，于退房时统一结算。

在要约人未指定承诺方式或者对承诺的方式约定不明时，美国《第二次合同法重述》认为应被解释为："受要约人以允诺履行要约所要求的行为进行承诺，或者以实际履行要约所要求的行为进行承诺，具体采取何种方式，由

---

[1] 崔建远. 合同法 [M]. 北京：北京大学出版社，2013：48.

[2] 王泽鉴. 债法原理 [M]. 北京：北京大学出版社，2013：194.

[3] 德国《民法典》第151条（无须向要约人表示的承诺）对此作出了规定："根据交易习惯，承诺无需向要约人表示，或者要约人预先声明无需表示者，虽未向要约人表示承诺，承诺一经作出，合同即告成立。应根据要约或者当时情况可以推知的要约人的意思，来确定要约拘束力消灭的时间。"

[4] 韩世远. 合同法总论 [M]. 北京：法律出版社，2018：151-153.

[5] 朱岩，潘玮璘. 承诺方式制度比较研究——以我国《合同法》与《联合国国际货物销售合同公约》为例 [J]. 法学家，2014（5）：137-149.

受要约人选择。"我国《民法典》规定承诺方式以"通知"为原则,[1] 以行为为例外。因此,应当认为在"根据交易习惯或者要约要求作出承诺的行为"的情况,也允许受要约人选择"通知"的方式进行承诺。换言之,《民法典》允许受要约人根据具体情况自由选择明示的承诺、默示的承诺以及意思实现三种承诺方式。而明示的承诺作为典型的承诺方式,应当适用于一切未指定承诺方式的要约。

二、承诺生效的法律效力

承诺的意思表示在到达要约人时,承诺生效。承诺生效的法律效力就是合同成立。因此,承诺生效的法律效力等同于合同成立的法律效力。关于合同成立法律效力的规定,体现在《民法典》第465条中:"依法成立的合同,对当事人具有法律拘束力。当事人应当按照约定履行自己的义务,不得擅自变更或者解除合同。"《民法典》第502条第1款又规定,"依法成立的合同,在成立时生效。"根据这些规定,在没有法律特别规定或者当事人约定的情况下,承诺生效时合同生效。对合同生效后合同效力的内容,我国《民法典》并没有进行进一步的规定。

对于合同成立的拘束力与合同生效的效力区别,存在两种不同的观点,具体表现如下。

第一种观点认为,合同成立时的拘束力是指业已缔结的合同的拘束力,首先意味着合同规则对于缔结合同的人的拘束力;也就是说,他们受自己所制定的合同规则的拘束。这包括合同的不可撤回性以及不允许单方面解除合同。[2] 而合同生效后的效力则是指合同权利与义务的实际享有与承担,当事人必须实质性地按照合同的约定履行义务。德国的拉伦茨教授、日本的星野英

---

① 王利明,杨立新,王轶,等.民法学 [M].北京:法律出版社,2011:515.
② 卡尔·拉伦茨.德国民法通论(下册)[M].王晓晔,译.北京:法律出版社,2013:725.

一（Eiichi Hoshino）教授[①]和我国台湾地区的王泽鉴教授都持这种观点。该观点亦得到台湾地区判例的支持。[②]

我国也有学者认为在合同法中，人们常常把合同的拘束力用来指称合同成立后、生效前当事人不得变更或废止已经成立的合同。这一拘束力由于在合同生效之前，还没有强大到能够要求当事人履行合同的义务程度，只是在形式上拘束当事人对合同存在的破坏，即不允许当事人随意撤销或者撤回。而合同的效力则是指合同经过法律评析所反映出来的效果，[③]表现为当事人必须按照合同的约定履行义务。按照这种观点，合同成立时的拘束力，并不同于我国《民法典》第 465 条规定的拘束力，该条款由于有"依法"成立和"应当按照规定履行自己的义务，不得擅自变更或者解除"的限制，应当属于对合同生效的效力的意思。[④]

第二种观点则认为，依法成立的合同都能产生法律拘束力，合同成立的拘束力即意味着当事人一方对另一方负有履行合同的义务，在履行期到来却尚未履行的，相对方可以请求法院强制执行。负有义务的一方如果没有法定或者约定的免责事由，则不能拒绝履行合同。但是这种拘束力主要强调合同对双方的约束，不包括合同对当事人以外的人所产生的约束效力。而合同生效的效力不仅指合同能够对当事人产生效力，还包括对当事人之外的第三人在特殊情况下所产生的效力，例如，在债权人行使代位权和撤销权时，则对合同当事人以外的第三人产生了法律效力。我国《民法典》第 465 条第 2 款规定："依法成立的合同，仅对当事人具有法律约束力，但是法律另有规定的除外。"可见，这一观点目前已经成为我国通说。对于附条件和附期限的合

① 崔建远.合同法总论（上卷）[M].北京：中国人民大学出版社，2011：254.
② 民国 1930 年上字第 985 号判决。参见王泽鉴.债法原理[M].北京：北京大学出版社，2013：204.
③ 董安生.民事法律行为[M].北京：中国人民大学出版社，2002：138.
④ 耿林.合同的成立与生效：概念与体系[M]//崔建远.民法九人行（第 2 卷）.香港：金桥文化出版社，2004：309-310.

同，该观点认为实际上是在条件成立以前或者期限到来以前，合同已经成立并对当事人产生了一定的效力，只是此时当事人仍然不能实际行使权利和履行义务。附条件和附期限的合同的效力是"履行合同的效力"[①]。

第二节　网络交易中承诺认定的观点及其评析

根据本书第五章得出的结论，网页标价信息的性质应当为要约。需求方在网页上选定数量点击"立即购买"的按键"拍下"商品时，系统自动根据网页所载明的价格等信息内容形成交易订单提交至供给方。按照传统的合同订立规则，在受意人将同意要约的通知送达要约人后，承诺即生效，合同成立。合同成立后对双方具有拘束力，双方不得随意更改或者解除合同。在没有约定或者法定未生效或者不能生效时，依法成立的合同在成立时便生效，此时，双方都存在主张对方履行合同的权利。但是，在网络交易实践中，需求方通过点击行为"拍下"商品或者服务，虽形成了订单，该订单也已经提交至供给方，但此时供给方无须履行发货或提供服务的义务，而需求方也没有必须付款的义务。如果需求方未付款，供给方有权通过关闭交易取消此订单，只是在通常情况下，供给方通常会给予需求方一定时间的付款期；在特定情况下，网页标价信息发生变化，如价格变化、库存不足等，供给方也可能随时取消订单。只有在需求方实际地履行付款义务，或者作出了付款至第三方账户等履约保障措施，需求方才有权利要求供给方按照订单的内容履行合同。

在订单提交至供给方至需求方进一步提供履约保障期间，合同究竟在何时成立？换言之，需求方的何种表示或者行为应当被认定为对网页标价信息

---

① 王利明.合同法研究［M］.北京：中国人民大学出版社，2012：536-538.

的承诺？在《电子商务法》和《民法典》的编撰过程中，曾经出现过以下几种观点。

一、订单提交

在《电子商务法》的制定过程中，曾出现将订单提交认定承诺的观点，这种观点主要体现在《电子商务法（草案）》第二次审议稿第42条规定："电子商务经营者发布的商品或者服务信息符合要约条件的，当事人选择该商品或者服务并提交订单，合同成立。当事人另有约定的，从其约定。"该条款体现了将订单提交视为需求方对供给方承诺的观点。

按照《电子商务法（草案）》（二次审议稿）的观点，在订单提交后合同成立，此时双方即受合同拘束，依法成立的合同拘束力应当至少具有保持合同内容确定的效力，双方当事人都不得随意更改或者撤销。然而，这一推论明显与网络交易中需求方可以随意撤销已经提交的订单，供给方在需求方未提供履约保障的情况下，也可以撤销订单的网络交易实践相违背。对此，似乎存在两种解释的空间：一是适用合同成立的拘束力与合同生效的效力区分进行解释。认为订单提交时合同成立，但此时合同尚未生效，交易双方都没有请求对方履行合同的权利，而只有在需求方提供履约保障时，合同才生效，双方才得以要求对方按照订单的内容履行合同。二是适用合同权利自由处分进行解释。认为订单提交时合同成立并生效。而之所以订单提交后，需求方可以随意撤销订单，应当视为是供给方对需求方严守合同的主张的放弃。①

然而，仔细推敲，这两种解释无法圆通。于第一种解释，依法成立的合同，在合同成立时生效。若订单提交时合同成立，则在没有法定的情况下，合同同时生效。若主张合同成立与合同生效不同时，则只能将订单解释为附条件的生效合同。问题是，我们并未看到网络交易双方对合同的生效条件进

---

① 王洪亮.电子合同订立新规则的评析与构建［J］.法学杂志，2018，39（4）：32-42.

行任何约定。另外，这种解释也无法回答为何在订单提交后，依法成立的合同能够被一方当事人随意撤销的问题。于第二种解释，看似在传统规则中找到了依法成立的合同，能够被一方当事人随意撤销的依据。但这种解释却又存在打破目前网络交易实践在程序中已经形成的各方利益平衡格局的危险。因为认为供给方放弃权利的前提必然是承认供给方拥有权利。而一旦供给方行使该权利，则需求方作为信息的弱势方、技术的非控制方，必然处于不利地位。此外，与第一种解释同样存在问题的是，这些解释仅仅是一种假设，网络交易双方当事人事实上都未对这些问题做出约定。

以订单提交为合同成立的立法结论，是在当前民事立法法典化工程中秉持的对旧法"能不变则不变"的立法原则指导下，立法者为了避免对《民法典》"要约—承诺"规则的重大突破，而沿用了传统规则。但是，这种结论无论如何都无法在旧法的体系中实现自洽。

二、"付款"

全国人大常委会法制工作委员会民法室《中华人民共和国民法合同编（草案）》（民法室内稿，以下简称"室内稿"）第31条第2款曾规定："当事人一方通过互联网等网络发布的商品或者服务信息符合要约条件的，对方选择该商品或者服务、提交订单并付款成功时，合同成立，但当事人另有约定的除外。"该条款以付款成功作为合同成立的时间点。由于学界的反对声音过于强烈，该规定还未正式面世就被扼杀在摇篮中。

面对这一规定，有学者指出，该条款虽然在剥夺消费者的同时履行抗辩权，与"无理由解除权"达成了利益平衡的功能，但是，这样的规定将原本诺成合同性质的买卖合同和服务合同，变为要物合同性质，从而造成了既有的规则体系、法理基础乃至法感情上的"伤筋动骨"。同时又认为，对于网络交易中以"付款"为承诺表征的实践，应当采用英美法系中单诺合同的概念，对这种特殊的以行为进行承诺的方式进行解释。因此，总体而言，对于网络交易中的承诺问题，仅需通过解释的方法便可解决，无须进行特殊规范。①

本书认为，"室内稿"第31条第2款中仅突出"付款成功时，合同成立"，而对于"付款成功"的性质，究竟为合同成立的一个条件，还是承诺的一种方式，从该条款中找不到答案。因此，该条款的存在是否就如上述学者所担忧的，造成将原本诺成合同性质的买卖合同和服务合同，变为要物合同性质的后果，不无疑问。

这种观点虽然也看到了网络交易的特殊性，承认网络交易中以"付款"为承诺表征。但是使用英美法的单诺合同对这种特殊性进行解释，也并非可行的路径。第一，就单诺合同本身的概念而言，是在英美法将合同视为"允诺"的传统基础上产生的。对于合同，英美法更倾向于在现象层面上分析合同的本质。在他们看来，合同就是双方之间的允诺。虽与大陆法系相同，一方要约他方承诺，合同便可成立。但是，英美法对于承诺的方式较为关注，传统的英美法合同理论认为，受要约人必须按照要约人规定的方式进行承诺，否则就不能成为有效的承诺，合同也不能成立。如果要约人要求受要约人以允诺的形式进行承诺，则受要约人允诺即构成承诺，此时合同成立。由于合同是由双方作出允诺而成立的，这种合同就被称为"双诺合同"。相对应地，如果要约人要求受要约人以行为的形式进行承诺，则受要约人只有实施了该行为，才能被视为有效承诺。而以这种承诺方式成立的合同，由于只有要约人一方作出了允诺，被称为"单诺合同"②。我国并没有将合同理解为允诺的组成，从而依照承诺的方式划分合同类型的传统。因此，在我国适用"单诺合同"的概念来解释网络交易的承诺方式，显然缺乏本土资源。第二，由于单

---

① 汤文平.民法典合同编立法问题刍议［J］.法学杂志，2018，39（4）：9–19.

② 孙新强，孙凤举.论英美法上的单诺合同和双诺合同——兼与杨桢教授商榷［J］.环球法律评论，2005（5）：591–600.

诺合同只能以行为进行承诺，可能产生极不公平的结果。在要约被承诺前要约人可以不受约束地随时撤销要约，而此时受要约人可能已经为了履行要约所要求的行为花费了大量的人力财力。依据单诺合同理论，受要约人得不到法律的保护。澳大利亚学者斯拖而亚（Strodia）教授认为，应当承认合同中各种利益，如信赖利益、期待利益等的等级性，通过寻找合同利益是否存在来看交易是否已经启动，而单诺合同的存在恰好否定了信赖利益保护的基础。双诺合同和单诺合同的传统划分，就其价值追求而言也是无法自洽的，一方面由双诺合同来保护期待利益；另一方面又由于单诺合同的存在而使更为基本的信赖利益得不到保护。[①] 在学者的批判下，单诺合同的理论已然日渐式微。

三、订单提交成功

在网络交易实践中，提交订单显然不足以拘束交易双方，只有在需求方"付款"后，交易的双方才实质性地受到合同的拘束。这种有别于传统交易的实践规则，引起了立法者的注意，因此，《电子商务法》一改《电子商务法（草案）》（二次审议稿）的规定，将合同成立的条件由"订单提交"改为"订单提交成功"。该法第 49 条第 1 款规定："电子商务经营者发布的商品或者服务信息符合要约条件的，用户选择该商品或者服务并提交订单成功，合同成立。当事人另有约定的，从其约定。"

本书认为，这一改变也同样难以圆满地解决网络交易中特殊的承诺规则问题。《电子商务法》对其立法草案的修改，旨在说明仅仅只是提交订单并没有发生合同成立的法律效果。但是，对于何为"订单提交成功"，立法似乎没有给予明确的标准。对于"订单提交成功"的性质，是承诺行为，或仅仅是合同成立的附加条件，立法显然也没有正面的回应。而正如前文所阐述，网

---

① 孙新强，孙凤举. 论英美法上的单诺合同和双诺合同——兼与杨桢教授商榷［J］. 环球法律评论，2005（5）：591-600.

络交易平台提供者或者供给方是技术和程序控制方和使用方，对订单提交成功的标准，具有绝对的控制权，立法将"订单提交成功"作为合同成立的圭臬，实质上是将合同成立与否的主动权全然交由网络交易平台提供者或者供给方。理论上，网络交易平台提供者或者供给方完全可能设置这样极端的程序：在需求方付款成功后仍附加其他程序，使用其可控的程序来决定订单是否提交成功。因此，将订单提交成功视为承诺，显然不具有客观性，不符合法律应有的确定性，不仅使需求方无所适从，而且同样造成交易双方的利益严重失衡。

第三节　网络交易中应然的承诺规则

一、尊重交易实践的关系性规范方法

古典合同理论指导下的古典合同法，"把伴随着合同而来的社会关系从法的世界中剔除，以规则的形式加以抽象化，达到形式上的合理性，它与现实中的实践相背离"[①]，使合同成了精雕细琢、与外界全然无关的一己之私事。封闭的合同法概念体系使得合同法不是合同实践中的一般市民法，而是成为哲学家和法学家的法。而关系合同理论的基本立场就是"合同的首要根源来自社会"[②]。由于 20 世纪垄断资本主义的到来，贫富差距拉大，弱者保护运动兴起，国家全面干预社会经济生活。这些社会背景促成了合同法从追求形式正义到实质正义、从追求法的安定性到社会妥当性的转变。关系合同理论指出，社会关系存在内在的一定秩序，现代合同法要做的就是承认这种内在秩序，

[①]　内田贵.现代契约法的新发展与一般条款［M］//梁慧星.民商法论丛（第2卷）.北京：法律出版社，1994：128.

[②]　麦克尼尔.新社会契约论［M］.雷喜宁，潘勤，译.北京：中国政法大学出版社，1994：1.

并赋予其法的效力。麦克尼尔认为，有关合同的"法"不限于实定法，而是从更为广泛的角度对交易的实践加以规范。这样，麦克尼尔就将合同规范分为内在规范和外在规范两个层次。后者为实定法，而前者就是指在合同实践中产生的，是人们分工和交换、选择、计划、行使权力，并将所有这些适用于自己作为其成员的社会中形成的规范。这就产生了惯例性规范，产生了正当行为的标准。① 内在规范是对实践加以规律的结果，是合同实践的"活法"。而内田贵认为，关系合同理论对实定法的价值就在于立法过程中能够不断地将内在规范转化为实定法。

关系合同理论主张从合同的实践反观合同法，重视对交易实践的观察、凝练、总结和抽象。② 由此，行为合乎逻辑的导致惯例，而惯例又合乎逻辑地导致规范的产生。网络技术的革新，交易方式的变化，同样存在该交易模式下基本的交换规范和网络社区的基本伦理。调整网络社会行为规范的外生性规则的建立，必然是要以网络社会内生性规则为基础。

科技进步引发社会变革，社会变革促进法治重构。网络交易的智能性，决定了人工参与的缺席，更多地依靠网络交易自动化设置完成交易。网络交易的匿名性，生人社会性，③ 使需求方的身份及信用无从被知悉，为弥补交易的安全性，供给方在未得到相应履约保障前，合同并未成立，供给方并不受拘束。这些合理的商业规则必然一定程度上代替或者上升成了法律规则。因此，合同法律制度应当承认网络实践中用于保障交易安全的规则设计，为其提供合法性支持。

---

① 麦克尼尔.新社会契约论［M］.雷喜宁，潘勤，译.北京：中国政法大学出版社，1994：33.

② 孙良国.关系契约理论导论［D］.长春：吉林大学，2006：21.

③ 鲁世平.电子商务法总论［M］.西安：陕西科学技术出版社，2008：18.

二、订单提交的避免"电子错误"功能

由于网络交易依赖于信息系统的处理，而信息系统的操作又仅需键盘、鼠标等"举手之劳"[1]，需求方作为信息系统的非技术控制方，很可能因为疏忽大意而操作错误。同时，由于网络空间具有超时空性，信息发出的瞬间就到达对方。按照《民法典》的规定，同意要约的意思表示在到达要约人时，合同即告成立，如果在这种情况下不给予需求方检查错误或者纠正错误发生的机会，势必会产生违背当事人真实意思的意料之外的合同。[2]而依照传统法，固然可以意思表示错误为由请求撤销合同，但这种撤销需要辅之以一定的证据和程序，这显然与网络交易所追求的高效性相背离。[3]另外，由于网络交易具有实时性，[4]合同的有效撤销往往发生在合同履行后。合同被撤销后，交易双方将已经履行的合同恢复至履行前的状态，也往往会造成资源浪费。

在网络交易发展初期，交易程序设置相对简单，我国也发生过需求方由于无意地操作而选择了相关收费短信服务项目，并因此遭受了扣除相应费用损失的情况。虽然需求方在发现自己选择了本来不愿意选择的项目后，及时地删除了相关服务，但相关费用已经被扣除。据传统立法，需求方只能通过主张为重大误解来撤销此行为。而需求方往往基于诉讼成本的考虑，在没有为交易付出较大代价的情况下，多半会选择将错就错。这种简单的程序设置无疑为利用"要约—承诺"规则进行交易的钓鱼网站的滋生提供了温室，[5]增加了作为非技术控制方的需求方交易的风险。

---

[1]　李双元，王海浪.电子商务法若干问题研究［M］.武汉：武汉大学出版社，2016：96.

[2]　《贸易法委员会秘书处关于〈联合国国际合同使用电子通信公约〉的解释性说明》，第 225 段。

[3]　平旭，栾爽.法律与社会［M］.北京：光明日报出版社，2014：165.

[4]　鲁世平.电子商务法总论［M］.西安：陕西科学技术出版社，2008：19.

[5]　王洪亮.电子合同订立新规则的评析与构建［J］.法学杂志，2018，39（4）：32-42.

（一）域外电子错误制度

在电子环境下订约，信息的发出瞬间就到达对方。自动信息系统的提供者应当提供适当的技术手段，拟定保障措施，[①] 使其合同伙伴得以防止发送错误信息或一旦发生错误即可加以更正，[②] 域外的"电子错误"制度，即以此为立法动因而产生的。

最先针对电子环境下订约错误进行救济的立法，是美国统一州法全国委员会 1999 年实施的《统一计算机信息交易法》，该法使用"电子错误"作为法律概念，于第 214 条规定："第一，在本款中，电子错误指如果没有提供检测并纠正或避免错误的合理方法，消费者在使用一个信息系统时产生的电子信息中的错误。第二，在一个自动交易中，对于消费者无意接受，并且是由于电子错误产生的电子信息，如消费者采取了下列行为，即不受其约束：在获知该错误时，立即将错误通知另一方；将所有的信息拷贝交付给另一方，或按照从另一方收取合理指示，将所有的信息拷贝交付给第三人，或者销毁所有的信息拷贝，且未曾使用该信息，或未从该信息中获得任何利益，也未曾使信息可为第三方获得。第三，如果第二款不适用，则电子错误的法律效果由其他法所决定。"[③] 该条款率先对电子交易中的人为错误补救措施进行规定，它为消费者提供了一种抗辩的理由，消费者在满足上述条件时，有权主张不受该电子信息的拘束，从而极大增强了消费者对电子交易参与的信心。此后，美国国会于《统一电子交易法》中完善了电子错误制度的相关规定，加拿大等发达国家也分别通过立法确立了电子错误制度。在国际立法层面，欧盟《电子商务指令》主要从信息服务提供者承担的告知义务角度，要求各

---

① BOSS A H. Electronic Contracting: Legal Problem or Legal Solution? [J]. *Computer Law & Security Report*, 2006（22）：158.

② 《贸易法委员会秘书处关于〈联合国国际合同使用电子通信公约〉的解释性说明》，第 227 段。

③ 中央网络安全和信息化领导小组办公室，国家互联网信息办公室政策法规局. 外国网络法选编（第一辑）[M].北京：中国法制出版社，2015：160–161.

成员国立法苛以技术和系统控制方对"纠正人为错误的技术方法"的说明义务，[1] 如果没有提供"纠正人为错误的技术手段"，将与缺少实体性规则等必备条款一样，最终影响合同的有效成立。《联合国国际合同使用电子通信公约》第14条第1款在总结以上立法实践的基础上，作出了综合性的规定："一自然人在与另一方当事人的自动电文系统往来的电子通信中发生输入错误，而该自动电文系统未给该人提供更正错误的机会，在下列情况下，该人或其所代表的当事人有权撤回电子通信中发生输入错误的部分：（a）该自然人或其所代表的当事人在发现错误后尽可能立即将该错误通知另一方当事人，并指出其在电子通信中发生了错误；而且（b）该自然人或其所代表的当事人既没有使用可能从另一方当事人收到的任何货物或服务所产生的任何重大利益或价值，也没有从中受益。"

根据上述立法，电子错误的构成存在以下四个共同的要素：一是适用主体必须为技术和系统控制方的相对方。因此，前文所述网页标价信息错误行为，虽也属于在网络交易中的错误行为，但这种错误行为并不属于电子错误制度规范的范围。[2] 二是适用于使用信息系统处理时产生的错误。如本书第二章所述，可以是指输入错误，也可以是其他错误。三是因技术和系统控制方没有提供合理方法纠正并避免错误而产生的错误。[3] 四是错误方没有因电子错误而获利。[4] 在符合以上四个条件的情况下，相对方有权"撤回"意思表示。

根据域外电子错误制度，若网络交易中技术和系统控制方没有为相对方设置应有的发现错误或纠正错误的步骤，则相对方可以撤回其意思表示。按照此规则，在网络交易中，若技术和系统控制方并无设置提交订单这一中间程序，而是在标价的网页上直接完成交易，则需求方得以电子错误为由请求

---

① 欧盟《电子商务指令》第10条。
② 郭玉军.网络社会的国际法律问题研究 [M].武汉：武汉大学出版社，2011：279.
③ 时飞.电子商务法 [M].北京：对外经济贸易大学出版社，2012：177.
④ 齐爱民.私法视野下的信息 [M].重庆：重庆大学出版社，2012：446.

"撤回"其意思表示。

（二）《电子商务法》中的电子错误制度

我国《电子商务法》虽也存在规范电子错误的相关规则，但与域外电子错误制度存在很大不同。该法第 50 条第 1 款针对电子商务经营者的告知义务进行如下规定："电子商务经营者应当清晰、全面、明确地告知用户订立合同的步骤、注意事项、下载方法等事项，并保证用户能够便利、完整地阅览和下载。"第 2 款则规定了电子商务经营者设置纠正电子错误程序的义务："电子商务经营者应当保证用户在提交订单前可以更正输入错误。"相较域外制度而言，我国仅以《电子商务法》第 50 条作为"电子错误制度"的法律条文构架，过于简单。第一，第 50 条第 1 款和第 2 款均从经营者的义务角度，对经营者如何避免电子错误发生的行为进行了规范。但这两个条款都没有对违反义务的法律后果作出规定。是如《联合国国际合同使用电子通信公约》赋予网络交易需求方"撤回"的权利，抑或如欧盟《电子商务指令》作为影响合同成立的要素？不得而知。第二，第 1 款虽也从经营者的告知义务角度进行了规定，但是该条款并未如欧盟《电子商务指令》中重点强调告知纠错的方法，而只是笼统地规定了合同订立步骤的告知义务。

在《电子商务法》制定过程中，《电子商务法（草案）》（一审稿）曾对电子错误作出了如下详细的规定："电子合同使用自动交易系统的，在人机互动中用户发生输入错误，而该系统未提供更正错误的方式，同时符合以下要求的，用户有权撤回输入错误的部分：一是该用户在发生错误后立即通知对方当事人有输入错误发生。二是该用户没有从对方当事人处获得实质性的利益和价值。"[①] 但此后的草案改变了一审稿中对电子错误问题详尽规定的态度，选择对电子错误问题简化处理，最终以简单规定定格于《电子商务法》第 50 条

---

① 《电子商务法（草案）》（一审稿）第 30 条。

中。立法做出简单化的选择，很大一部分原因在于当下网络交易法律制度比较注重对以消费者为主的需求方的保护，在需求方网络交易纠错问题上，消费者的"无理由解除权"制度作为网络交易中消费者保护的核心和最锋利的武器，[①] 已经建立于我国《消费者权益保护法》中。这项制度赋予消费者需求方在合同履行后的一定期限内，仍然享有解除合同的权利。电子错误制度的功能，已经在很大程度上被消费者"无理由解除权"制度所取代。本书认为，电子错误制度和消费者的"无理由解除权"制度，虽具有功能上的相似性，但两者仍不能相互替代。前者的适用范围更为广泛，包括供给方履行前和履行后的救济；后者仅限于供给方履行后的救济。若需求方于供给方履行前发现错误，而必须等待履行完毕后行使"无理由解除权"，再将货物退回，显然不利于社会资源的节省。另外，消费者"无理由解除权"并非适用于一切交易，随着消费者"无理由解除权"强制性规定例外范围的扩大，乃至今后可能走向任意性规定的立法模式（此问题将在后文讨论），若不规范电子错误制度的设置，则需求方全无纠错的途径。因此，电子错误制度应是网络交易中的重要制度，实不宜简单化处理。

（三）"订单"提交的纠错功能

在网络交易中，一般而言，需求方点击"立即购买"按钮，就会产生带有"提交订单"按钮的确认订单页面，点击"提交订单"按钮，则进一步出现付款页面，若将订单提交理解为承诺，则点击"提交订单"后合同成立，从确认订单形成到订单提交，中间并无其他纠错步骤。

订单提交没有拘束力的交易实践，是否可以解释为：订单提交由于没有满足电子错误制度的要求，可以随时被"撤回"？答案是否定的。第一，这种解释的推论必然造成了在订单提交前设置前置程序的订单提交和未在订单

---

① 卢岳."后悔权"在手，"退货"正流行［N］.消费日报，2015-11-20（A01）.

提交前设置前置程序的订单提交的效力区别。前者是可以被网络交易需求方"撤回"的订单，而后者则不能，这种结果明显与网络交易实践不符。第二，在网络交易中，取消已经提交的订单并不需要满足任何条件，也无须征得供给方的同意，仅需自行点击"取消订单"的按键便可完成。在需求方未及时"付款"时，供给方也有权在合理的期限内取消订单。这显然又与电子错误制度需满足双方的获利与受损情况的特定条件才能撤回的规定，相差甚远。

因此，本书认为，如果将订单提交解释为合同的成立，明显与网络交易实践相违背。"同意要约的通知到达要约人时，承诺生效"的传统规则，在匿名的网络交易中，显然不能适用。需求方通过点击行为"拍下"商品或者服务，虽然已经向供给方发出同意缔结合同的意思，但并不能就此达到承诺的法律效果，此时并未对交易双方产生合同成立的拘束力。网络交易中订单提交的步骤，就是网络交易技术和系统控制方予以需求方在合同成立前核对交易信息和提供纠正错误机会的设置。在订单提交后，如果需求方发现错误，可以直接取消订单，直至形成正确的订单。因此，订单提交并非承诺，订单确认只是对合同内容的展示，而订单提交仅是合同成立前双方对合同内容确定的一个步骤，是避免发生错误而在合同订立过程中设置的一个程序。

三、"付款"的承诺定性

（一）以"付款"为法定承诺方式

若以订单提交作为合同成立的标志，那么，即使在匿名一方没有提供履约保障的情况下，也可以要求供给方履行合同，则难免使其陷入无法得到需求方对待给付的风险之中。由此造成的结果便是，订单生成后，合同虽然成立并生效，但供给方在没有得到需求方履约保障的情况下，并不会履行合同。而需求方可能基于各种动机，也不会先行履约。如此，在合同的任何一方主张合同权利时，相对方仅得以同时履行抗辩权予以对抗。然而网络交易的非面对面特性，决定交易双方无法做到"一手交钱一手交货"的同时履行。在网络匿名和远程的环境中进行交易，将巨大的交易风险分配给任何一方，都有失公允。因此，将传统的承诺规则运用于网络交易中，将导致网络交易无法运行。

本书认为，在供给方通过网页标价信息发出要约，即《电子商务法》规定的"电子商务经营者发布的商品或者服务信息符合要约条件"的情况下，应当以客观的标准作为合同成立与否的分水岭。这种客观标准，应当是需求方的"付款"行为。与传统交易中作为履行合同义务的付款不同，在网络交易中，由于网络交易模式的多样化，存在多种付款方式，包括但不限于付款至第三方支付平台、付款至网络交易平台或付款至供给方。因此，本书所指的"付款"，是指广义的"付款"行为，包括向第三方支付平台、网络交易平台、供给方等不同对象付款的行为。

以先行"付款"作为合同成立的标准，剥夺了需求方的同时履行抗辩权，并非如前述学者所言，是为了与需求方享有的"无理由解除权"达成平衡，而是平衡网络交易中需求方匿名和远程的交易环境给供给方所带来的交易风险。对于需求方而言，网络环境已经使其脱离了"法律上可期待的信用"[①]。"中国台湾地区中央主管机关"公告的《零售业等网路交易定型化契约应记载事项及不得记载事项》第5条第2项规定，"消费者已付款者，视为契约成立。""台北地方法院"98年度北消简字第17号民事判决就认为，网络交易中，供给方于交易前无从知悉对方之身份，或仅知悉由字母、数字、电子邮件信箱及不确定是否真实之身份信息资料所组成之账号。供给方为求交易之顺利，避免网络隐匿性所生履约困扰，要求需求方于订购商品时同时提供真实性较高且具有履约保证功能之信用卡资讯，以作为规避风险之方式，尚难

---

① 王泽鉴.债法原理［M］.北京：北京大学出版社，2013：5.

谓不合理。①"台南地方法院"98 年度诉字第 1003 号判决同样认为，必须在合同成立且生效后，交易双方才有互相请求履行合同的权利，一方负有交付标的物和另一方负有交付价金的义务。需求方下单后按照供给方指引将价款汇入经营者银行账户或者以线上刷卡方式付款，处于供给方随时可取得情形下，此结果足以推知双方之间的买卖合同已经成立并进行下一步履行行为。②

以"付款"作为合同成立的标准，符合网络交易实践。供给方通过网页标价信息发出要约，需求方点选商品形成订单提交至供给方时，供给方并没有根据订单内容履行义务，而只有当需求方履行"付款"行为时，供给方才负有着手履行合同的义务。换言之，在网络交易中，只有在需求方作出"付款"行为后，交易双方才实质性地受到合同的拘束。

那么，"付款"行为的性质究竟为何？根据合同法理论，承诺到达即生效，在诺成合同场合，承诺生效即合同成立；在实践合同场合，合同自交付标的物时成立。那么，履行"付款"行为即合同成立，"付款"行为究竟是承诺的表现形式，或者是合同成立的一个条件？我国台湾地区有观点认为买卖合同或者服务合同是诺成合同，并非要物合同，不应当以付款的事实作为买卖合同成立与否的要件。付款也不是履行行为，二者不能相提并论。以信用卡付款的情形为例，如果供给方未向银行请求支付，需求方并未受任何损害；如果是通过汇款方式付款，也可以通过供给方的账户银行通知需求方取回汇款。因此，需求方付款行为并不会导致自身的损失。③本书同样认为，买卖或者服务合同都是诺成、非要物合同，因此，买卖或者服务合同的成立应是基于双方合意。传统买卖或服务合同中，承诺可以通过语言表达，在承诺的意思表示到达对方即可成立合同。但在网络交易中，由于网络交易的虚拟和远

---

① 吴瑾瑜.论网站标价错误之法律效力［J］.月旦法学杂志，2010（187）：39–46.

② 吴瑾瑜.论网站标价错误之法律效力［J］.月旦法学杂志，2010（187）：39–46.

③ 吴瑾瑜.论网站标价错误之法律效力［J］.月旦法学杂志，2010（187）：39–46.

程性，要求隐匿身份的一方提供履约保障才能开启交易，是保障网络交易顺利履行的重要条件。本书虽主张在网络交易中需求方"付款"成功时，合同成立，但"付款"应视为网络交易订立过程中需求方对网页标价信息的承诺，以区别于要物合同中作为合同成立条件的行为。换言之，如果将"付款"作为合同成立的条件，则使得网络交易陷入了要物合同的范畴。为了避免对既有法律体系的破坏，应当将"付款"定性为承诺。

就网络交易只能以"付款"行为进行承诺这一特点而言，与英美法中的单诺合同确有相似之处，但后者是以要约人的约定为条件。另外，由于电子环境的超时空性，电子支付行为并不会产生如单诺合同中受要约人为了履行某行为而费时费力的情况，因而，也就不存在需要保护的信赖利益。如此，将"付款"行为定性为网络交易中的承诺，也能够公平合理地分配与调节交易双方的利益。因此，本书认为，应当将《电子商务法》第 49 条第 1 款修改为："电子商务经营者发布的商品或者服务信息符合要约条件的，用户选择该商品或者服务，提交订单并付款成功时，合同成立。当事人另有约定的，从其约定。"

（二）"付款"的承诺方式归属

在网络交易中，"付款"应当是法定的承诺方式。有疑问的是，这种承诺方式究竟属于《民法典》第 484 条第 1 款中的默示承诺，抑或第 2 款中的意思实现？如前所述，区分默示的承诺与意思实现的标准在于是否必须将承诺的意思表示通知要约人。换言之，"付款"的行为作出是否需要在被要约人知悉后，承诺才能生效，合同才能得以成立。若受要约人的"付款"行为能够直接产生合同成立的效果，则以"付款"行为为承诺的方式，属于意思实现。若合同成立需以"付款"行为为要约人所了解为条件，则以"付款"行为为承诺的方式，属于默示的承诺方式。

本书认为，网络交易中以"付款"作为承诺的方式，应当属于意思实现。网络交易具有智能性，由技术和系统控制方通过代码编写，事先设计好要约内容和交易程序，在需求方执行一定指令，达到了系统设置的条件时，系统给予响应并促使需求方进入缔约的下一步骤，最终完成交易，整个过程完全可以脱离人工的参与。需求方拍下商品并"付款"，系统自动响应，形成"已支付订单"或者"待收货订单"，应当认为此时合同已经成立，而不问供给方是否实际知晓需求方的"付款"行为。由于网络交易中的付款方式及对象呈多样化，"付款"行为的通知如何传达至交易中的各方主体，应当属于技术和系统控制方设计的范畴，需求方仅应当根据系统的指令完成行为，而无将该意思表示另行送达要约人的义务。① 因此，承诺生效应当始于"付款"行为的完成，而非承诺的通知到达供给方处。

按照《民法典》第484条第2款"但书"的规定，意思实现必须是根据交易习惯或者当事人预先声明，才能视为承诺的一种方式。在网络交易中，供给方虽未通过言语明示只要受要约人进行付款行为，便达到了承诺的效果，但网络交易配置了直接完成交易的确定性程序，足以说明供给方已经做好只需需求方付款的行为就接受承诺的心理准备。因此，"付款"的承诺行为在性质上属于意思实现。

---

① 陈吉栋.智能合约的法律构造［J］.东方法学，2019（3）：18-29.

第七章　网络交易中的合同形式

第一节　传统意思表示的载体及其归属

一、意思表示载体的类型

　　法律难以评价纯粹内心的意思，只有内心的意思以一定形式表现出来，能被人们把握和认定时，法律才能准确地给予评价。意思表示的载体，就是指表意人将意思表示表露于外的表现形式。要使意思表示产生一定的法律效果，尤其在以合同为典型形式的双方法律行为中，做出意思表示的主体以及由此所确定的权利义务内容所指向的主体必须被确定。对意思表示载体类型的特别规范，在我国法律体系中，体现在《民法典》第469条第1款关于合同形式的相关规定中：当事人订立合同，可以采用书面形式、口头形式或者其他形式，法律、行政法规规定采用书面形式的，应当采用书面形式。当事人约定采用书面形式的，应当采用书面形式。上述规定表明，合同的内容可以通过书面形式、口头形式和作为兜底性规定的"其他形式"订立。

　　书面形式，从自然属性上定义，是指通过文字记载当事人的意思表示而订立合同的合同形式。根据我国《民法典》第469条第2款的规定，书面形式是指合同书、信件和数据电文（包括电报、电传、传真、电子数据交换和电子邮件）等可以有形地表现所载内容的形式。合同书和信件是传统的自然意义上的书面形式。合同书是指记载当事人合意的合同内容并被签名盖章的文书。[①] 信件形式是指当事人要约和承诺的过程是通过书信往来的方式进行的，在书信往来中双方达成合意并全面体现于书信中。由于书信也是以文字形式记载了合意的内容，即使双方没有特意将合同内容写在合同书上，也属于书面合同。

口头形式是指当事人通过对话的形式，使用语言而不使用文字为意思表示而订立合同的合同形式。除了当事人特别约定或者法律规定采用特定形式的合同，合同的订立都可采用口头形式。只要双方意思达成一致，合同便成立。口头形式的合同简便易行，也是最为常见的一种形式，市场上的现货交易，商店的零售等都属于口头形式。口头形式并不意味着不产生任何文字记载，收据、发票等都是履行合同的凭证，但这类文字材料仅是证明合同存在的证据，并不是合同的载体。

对于《民法典》第 469 条第 1 款规定的"其他形式"，应当如何理解？原《最高人民法院关于适用〈中华人民共和国合同法〉若干问题的解释（二）》第 2 条规定，当事人未以书面形式或口头形式订立合同，但从双方从事的民事行为能够推定双方有订立合同意愿的，人民法院可以认定为《合同法》第 10 条第 1 款中的"其他形式"。因此，一般认为，"其他形式"应该是指一种推定的形式，即从行为上推定双方订立合同的合意。

二、意思表示的归属

法律关系的第一要素是主体，主体是权利义务的承受者，主体不确定，权利义务便是空中楼阁。身份识别是一切法律关系得以实际运作、一切法律责任得以实际落实的重要前提和基础。将主体与意思表示相联系，就是意思

[①] 韩世远.合同法总论［M］.北京：法律出版社，2018：111.

表示归属。

在古罗马法初期，特别强调形式的重要性，当事人实际的内心意思如何并不重要，法律行为的拘束力来源于庄重的仪式，合同对双方的拘束力来源于法定形式，[①] 后来，出于适应交易频繁发生的需要，合同的形式逐渐多样，出现了诸如问答合同、诺成合同。形式在合同中的作用日渐式微，合同形式上也明显表现出从重形式到重意思的变化规律，合约的效力基础发生了变化，从仪式转变为合约双方的合意。此后，合意主义契约观一直处于主宰地位，由此构建以私法自治、合同自由为原则的近现代合同法的体系。在合同形式自由的合同法律制度下，只要能够将意思表示有效地归属于双方当事人，双方达成合意，合同即告成立。

表意人若以口头形式订立合同，其意思表示的归属原则为自然原则：出于谁口，即归属于谁。[②] 以口头形式订立合同，虽然简易便捷，但是在发生纠纷时难以取证，不易分清责任。在发生纠纷时，必须借助证人或者录音录像等证据来证明合同的存在及其内容。以行为方式作出的意思表示也大抵如此。正是因为以口头形式和行为形式订立合同存在被抵赖的可能性，为了实现确定的预期，非即时清结的合同、复杂合同、标的数额较大的合同，都不宜采取这种形式。

书面文件虽然具有可识别和有利于长期保存等优势，但仅仅存在物理意义上予以长期保存的书面文件，并不能证明有关法律事实是否存在。书面文件要发挥合同的作用，必须满足证据法上的基本要求，传统的书面合同可以通过附着于其上的签名或盖章使其所表意内容归属于签名人。因为笔迹具有唯一性，签名人无法抵赖。在规则上，签名或盖章是在书面上表达签名或盖章人身份的文字，只有当事人通过手写签名或者盖章的形式，才能将有关内

---

① 彼得罗·彭梵得.罗马法教科书［M］.黄风，译.北京：中国政法大学出版社，2018：192.
② 黄茂荣.债法通则之一：债之概念与债务契约［M］.厦门：厦门大学出版社，2014：329.

容与特定当事人的身份标识进行勾连，一方面表明特定文件的出处，同时还标明了当事人对该文件内容的承认。因此，我国《民法典》第 490 条规定：当事人采用合同书形式订立合同的，自双方当事人均签名、盖章或者按指印时合同成立。

三、合同形式的功能

现代合同法律理念重意思，并不等于完全否定形式。合同形式不仅具有证据功能，并且能够产生平衡合同双方利益的效果。随着垄断势力的出现，合同类型的增多，纯粹的形式平等、完全的意思自治无法平衡双方的利益，因此，在现代民法中，立法者基于一定的价值取向，强制要求某些合同必须具备一定的形式。德国《民法典》立法理由书较为详细地指出形式强制的理由："遵循某种形式的必要，可给当事人产生某种交易性的气氛，可唤醒其法律意识，促使其三思，并确保作出决定的严肃性。此外，遵守形式可明确行为的法律性质，仿佛硬币上的印纹，将完整的法律意思印在行为上面，并使法律行为的完成确定无疑。最后，遵守形式还可以永久性保全法律行为存在及内容的证据；并且亦可以减少或缩短、简化诉讼程序。"[1] 除了立法理由书中所反映的警示、标识和证据的价值以外，德国学者海因·克茨（Hein kötz）认为，形式的规定具有在合同交涉与合同缔结之间划定界限的目的，有时还具有信息提供的目的，出于保护弱势群体的需要，往往要求经济强势一方就交易的内容，尤其是其中的关键内容，做成书面形式交付给对方，称为"合同书面的做成交付义务"。[2] 尹田教授将形式主义的价值概括为"当事人不受自己的疏忽或者对方的欺骗的损害"，是当事人意志的"保护神"[3]。而拉伦茨

---

① 迪特尔·梅迪库斯.德国民法总论［M］.邵建东，译，北京：法律出版社，2013：461.

② 韩世远.合同法总论［M］.北京：法律出版社，2018：109–110.

③ 尹田.契约自由与社会公正的冲突与平衡［M］//梁慧星.民商法论丛（第 2 卷）.北京：法律出版社，1994：270.

则进一步将合同形式的强制要求的目的延伸至合同当事人以外，认为合同形式的强制有利于档案管理、审批程序的监控以及税金的征收。[①]

合同的形式具有"防止欺诈、警示、提供交易信息等诸多功能"[②]，一定程度上兼顾了交易安全与交易便捷两项价值。各国民法无不要求某些合同必须采取法定的形式。但是，合同法定形式不再是合同拘束力的来源，而仅仅是"法律行为发生效力的一个附加条件"。[③]形式的表现形式也不再是完成特定程式，而是以合意内容的书面呈现即书面形式为法定形式，[④]在传统的纸面交易时代，体现为将合同的内容以文字形式记载于纸张上。

不同的合同形式，具有不同的功能，适用于不同的交易场合。不同的合同形式，由于意思表示的归属原则不同，其订立方式也就不同。口头和行为形式的意思表示归属，适用自然归属原则：出于谁身，即归属于谁。口头形式合同和行为形式合同的订立方式，法律无特定的要求。书面形式的意思表示归属，则适用法定归属原则，即签名、盖章或者按手印。以书面形式订立的合同，法律规定以签名、盖章或者按手印为成立条件。

① 卡尔·拉伦茨.德国民法通论（下册）[M].王晓晔，译.北京：法律出版社，2013：555.

② 王洪.合同形式研究[D].重庆：西南政法大学，2005：26.

③ 卡尔·拉伦茨.德国民法通论（下册）[M].王晓晔，译.北京：法律出版社，2013：555.

④ 我国原有的民法理论认为，书面形式有一般书面形式和特殊书面形式的区分，以公证、登记、批准等形式进行的意思表示，其形式为特殊书面形式。特殊书面形式以外的书面形式是一般的书面形式。参见余延满.合同法原论[M].武汉：武汉大学出版社，1999：158-159.现有学说认为不应当将公证、登记、批准等视为特殊的书面形式，而属于效力评价的范围。我国《合同法》第11条也并未把公证、登记、批准列入合同的书面形式范畴，这一见解也是有立法根据的，殊值赞同。参见崔建远.合同法总论（上卷）[M].北京：中国人民出版社，2011：258.

第二节　网络交易中的合同呈现载体

迄今为止，电子交易存在三种类型。一为 EDI 交易。EDI 技术就是将文件按一个公认的标准从一台计算机传输到另一台计算机上去的电子数据传输方法。由于 EDI 技术的运用在提高效率的同时，也大量地减少了纸张票据的使用，因而被称为"无纸化交易"。它作为企业间商务交流的应用技术，可以视为电子商务的雏形。但是，由于 EDI 的实施需要企业遵循一套国际组织制定的 EDI 商业标准，这些标准在使用时非常复杂，行业内及行业间的标准协调工作举步维艰，加上其依托的增值网络（VAN）费用过高，EDI 在商业领域内的应用进展远远没有人们当初预料的乐观，一般仅被适用于大型企业和行业内部，多数企业很难将其付诸实施。二为电子邮件合同。电子邮件合同是指当事人通过电子邮件进行要约和承诺并记录表现合同文本信息的合同方式。电子邮件合同采用非标准化非格式化的信息处理形式，当事人双方通过邮件的形式谈判，最终达成合意。合意的形式有三种：第一种形式是直接使用邮件正文文本作为合同。第二种形式是采用通过附件发送的 Word、Excel 等电子文档作为合同；但是，由于电子邮件在传输的过程中容易被拦截、修改、复制，安全性能较低，因此，国际贸易上一般都使用数字签名来确保交易安全。第三种形式是先由一方发送 Word、Excel 等电子文档，另一方接收后用打印机打出，然后签字盖章，再使用扫描仪扫描成 PDF 或者图片格式，最后通过电子邮件或者传真的方式回传至发送方。实践中还存在着一种更为简单的方法，即先将签名或者印章扫描成图片格式，然后直接将这些图片粘贴到合同的相关位置，利用转换软件将 Word 或者 Excel 格式的合同转化成

PDF 或者图片格式，最后再通过电子邮件发送。这种方式同样存在易于篡改的问题。三为使用自动信息系统的点击合同形式。点击合同形式最初被用于计算机软件的授权合同，[①] 后由于这种合同形式采用的是自动性、互动性 [②] 的订约方式，正好契合了全球化、多元化的网络交易活动对高效率、低成本的需求。[③] 因此，现阶段的网络交易大部分以点击合同形式订立合同。因此，本章中关于网络交易的合同形式，主要讨论点击合同形式。

点击合同是指合同拟定方通过计算机程序在网页上预先拟定附带点击按钮的合同条款，合同相对方以点击按钮行为表示是否达成意思表示一致的合同形式。点击合同由数据电文和点击行为两种意思表示载体呈现。

一、数据电文形式

（一）数据电文的内涵

无纸化信息的产生对传统规范纸面环境的法律带来了冲击，因此，法律上必须抽象出区别于传统纸质载体的意思表示载体概念，使其得以纳入法律调整的范围内，数据电文的概念因此而生。这就决定了数据电文是一个概括

---

① 点击合同是由拆封合同（Shrinkwrap Contract）转化而来的，拆封合同最初用于计算机软件的销售，最常见的情形是当拿到一份计算机软件时，在包装盒上往往会印刷着："当您打开包装时，表示您已经愿意接受下列授权条件。"之所以会出现拆封合同是由于软件产品易于盗版和滥用，为保护软件所有权人和销售商的利益，将有关限制消费者使用的条款印在了产品的包装上，只要购买人打开包装，就视为拆封合同生效。在交易电子化之后，信息类产品可以直接从网上购买，不再具有传统的包装形式，但也更加易于复制和非法使用。这样，拆封合同也就随之电子化了，当下载、安装或首次应用软件时，一个包含有授权协议条款的窗口会打开供用户阅读，用户被问及点击"我同意"或者"我不同意"。如果用户不同意，程序就会被终止。只有在单击"我同意"按钮或点选相关条款后，购买或安装才得以继续。参见 RICHARD G, KUNKEL J D. Recent Developments in Shrinkwrap, Clickwrap and Browsewrap Licenses in the United States [J]. *Computer Software Law and Legislation United States*, 2002, 9（3）: 871–873.

② 白锐. 电子商务法 [M]. 北京: 清华大学出版社, 2013: 130.

③ 刘颖, 骆文怡. 论点击合同 [J]. 武汉大学学报（社会科学版）, 2003（3）: 278–281.

性的法律拟制的概念。观察国际与各国立法，对数据电文的法律界定几乎都呈开放的态势。联合国国际贸易法委员会在《电子商务示范法》第 2 条将数据电文界定为："指经由电子手段、光学手段或者类似手段生成、储存或传递的信息，这些手段包括但不限于电子数据交换（EDI）、电子邮件、电报或者传真。"《电子签名示范法》对数据电文也作了内涵与外延基本相同的规定。[①]这些规定都就数据的生成手段列举了若干类型后，又使用"类似手段"的表述，不仅涵盖了已经出现的技术手段，也包含了未来可能出现的技术手段。

国外立法虽多使用"电子记录""电子文件"等词语指代，但都在广泛的意义上界定"电子"。同时，又对"电子"进行了定义，指明虽使用"电子"的概念，但其内涵不仅包含狭义"电子"手段，还包括了光学手段、电磁手段等。这些规定的目的都在于抽象出包含以无纸形式生成、储存、传递的各类信息的概念。

在《国际合同使用电子通信公约》中，使用"电子通信"作为"数据电文"的上位概念，"指当事人以数据电文方式发出的任何通信"。与《电子商务示范法》侧重于解决静态问题相比，《联合国国际合同使用电子通信公约》侧重于解决动态问题（合同缔结），使用了"电子通信"的概念。换言之，以通信为目的的"电子通信"的概念比《电子商务示范法》中的"数据电文"的概念所包含的范围要窄，不包括计算机生成的并非用于通信的记录。

我国《民法典》从外延上定义数据电文，有将数据电文仅限于"电报、电传、传真、电子数据交换和电子邮件"的封闭式界定之嫌，与国际社会上开放定义的主流明显背道而驰。而我国《电子签名法》虽单从内涵上将数据电文定义为："是指以电子、光学、磁或者类似手段生成、发送、接收或者储

[①] 《电子签名示范法》第 2 条规定："'数据电文'系指经由电子手段、光学手段或类似手段生成、发送、接收或储存的信息，这些手段包括但不限于电子数据交换（EDI）、电子邮件、电报、用户电报或传真。"

存的信息。"但《电子签名法》所界定的内涵基本与联合国贸易法委员会的规定一致，显示出了一定的弹性和开放性。《电子签名法》对数据电文的界定，一方面贯彻技术中立原则，避免技术歧视；另一方面保持一定的前瞻性，避免出现由于技术更新产生的立法频繁更替的现象，是科学的。

网络交易中的供给方发布的交易信息，是借助计算机或者移动电子设备等信息系统，传输文字、图片、声音、动画、视屏等具有被社会大众借助一般理解能力就可以识别的信息。而这些文本、图像、声音、动画等信息，是按照一定的编码规则，对二进制代码进行数字化处理后生成的，这些信息经由发出端通过具有相当强的抗干扰能力的数字电路，毫不失真地被传输至接收端。

因此，网络交易中的供给方发布的交易信息，是通过技术手段在计算机或者其他通信设备屏幕呈现出来的无纸化信息，属于立法界定的数据电文。

（二）数据电文是一种独立的意思表示载体

数据电文通过技术手段，可以转化为文字形式呈现于电子设备上，这些信息也可以通过纸张印出。也正是由于数据电文能够以文字形式呈现，对电子设备上的信息形式能否等同于书面形式，本身存在着肯定与否定两种不同的意见。

无纸化交易的广泛运用，是社会经济发展的需求。对于法律强制要求或者当事人约定采用书面形式订立合同的合同类型，同样也需要通过无纸化的电子交易来加速其运转。如果否定了数据电文的书面形式效力，也就将这些重要的民商事活动排除于网络进行交易的范畴，这显然不利于电子交易在这些领域的发展。于是，必须对无纸化信息在法律效力的层面上作出明确的规范，才能使得电子交易中的无纸化特性与传统的书面形式能够互相容纳。在这个问题上，关键的着力点就在于解决好数据电文的书面效力问题，为电子通信记录通向书面形式建立系统的法律标准和规范指引。

对于数据电文的书面效力问题，立法例上存在三种解决方案。一是"功能等同法"。"功能等同法"在《电子商务示范法》第6—8条、《联合国国际合同使用电子通信公约》第9条中都有体现。根据《电子商务示范法及其颁布指南》的说明，"功能等同法"运用在数据电文的书面效力上，就是通过抽象出书面形式的基本作用，即"一项电文数据内所含的信息必须是可以随时查找到以备日后查阅"[①]，以其作为最低标准，数据电文一旦能够达到这些标准，就可以认可其拥有与书面文件同样的法律效力。[②]换言之，只要数据电文符合书面形式的基本功能，即被认定符合法律规定的书面形式要求。"功能等同法"的目的是摆脱纸质书面作为单一的载体所产生的僵硬规范的羁绊，扩展数据电文的书面效力，以利于多元化技术的应用，为电子商务创造一个富于弹性的、开放的规范体系。《电子签名法》第4条规定："能够有形地表现所载内容，并可以随时调取查用的数据电文，视为符合法律、法规要求的书面形式。"《民法典》第469条第3款规定："以电子数据交换、电子邮件等方式能够有型地表现所载内容，并可以随时调取查用的数据电文，视为书面形式。"可见，我国《电子签名法》和《民法典》直接借鉴了《电子商务法示范法》的"功能等同法"来规定数据电文的书面效力。二是"法律解释法"。"法律解释法"是指在法律中将"书面"做扩大解释，将数据电文纳入书面范畴。这种方法在立法中也是较为常见的。如，《联合国国际货物销售合同公约》第13条把"书面"形式的定义直接扩及电报与电传。[③]联合国国际贸易委员会的《国际商事仲裁示范法》第7条则把"书面"的概念进一步扩展到

---

① 《电子商务示范法》第6条（1）。

② 《电子商务示范法及其颁布指南》第18段。

③ 《联合国国际货物销售合同公约》第13条规定："为本公约的目的，'书面'包括电报和电传。"

了包括电话、电传或提供仲裁协议记录的其他电信手段。① 原《合同法》第 11 条就是采用对书面形式做扩大解释的方式，将数据电文纳入书面形式的范畴。三是 "合同解决法"。合同解决法以两种方式来解决数据电文的书面效力：一种是定义法。当事人协议约定数据电文就是书面文件。② 另一种是弃权法。由当事人在协议中作出声明，放弃对数据电文的有效性和强制执行力提出异议的权利。③ "合同解决法" 是在立法未解决电子合同的法律效力、可执行性的背景下，当事人不得已而为之的权宜之计。这种方法虽然简单易行，但是此约定的法律效力是受到质疑的。④ 在大多数国家和地区已经普遍通过立法肯定电子合同的法律效力的背景下，此种方法已经鲜有用及。

虽然电子通信技术能够使电子合同呈现于屏幕上，或者通过打印文件的形式有形地表现所载的内容，但是这种形式的合同已非数据电文本身，而是经过了转化的合同形式。从物理性质上分析，在电子设备上所呈现的合同是经电子手段、电磁手段、光学手段或者类似手段生成的信息，⑤ 是经由二进制代码编写而生成展现于电子设备屏幕，它本质上是无形的，与传统意义上的书面形式不可同日而语。⑥ 正如《电子商务示范法及其颁布指南》所提及，数据电文和书面单证之间的重要区别之一是后者可以用肉眼阅读，而前者除非

---

① 《国际商事仲裁示范法》第 7 条第 2 款规定："仲裁协议应是书面的。协议如载于当事各方签字的文件中，或载于往来的书信、电传、电报或提供协议记录的其他电讯手段中，或在申诉书和答辩书的交换中当事一方声称有协议而当事他方不否认，即为书面协议。"

② 如《国际海事委员会电子提单规则》第 10 条规定，电子商务交易所载信息，包括货物清单、收货时间和地点及运输条件的规定，"应视同这些信息被载入书面提单具有同样的效力与效果"。参见孟于群 . 国际货物运输法规选编［M］. 北京：中国商务出版社，2006：22.

③ 如欧洲共同体在 1989 年的《贸易电子数据交换系统协议》（草案）第 10 条第 1 款中规定："各方当事人明确表示，他们以 EDI 进行交易时，将放弃以缺乏书面形式为由主张该项交易无效的任何权利。" 参见李适时 . 各国电子商务法［M］. 北京：中国法制出版社，2003：83.

④ 此种约定与放弃诉权的约定有相似之处，通说认为这种约定无法律效力。

⑤ 刘万啸 . 电子合同效力比较研究［M］. 北京：知识产权出版社，2010：9.

⑥ 王利明 . 电子商务法研究［M］. 北京：中国法制出版社，2003：81-82.

使其变为书面文字或者显示在屏幕上，否则是不可识读的。[①]

仅因为数据电文能够通过技术手段转化为可以被识读的文字，而将数据电文与传统纸质书面形式等同规范，是不科学的。虽然目前立法以书面形式规则来规范数据电文，但这种立法规则只是为了扫清网络交易的书面形式效力障碍而作出的一种变通规定。因此，在既有的书面、口头、行为三种意思表示形式中，数据电文并不能归属于其中某一类型。从应然意义上，数据电文是一种新的意思表示载体。

因此，在《合同法》之后制定的《电子签名法》，一改《合同法》的"法律解释法"，而采用了"功能等同法"来解决数据电文的书面效力问题，意在表明，以数据电文呈现的意思表示并非属于书面形式的意思表示，而是在数据电文满足了"可以随时调取查用"的功能，并且法律规定和当事人约定必须使用书面合同这两个条件下，才被视为书面形式，而在其他任何情况下，都不应当将其等同于书面形式。

二、点击行为形式

交易信息的公开和广泛共有是网络交易的核心特征，供给方所发布的交易信息，是通过数据电文形式在互联网上向不特定的多数人发布的。只有对该等交易信息作出反应的潜在交易相对人，与供给方才有可能达成交易。供给方在向公众发布交易标的和交易条件的页面上设置点击按钮，潜在交易相对人通过一步一步点击相关的条件来推进交易过程，潜在交易相对人的每一步点击，交易信息提供方都会设置相应的回应页面，促使相对方继续点击以完成交易。这种合同订立形式即为"点击合同形式"。

网络交易是平台化交易，在网络交易法律关系中，主要存在着网络交易平台服务提供者与用户（包括利用网络交易平台进行交易的供给方和需求方）

---

① 《电子商务示范法及其颁布指南》，第15段。

之间的服务合同、交易双方的买卖合同或者服务合同两种合同关系，这两种合同形式均为点击合同。

网络交易平台提供者与用户之间服务合同的订立，是由网络交易平台提供者将事先拟定的网络交易平台服务协议展示于网页上，并且在网页上设置了"同意"或"不同意"的点击按钮，规定用户以点击行为来做出"同意"或者"不同意"协议内容的意思表示，原则上用户必须点击"同意"协议，才能注册账号，进而进入平台开展交易。

网络交易双方的买卖或服务合同，则需要交易双方登陆已经在网络交易平台上注册的账号，以账号的名义开展交易，供给方将交易标的的信息在带有点击按钮的网页上发布，由需求方在网页上点击按钮选取商品或服务后形成交易订单，最后通过付款行为形成交易。

（一）点击行为作为意思表示载体的法律评价

书面和口头形式呈现的意思表示，是以语言、文字直接表达效果意思，是为明示意思表示。而与之相对地，某种行为或者某种语言表达，虽然不能直接表达特定的法律行为的意思，但可以间接地从直接的表述出来的内容或者从事的行为中，推知行为人要表达的法律行为的意思，是为默示意思表示，在德国法上称为"可推断的行为"发出的意思表示。依德国通说，除以口头或书面直接表达者外，其他基于交往惯例、法定或约定的肢体等形式，均为"可推断的行为"的意思表示。[①]诸如日常交往中的"摇头不算点头算"、向出租车挥手示意等。在认定通过"可推断的行为"的意思表示时，应当十分谨慎。拉伦茨认为："从事可推断行为的人没有意识到其行为隐含着某种法律行为，而且其行为之具有这一意义也不可归责于表意人，那么我们就不得将他

---

① 卡尔·拉伦茨.德国民法通论（下册）[M].王晓晔，译.北京：法律出版社，2013：486–487.

的行为解释成（间接的）意思表示。"[①] 因此，默示意思表示必须符合法定、约定或者交易习惯，才能产生法律效果。[②]

依据这一标准，点击行为就并不当然地具有推定某一意思表示的效力，尽管点击合同已经成为网络交易最主要的合同形式。

第一，以点击行为表征某一意思表示，并不属于约定的默示意思表示。点击合同形式是由一方使用数据电文形式将合同条款呈现于电子设备屏幕中，由另一方通过点击行为的方式进行意思表示。这种点击行为，是由合同的制定方为相对方事先设定的，在为一定的点击行为时即表征某一意思表示的一种意思表示方式。

这种设置看似符合当事人约定的默示意思表示，其实不然。在点击合同设置前，当事人双方并未就点击行为的法律效力形成合意，充其量是合同的拟订方单方在点击合同本身中对点击行为的法律效力进行说明。在这种设置下，同意点击行为的法律效力的意思本身也是通过点击行为的方式进行表示的，而该点击行为所表征的意思表示的效力又来源于何处？换言之，规定"如若同意点击行为表征某一意思表示，则点击某一按钮"的条款本身并不能产生合意的法律效力。因为该条款合意的方式为本身就是未经合意的点击行为方式。其道理如同商家在店堂告示说明，如若顾客同意购买某物，则与商家握手。由于以握手行为表示同意购买的告示必须事先经由顾客同意，握手的行为才能产生表示同意购买的法律效力。而为了满足此要求，商家又在店堂告示中说明，以对商家的拍肩行为，表示同意以握手为愿意购买某物的意思表示。而由于要达到商家对拍肩行为意定的法律效果，仍应以双方同意为条件。如此反复循环，除非双方就某一特定行为与特定法律效果相联系的合同条款，事先达成了口头或者书面合意，才能使这种约定具有法律效力，进

---

① 卡尔·拉伦茨. 德国民法通论（下册）[M]. 王晓晔，译. 北京：法律出版社，2013：360-361.
② 李锡鹤. 民法原理论稿 [M]. 北京：法律出版社，2012：776.

而才能使这种方式产生被推定为某一特定意思表示的法律效果。

第二，以点击行为表征某一意思表示，也并不属于交易习惯的默示意思表示的范畴。《中国大百科全书·法学卷》中对习惯的定义是："社会生活中长期实践而形成的为人类共同信守的规则"。[①]美国学者埃德加·博登海默（Edgar Bodenheimer）认为，习惯是一种不同阶层或者个别族群在社会生活中所应当一般遵守的规范模式。[②]交易习惯是习惯的下位概念，是指"某种存在于交易中的行为习惯或者语言习俗"。[③]各群体所处的环境不同，就有不同的习惯。一定习俗的形成都存在其特定的社会环境和历史渊源。历代相传的社会习惯及人们在社会上的举止行动，常常是世代相传和互相模仿的，社会舆论方面的压力与社会道德及求同存异的社会心理是这种仿效行为得以进行的外在和内在的原因。习惯形成后，便对社会中的人有着一股潜在的约束力。因此，（交易）习惯具备两大特征：一是，习惯具有长期性。习惯是人们在日常生活中反复实践形成的行为规则，自然生成，相沿成习。二是，习惯具有稳定性。长期的历史中形成的规则，为历代民众所肯定认可的惯常做法，[④]难以经由外来力量而被打破，这种行为规则具有稳定性。以点击行为表征特定意思表示，与习惯有着本质性的区别：一方面，点击合同的出现至今不过三十年，最初仅运用于软件销售与安装中，而适用于交易也就近二十年的时间。因此，以点击行为表征特定意思表示实践的存续时间，与习惯形成的时间相比，还存在一定的差距。另一方面，点击行为形式是合同拟定方为相对方的意思表示方式的标准化设置，它代表的仅仅是合同拟定方单方面的意志，相对方并无选择其他方式的可能。而交易习惯是人们在交易过程中形成的共

---

① 胡乔木，华罗庚.中国大百科全书·法学卷［M］.北京：中国大百科全书出版社，1989：87.

② 博登海默.法理学：法律哲学与法律方法［M］.邓正来，译.北京：中国政法大学出版社，2004：383.

③ 卡尔·拉伦茨.德国民法通论［M］.王晓晔，译.北京：法律出版社，2013：467.

④ 王泽鉴.民法总则［M］.北京：北京大学出版社，2009：63.

同规则，它代表的是共同的意志。

（二）点击行为的法律化

以点击行为推定某一特定的意思表示，脱离了既有有效的默示意思表示的范畴，它既不属于法定的默示意思表示，也不属于当事人约定的默示意思表示或者基于交易习惯的默示意思表示。然而，点击合同的效力，在网络交易实践中一直被有效地承认。世界上第一个确认点击合同效力的判例是 1998 年美国加利福尼亚地区法院审理的 Hotmail Corp. v. Van$ Money Pie Inc. 案。该案中，原告为用户提供免费邮箱服务，但要求用户通过点击行为在线同意某些条件，其中条件之一就是不能利用账号发送垃圾邮件。而被告在不久后利用原告的免费邮箱 E-mail 服务系统在网上发送垃圾邮件广告。原告向法院诉称被告的行为违反了点击合同中的条款。法院认同了点击合同的法律效力并对被告颁发了禁令。同时，法院也强调指出，在任何交易达成前，合同拟定方需要将合同的条款和条件置于其网址的显著位置上以便相对方知悉。在与该案几乎同时判决的 Groff v. American Online 案中，罗德岛州高等法院指出，原告双击"我同意"键钮的行为表明其已有效地"签署"和同意按键协议。[1]

尽管在现阶段，点击合同成了网络交易最主要的合同形式，但点击行为本身并不天然地具有法律效力。以点击行为推定特定的意思表示，游离于既有法律规定的框架之外，如果法律不特殊地赋予其法律效力，则"点击"行为的法律效力可以不被承认，网络交易所依赖的点击合同的法律效力将受到质疑。

点击合同是电子化的格式合同。而格式合同具有附和性，合同条款的提供方处于优势地位，这种优势地位往往促使一方通过事先拟定的合同条款保证其利益的最大化，而合同的另一方要么全部接受，要么全部拒绝合同条款。

---

① 刘满达. 电子格式合同效力的实证论析 [J]. 南京经济学院学报，2003（1）：79-85.

现实往往迫使相对人只能附和于合同制定方的意志。因此，格式合同从其产生开始，正当性一直就受到质疑。但是，格式合同的产生具有其经济上的必然性，体现了专业分工严明的科学性和复杂性。[①] 它降低了交易成本，促进订约的效率化。它可以增进交易安全，预先设定商业风险和司法风险。[②] 在美国学者杰德·拉考夫（Jed Rakoff）看来，格式合同设立的目的还在于"适应构成科层制度内部分割的企业结构的要求"。[③] 因此，各国立法一般都在承认格式合同效力的基础上，对其制定不同程度的规制。

在全球经济步入信息化时代以后，网络交易成为 21 世纪的主要经济贸易模式，[④] 在网络化的交易环境中，意思表示的呈现载体完全不同于传统交易，点击合同自动性、互动性[⑤] 的订约方式，正好契合了全球化、多元化的网络交易活动提出高效率、低成本的需求。[⑥] 合同法应当发挥组织经济功能，承认以点击行为推定某一意思表示的法律效力，从而肯定点击合同的效力。立法应当明确，在网络交易中，双方可以使用点击合同形式订立合同，合同拟定方设置了点击按钮，相对方以点击按钮行为回应，发生合同拟定方设置的点击按钮所提示的某一意思表示效果，相对方不得以点击行为所推定的意思表示未经双方同意而否认其法律效力。

---

① 王利明.合同法研究［M］.北京：中国人民大学出版社，2012：385.

② 苏号朋.格式合同条款研究［M］.北京：中国人民大学出版社，2004：78.

③ 拉考夫认为，从契约的组织结构观点来看，格式条款能够在以下几个方面促进效率：第一，使企业部门之间的调整变得容易，即可以节约贩卖、投送、集资、投诉处理等诸部门间的信息沟通成本，强化交易的进行；第二，可将有关风险等的组织决定贯彻到最基层的人，节约逐个说明的成本；第三，最基层的销售人员自动抑制由于贩卖扩张的压力所导致的组织所不希望的交易，节约内部的控制成本；第四，有利于组织内部权力结构的固定化，如果承认最基层人员对契约内容的裁量，统制就会变得困难。参见内田贵.契约的再生［M］.胡宝海，译.北京：中国法制出版社，2005：33-34.

④ 刘宏.基于价值链的电子商务盈利模式研究［M］.沈阳：东北财经大学出版社，2016：3.

⑤ 白锐.电子商务法［M］.北京：清华大学出版社，2013：130.

⑥ 刘颖，骆文怡.论点击合同［J］.武汉大学学报（社会科学版），2003（3）：278-281.

三、网络交易中意思表示的归属方法

（一）数据电文的既有归属方法

1.《民法典》"签订确认书"规范

由于传统纸面文件上的签名与盖章无法适应于电子环境，使用数据电文作为意思表示载体，就面临着如何将意思表示归属于表意人的问题。《民法典》第 491 条对使用数据电文订立合同的成立形式要件作出了特殊规定：当事人采用数据电文等形式订立合同的，可以在合同成立之前要求签订确认书，签订确认书时合同成立。该规定表明，数据电文形式意思表示的归属方法，仍然应通过纸质确认书和传统签名或盖章来实现。这种迂回地通过签订纸质确认书来明确数据电文意思表示归属的方法，在数据电文产生的早期是奏效的。因为在数据电文运用的初期，交易双方是在封闭的电子数据交换系统中进行交流，交易过程中必然需要明确彼此身份。交易双方通过签订纸质确认书明确数据电文形式意思表示的归属，虽在一定程度上增加了交易成本，但在实际操作中并无障碍。① 而随着开放的网络交易环境的形成，通过双方事先见面或者邮递书面确认书的方式，显然不能满足日益快速便捷的网络交易需求。在现代网络交易结构中，参与交易的当事人双方可能自始至终都不会见面，甚至不知道与其交易的一方为何人，签订纸质确认书的方法显然无法延伸至开放的网络交易环境中。因此，适应于电子环境的电子签名应运而生，签字盖章就有了新的概念和含义。

2.《电子签名法》"可靠电子签名"规范

《电子签名示范法》第 2 条将电子签名界定为："电子签名是以电子形式

---

① 按照我国外贸企业的习惯，订立合同的中方企业和外方以函电方式达成协议后，中方往往再拟出一式两份的销售确认书，邮寄给对方交换签字后，才作为合同正式成立的依据。参见胡康生 . 中国人民共和国合同法释义［M］. 北京：法律出版社，1999：65.

表现的数据，该数据在一段数据信息之中或附着于或与一段数据信息有逻辑上的联系，该数据可以用来确定签名人与数据信息的联系并且可以表明签名人对数据信息的同意。"我国《电子签名法》第 2 条第 1 款中规定，电子签名是指数据电文中以电子形式所含、所附用于识别签名人身份并表明签名人认可其中内容的数据。在电子签名概念的内涵上，我国与《电子签名示范法》保持了一致。[1] 根据此规定，凡是具有识别签名人身份和表明签名人认可签名数据功能的技术手段，都是电子签名。由于电子签名是科技的产物，具体形式呈现多样化和开放化的特征。从现有的运用看，电子签名既包括了日常向收件人发出证实发送人身份的密码、普通的个人口令，也包括了数字签名，以及生物特征辨别法等高级的电子签名方式。

由于各种电子签名方式的可靠和安全性能存在差异，各国和地区对电子签名的效力规范，采用了三种不同的模式：一为技术特定模式。技术特定模式是指基于安全性考虑，只承认满足了特定技术条件下的安全性能较高的电子签名为有效的签名手段，赋予这种电子签名与传统签字盖章同样的法律效力。例如，美国《犹他州数字签名法》[2] 就只确定数字签名为有效的电子签名形式。我国香港的《电子交易条例》[3] 也以保障交易安全性为目标，只承认非对称密钥加密产生的数字签名为有效的电子签名方式。二是双轨模式。这种模式是指法律对一般的电子签名和安全的电子签名分别赋予不同的法律效力。一般的电子签名满足法律最低的要求即可以获得某种最低的法律地位，而满

---

[1] 在外延上，《电子签名示范法》界定的电子签名包括了"所含""所附""逻辑相连"三种形态的电子签名。而我国的《电子签名法》界定的电子签名仅包含"所含""所附"两种形态的电子签名。参见于海防.我国电子签名框架性效力规则的不足与完善 [J].法学，2016（1）：26-37.

[2] 该法第 401 条规定："经数字化签署的文件就如同是写在纸面上一样有效。"参见约纳森·罗森诺.网络法：关于因特网的法律 [M].张皋彤，译.北京：中国政法大学出版社，2003：339.

[3] 该法第 6 条第 1 款规定："如任何法律规则规定须由任何人作签署，或规定文件未被任何人签署则会有些后果，则该人的数码签署即属于符合该规定。"参见安德鲁·斯帕罗.电子商务法律 [M].陈耀权，林文平，译.北京：中国城市出版社，2001：185.

足法律更高安全性要求的安全的电子签名，则可以获得更高的法律效力。安全的电子签名必须是经过法定机构法定程序的评估，达到评估机构所认定的安全标准后，电子签名才能被赋予与书面合同签字盖章同等的法律效力。这样的立法模式既可以保障交易的安全，又可以贯彻技术中立和不歧视原则，使得各种电子签名技术都得以运用，以鼓励发展价格低廉而安全性能高的电子签名技术。欧盟[①]、新加坡[②]都采用了这种立法模式。三是技术中立模式。该模式是指法律原则上承认各种形态的电子签名的合法性，不对电子签名所采用的技术作出任何规定，但电子签名必须具有鉴定签名人身份和表明签名人对所签署信息的意向的最低功能。《联合国国际合同使用电子通信公约》[③]和《电子签名示范法》，[④]即采用这种立法模式。

我国《电子签名法》第13条第1款规定："电子签名同时符合下列条件的，视为可靠的电子签名：电子签名制作数据用于电子签名时，属于电子签名人专有；签署时电子签名制作数据仅由电子签名人控制；签署后对电子签名的任何改动能够被发现；签署后对数据电文内容和形式的任何改动能够被发现。"第2款规定："当事人也可以选择使用符合其约定的可靠条件的电子签名。"第14条规定："可靠的电子签名与手写签名或者盖章具有同等的法律效力。"可见，我国《电子签名法》将电子签名分为"一般电子签名"和"可靠电子签名"，规定只有可靠的电子签名才具有书面签名同等的效力，对于一般电子签名，则需要通过当事人约定赋予其效力。因而，我国采用的是双轨制

---

① 欧盟《电子签字指令》第2条第1项。欧盟《电子签字指令》现已为欧盟《电子身份识别和信任服务条例》代替。

② 新加坡《电子交易法》第2条。参见中央网络安全和信息化领导小组办公室，国家互联网信息办公室政策法规局.外国网络法选编（第四辑）[M].北京：中国法制出版社，2016：336.

③ 《联合国国际合同使用电子通信公约》第9条第3项。

④ 《电子签名示范法》第7条。

立法模式。^①

从以上规范可以看出,《电子签名法》所规范的"可靠的电子签名",存在法定和意定两种形式。

第一,法定形式。依据《电子签名法》第 13 条第 1 款的规定,电子签名必须能够发挥传统签字盖章的唯一性,能够将合同的内容与特定当事人的身份标识进行勾连,表明特定文件的出处,同时还表明当事人对该文本内容的承认,具有使签名人无法抵赖的功能。

根据《电子签名法》的立法释义,"可靠的电子签名"的标准应当理解为:"以目前国际上比较公认的成熟技术为基础,推荐一定的安全条件和标准,作为可靠的电子签名的标准。"[②] 数字签名是世界上应用最为广泛的技术,[③] 也是国际上公认的较为成熟的技术,数字签名是指以非对称加密方法进行的电子签名。[④] 非对称密码是指利用两个不同的,但在数学上有某种联系的密钥。一个密钥是公开的,可以公开发布,不需要保密。而另一个密钥是私钥,是必须保密不能公开的密钥。私钥用来资料加密,然后用公钥密码来解密。[⑤] 数字签名的基本流程是:在发送文件时,发送人必须先把所有需要签署的文件内容通过杂凑函数[⑥]的运算,转换信息摘要,再对这个资料利用私人密钥做加密运算,所得就是原始资料的数字签名。然后,把该数字签名和文件

---

① 也有观点认为,我国的立法模式为严格的技术中立立法模式。参见陈奎,刘宇晖.网络法十六讲［M］.北京:对外经济贸易大学出版社,2014:192.

② 安建,张穹,杨学山.中华人民共和国电子签名法释义［M］.北京:法律出版社,2005:28.

③ 阿拉木斯.关于电子签名法实施中的五个主要问题［J］.电子商务,2006(1):44-47.

④ 齐爱民.电子商务法原论［M］.武汉:武汉大学出版社,2010:119.

⑤ 李双元,王海浪.电子商务法若干问题研究［M］.武汉:武汉大学出版社,2016:34.

⑥ 杂凑函数(HASH)算法,也称为单向函数算法,用哈希函数(Hash Function)变换后得到的哈希值,通常成为"信息摘要"。哈希函数的意义在于,可以将任何长度的信息转换为一个短且固定长度的信息,一般称此输出信息为哈希值。而哈希函数具有不可逆的单向特征,也就是信息摘要无法还原成先前的信息。参见齐爱民.电子商务法原论［M］.武汉:武汉大学出版社,2010:121.

的原件发给收件方。收件方在收到这些资料后，先对原文采用相同的杂凑函数重新进行运算，得到一个信息摘要。同时，验证方把所收到的数字签名用发件方公布的公开密钥作解密运算，得到发件方送出的原信息摘要。验证方把两份资料摘要加以对比，如果相同就可以确认文件确实是由该公开密钥所对应的私人密钥所签署，那么，也就表示所收到的资料确实是发件方所签署、发送的文件。[①] 这样，数字签名便明显地拥有两个功能：一是能确定消息确实是由发送方签名并发送出来的；二是能确定消息的完整性。[②] 因为特定的数字签名代表了文件的特征，文件如果发生改变，信息摘要的值也将发生变化，不同的文件将得到不同的信息摘要。

由于数字签名安全性高，被认为是迄今为止发展的最为成熟和完善的一类电子签名。这也是许多国家和地区只承认数字签名的法律效力或者仅赋予数字签名较高的法律效力的原因。

除了数字签名以外，其他电子签名能否达到安全标准是技术性问题，而安全性也具有相对性，有些签名在目前是可靠的，但是在将来很可能会变得不可靠。[③] 因此，对于认定何为可靠的电子签名，存在一定的技术性判断问题，这也是我国的司法实践中司法人员很少适用《电子签名法》的重要原因。[④] 也正因为可靠电子签名的认定需要专业的技术知识，在解释上只能以国际上通用的安全做法或经过安全认证机构认证的电子签名为标准。

第二，意定形式。基于意思自治、风险自担、责任自负的价值立场，《电子签名法》第 13 条第 2 款规定，当事人也可以选择使用符合其约定的可靠条件的电子签名。当事人使用约定的电子签名，其安全程度即使未达到法定的

---

① 李双元，王海浪.电子商务法若干问题研究［M］.武汉：武汉大学出版社，2016：35.

② 王协瑞.电子信息技术［M］.济南：山东科学技术出版社，2013：223.

③ 谢泽君.《电子签名法》：连接网络空间与传统空间的法律［J］.中国信息安全，2016（4）：101-103.

④ 李璐欧.电子签名法刷个存在感咋这么难［N］.法制日报，2016-01-13（11）.

可靠电子签名的标准，但当事人愿意为使用自身所选定的非安全电子签名承担风险，应当尊重当事人的意愿，肯定其约定的电子签名的效力。因此，按照《电子签名法》的规定，当事人约定使用的电子签名，与法律规定的可靠电子签名效力一致，具有签名盖章同等法律效力。

（二）点击行为的应然归属方法

1. 建立身份识别机制

行为形式的意思表示归属规则与口头形式一致，适用自然规则，行为出自谁，自然归属于谁。但是，网络交易的缺场特征，无法通过行为人的外在特征确定实施点击行为人的身份。这些缔约情境使得身份识别机制成为网络交易中的必要配置。随着网络交易间接实名制的实施，网络交易中简单且廉价的账号密码登录机制，在一定程度上实现了身份的识别功能。

关系合同理论认为，应当赋予合同实践以法律上的地位，借此解决规范和现实的适应性问题。而在法律技术上，关系合同理论也非常赞同商业标准的使用，根据商业标准，当事人可以在事后确定合同内容。因为关系合同理论中的合同，不再是经济理性人在作出了充分计划后而形成的一锤子买卖，而是具有不完全性特征的合同，由于当事人的有限理性以及信息不对称等缔约环境因素影响，当事人在合同缔结时很难周全考虑所有执行过程中遇到的情形，而这些实践和商业标准恰恰可以成为填补漏洞的根据。

从网络交易的设置流程看，网络用户与网络交易平台提供者之间服务协议的订立，用户意思表示的归属经过了自行密码设置和短信动态密码两个验证要素，安全性能已经相对较高。"两步密码保护"作为独立于电子签名和生物认证识别的一种安全的识别和认证机制，已经得到了大多数国家的承认。随着身份识别技术的发展，将数字签名作为唯一合法的认证手段，不仅没有必要，也无法满足网络交易实践发展的需要。

在网络交易日渐普及的背景下，国际组织和电子商务发达国家，纷纷着手身份识别的法制建设。欧盟于2014年颁布了《电子身份管理和信任服务条例》（910/2014号条例），该条例将经过修改扩充后的欧盟《电子签名指令》和《1999/93/EC号指令》内容并入其中。其中，对于电子身份系统，根据其可信度，划分为低等、实质性以及高等三级。2015年，美国弗吉尼亚州设立身份管理标准建议委员会，由该委员会来负责推荐各类可信度不同的身份管理技术标准，规定了只要使用"符合弗吉尼亚联邦、合同陈述和联邦规则所定标准的身份证书或身份属性即为满足《统一电子交易法》和《统一计算机信息交易法》所述关于商业上合理的安全或归属程序的任何要求"。联合国国际贸易法委员会第四工作小组也于2017年着手研究制定身份管理与信任服务的规则。

正如传统社会中口头形式或者行为形式的意思表示，通过意思表示者的体征、身份证确定该意思表示的归属，点击行为形式的意思表示，通过身份识别机制，也能够为该意思表示找到归属主体。在双方当事人达成合意时，合同即告成立。身份识别机制是网络交易开启的前提，我国立法应当借鉴联合国国际贸易法委员会《电子签名示范法》对一般电子签名的效力的规定，[①]明确如"双因素"[②]的认证方式等符合一定安全标准的身份识别机制具有意思表示归属的推定效力，设立缺省性规则，规定在没有其他证据可以推翻该身份识别机制所确认的身份的准确性时，就应当承认这些身份以及由此作出的意思表示的效力，不得因为这些机制未达到《电子签名法》的可靠性要求而否定其在法律上的效力。

---

① 《电子签名示范法》第6条第4款规定："第3款（可靠电子签名的规定）并不限制任何人在下列任何方面的能力：（a）为满足第1款所述要求的目的，以任何其他方式确立某一电子签名的可靠性；（b）举出某一电子签名不可靠的证据。"
② "双因素"是密码学的一个概念。其中，第一个要素为所知道的内容：需要使用者记忆的内容，例如密码和账号。第二个要素为所拥有的物品：使用者拥有的特殊认证加强机制，例如动态密码卡、磁卡等。参见结城浩.图解密码技术［M］.周自恒，译.北京：人民邮电出版社，2016：11.

2.适用非安全身份识别机制的法律后果

《电子签名法》规定了当事人可以选择使用符合其约定的可靠条件的电子签名。这一规则是当事人意思自治在电子合同领域的体现。网络交易中，往往是采用私人自设或者私人掌握的密码等电子签名形式进行身份验证。而合同拟定方往往倾向于使用简单的电子签名形式作为相对方的身份识别机制，一方面，身份识别机制的安全程度越高，所需要的交易成本越高；另一方面，身份识别机制的形式越简单，交易就越快速便捷。在网络交易大规模兴起的初期，我国就曾出现不需要输入任何密码，只需点击"确认"便可完成交易的程序设置。尽管前文提倡适用相对简易的身份识别机制，目的在于避免网络交易适用安全程度过高的可靠电子签名，从而阻碍网络交易的发展，但这种矫枉，绝不能过正。

如前文阐述，不同的意思表示载体，对应着不同的归属方法，在合同法领域，则体现为不同的合同形式，对应不同的订立方式。特定的合同形式存在防止欺诈、警示、提供交易信息等诸多功能，合同形式的适用应当兼顾交易安全与交易便捷两项价值。使用点击合同这一便捷的合同订立方式，本身就使相对方降低对交易的警惕和慎重，因此安全的身份识别机制的设置，就如同书面合同中签名盖章，发挥提示唤醒相对方法律意识的作用，确保作出决定严肃性的功能。

另外，对用户适用安全程度较低的身份识别方法，将增大用户被盗名交易的风险。实践中，只要在某一计算机或者电子设备上登录了交易账号，没有特意地进行退出操作，则该账号一直持续登录于该设备。在这种情况下，如果未设置安全的身份识别机制作为交易的必经程序，则任何使用该设备的人都可能以该账号完成交易。将这样的小心翼翼地保护自身账号的谨慎义务，以及由此所带来的他人冒名交易的风险全然地转嫁于用户，显然并不公平。

依据关系合同理论，合同的义务与其说是当事人在缔约时的意思，不如说是合同关系中当事人之间已经形成的"关系"本身导致了当事人合同义务的产生。内田贵认为："进入一定契约关系的当事人在能够容易地避免对方损害的发生和扩大时，为此负有作为义务。"[①] 他主张通过诚信原则的适用而将麦克尼尔的内在规范实定法化。在网络交易中，合同拟定方应当具有保障合同相对方交易安全的义务，避免相对方因为使用点击合同形式进行交易而遭受损害。

在电子支付领域，如支付宝、微信支付等常用的第三方支付平台，往往是使用简单的自设（通常只能设置六位数字）密码输入便可完成支付。有鉴于此，中国人民银行发布的《非银行支付机构网络支付业务管理办法》对其进行规制，于该办法第 24 条规定："支付机构应根据交易验证方式的安全级别，按照下列要求对个人客户使用支付账户余额付款的交易进行限额管理：支付机构采用包括数字证书或电子签名在内的两类（含）以上有效要素进行验证的交易，单日累计限额由支付机构与客户通过协议自主约定；支付机构采用不包括数字证书、电子签名在内的两类（含）以上有效要素进行验证的交易，单个客户所有支付账户单日累计金额应不超过 5 000 元（不包括支付账户向客户本人同名银行账户转账）；支付机构采用不足两类有效要素进行验证的交易，单个客户所有支付账户单日累计金额应不超过 1 000 元（不包括支付账户向客户本人同名银行账户转账），且支付机构应当承诺无条件全额承担此类交易的风险损失赔付责任。"

这一规定是将交易金额与验证方式的安全程度相联系的体现，很好地诠释了交易的效率与安全的平衡技术。作为点击合同的拟定方，也应当保证交易的应有安全。点击合同拟定方基于其技术控制者地位，应当保障点击行为的意思表示来自账号的实际注册者。在责任的认定上，则应当借鉴上述《非银行支付机构网络支付业务管理办法》的规定，由于合同拟定方约定适用简

---

① 内田贵. 契约的再生 [M]. 胡宝海，译. 北京：中国法制出版社，2005：120.

单的身份识别机制，致使用户作出了错误的意思表示，或者用户账号被盗用，进而导致点击行为做出的意思表示归属错误，则作为技术控制者的合同拟定方应当为此类交易风险带来的损失承担赔付责任。

第三节　点击合同文本形式的法律规制

关系合同理论认为，只有双方权力基本持平时，合同关系才能得以维系，合同团结也才能在内部形成。对由一方基于优势地位而制定的格式合同进行规制，已经成为合同法的重要课题之一，也是当今合同法发展的重要趋势。[①]这就表明，现代合同法的发展已经将构成合同关系的社会背景反映到对合同的判断之中，通过对合同优势一方的权力进行限制而达到双方权力基本平衡。

点击合同是电子化的格式合同，不仅具有普通格式合同所具有的共性，与传统格式条款相比，点击合同的主要特征是该合同文本形式可以利用互联网超级链接技术，设置内嵌条款，[②]从而产生合同条款的隐蔽性问题。这种设置于合同主体文本外的条款，属于联合国国际贸易法委员会在《电子商务示范法及其颁布指南》中涉及的"以提及方式纳入条款"。按照《电子商务示范法及其颁布指南》的解释，以提及方式纳入条款常指某一文件内一般地提到而并未全文载入，而在别处详尽载列的条款的情况。[③]利用互联网超级链接技术设置的内嵌条款是"以提及方式纳入条款"最为普遍的形式，广泛出现在网络交易平台提供的服务协议中。相对而言，没有使用超级链接技术设置内嵌条款的一般的电子合同，将合同的所有条款都显示在计算机或其他电子

---

① 王利明.论合同法组织经济的功能［J］.中外法学，2017，29（1）：104-120.

② 联合国国际贸易法委员会将这种合同条款称为"以提及方式纳入条款"，"指某一文件内一般地提到而并未全文载入，而在别处详尽载列的条款的情况"。见《电子商务示范法及其颁布指南》增补，46-1。

③ 《电子商务示范法及其颁布指南》增补，46-1。

设备屏幕上，通常长达几个页面，在看完一个页面后需要按下一个页面的按钮才能够阅读下一页内容。有些合同把所有内容设置在一个页面，又因为内容过长仅能在框架里显示一部分内容，相对方需要用鼠标上下拉动才能看到全部内容。只有在显示最后一个页面或者拉动到页面底部，相对方才能通过点击"同意"或者"不同意"按钮，进而作出意思表示。这样的合同条款显示方式，使相对方必须通过费时的方式进行上下翻页或拉动页面，在这期间也会涉及法律语言中的"文字阻碍"，网页中无趣冗长的文字使其产生厌恶情绪，这种不友好的界面，可能产生缔约取消的风险。因此，使用超级链接就成了特别受欢迎的方式，它提供了这样一种可能：仅仅通过点击一次鼠标就能"保留性地清除"[1]一些文字和条款，网页的整个编排以及订购流程也不再被阅读条款费时地中断，整个页面就会显得清晰明了。

但是，内嵌条款具有相对隐蔽性，可能导致合同相对方未能充分理解和审查合同条款的具体内容，从而产生重大误解甚至受欺诈。因此，对点击合同文本形式的规制，重点应当关注合同条款是否符合"明示"[2]的效力要件，而判断是否符合"明示"要求，应在原有立法和司法对格式合同的规制中嵌入"电子化"与"内嵌条款"的因素，因为这些因素的存在加剧了缔约环境中权力的不平等。对此，我国立法和司法并未予以关注。本书认为，应当从形式和内容两方面规制点击合同的页面设置，以限制点击合同拟定方的权力。

一、形式规制

一般认为，合同相对人只要点击了"同意"等按钮，即应当被推定为同意了条款的内容，至于是否为真正的阅读，则未予确认。但是，保障合同相

---

① MURRAY D A. Entering into Contracts Electronically: The Real W.W.W. [J]. *Law and the Internet Review*, 2000, 6 (2): 543.

② 林旭霞. 论网络运营商与用户之间协议的法律规制 [J]. 法律科学（西北政法大学学报），2012, 30 (5): 138-145.

对方具有审查合同条款的机会，应当是点击行为具有表征同意合同内容的效力，进而使合同条款具备法律效力的前提。美国《统一计算机信息交易法》第 112 条第 e 款第 1 项规定，只有在某一记录或者条款是以一种应该能够引起常人的注意，并允许其审查的方式所提供的情况下，才可以认为某人对该记录或条款拥有进行审查的机会。[①] 如何保障合同相对人具有审查合同条款的机会，应当从"能够引起合同相对人注意""保证审查的合理时间"两个维度去审查。

第一，内嵌条款必须能够引起相对人的注意，而不能被隐藏在合同页面中。对于判断构成隐藏的标准，英国判例认为，只要链接提示或者跳转按钮没有被隐藏，而是以清晰的标示，如"附加条款"等字样出现在网页明显的位置，则这种条款的内容可以被认可。[②] 而美国在一系列案件中明确了点击合同拟定方负有向相对人提醒合同链接条款的义务，对于未尽此义务的，链接条款对相对人没有拘束力。在 Pollstar v. Gigmania Ltd. 一案中，法院指出超文本链接提示的文字并没有下划线，而且使用灰色背景下的灰色小字体，存在警示不充分的问题，因此合同条款并不能对相对方产生拘束力。[③] 德国法院的做法则是将由合同一方制定直接约束合同相对方的条款，与由第三方制定的并适用于某一特定交易中的交易条款予以区别对待。在前者，法院认为如果合同中未以其他方式提及这些条款，仅仅在一个易于进入的资源（例如，一方的网站）中存在这些条款，并不足以有效地将这些条款纳入合同中，而要求条款的提及处必须放在显著位置，或者其通过其他方式充分提醒其注意这

---

① 中央网络安全和信息化领导小组办公室，国家互联网信息办公室政策法规局.外国网络法选编（第一辑）[M].北京：中国法制出版社，2015：335.

② DESSENT M. Browse-Wraps, Click-Wraps and Cyberlaw: Our Shrinking（Wrap）World [J]. *Thomas Jefferson Law Review*，2002，25（1）：334-336.

③ RICHARD G, KUNKEL J D. Recent Developments in Shrinkwrap, Clickwrap and Browsewrap Licenses in the United States [J]. *Computer Software Law and Legislation United States*，2002，9（3）：789-795.

些条款的存在，还必须说明这些条款与他们所涉及的交易的关联性，才能使这些条款被有效地纳入合同中。而后者只要求形式上标示清晰，就可以认定双方都已经接受这些提及条款。

第二，应当保证相对人对内嵌条款合理的审查时间。保证相对人合理的审查时间，主要指内嵌条款的入口应当设置于合同的页面，并将阅读内嵌条款的提示作为合同订立的必经环节，以保障合同相对方有合理的审查时间。在 Specht v. Netscape Communications Corp. 案中，被告 Netscape 公司在其网站上提供了一款免费下载的软件。在用户下载此软件时，被告网站上出现了一个名为"请审查并同意 Netscape 下载软件使用许可协议的条款"的链接。这一链接位于网页的底部，无论用户是否点击该链接，软件都能够被成功下载。被告 Netscape 公司并未在用户接受许可协议前提醒用户阅读该链接。法院因此认为，该条款缺乏充分的"警示义务"，否定了该条款的法律效力。

观察我国当前几大网络交易平台的服务协议，如阿里巴巴注册协议、亚马逊注册协议，内嵌条款的链接入口使用不同颜色字体或者重点划痕等标识，符合能够引起相对人注意的要求。虽并未将阅读内嵌条款的内容设置为合同订立的必经程序，但它们都将链接条款入口设置于合同主页面，将点击"已经同意内嵌条款"的按钮作为订立合同前的必要步骤，相对方必须点击该按钮，否则无法进入下一步注册阶段。由此可以认为，这种设置已经满足了提示相对方内嵌条款存在的要求，也就符合了相对方对内嵌条款合理审查时间的要求。

相比之下，当当网注册协议中，不仅合同主页面设置极为简单，而且为了"方便"用户注册，已经在"同意"框里自动填充，并不需要注册者点击同意方框便可进入注册程序。在这种页面设置中，内嵌条款的拘束力应当受到质疑。

二、内容规制

域外对链接条款的规制，并不仅限于形式上，也注重对其内容进行控制。英国学界认为，对链接条款的内容应当与非链接内容有所区别，与一般格式条款所运用的"红手规则"[①]相同，内嵌条款仅适用于常见条款，异常条款只要出现于需要通过链接才能展示的文本中，则该条款无效，无论是否尽到充分的提醒义务。[②]德国法院同样认为，采用以提及方式纳入的合同条款，仅限于合同的一般性条款而非特殊条款和异常条款。[③]

本书认为，条理清晰简单的合同，一定程度上能够为相对方创造良好的订约环境。因此，这种以超级链接技术嵌入的内嵌条款设置，在网络交易中有其存在的必要性，[④]也正因为如此，联合国国际贸易法委员会在制定《电子商务示范法》时，特意增加了有关"以提及方式纳入条款"效力的规定。但是，随着现代网络交易模式的创新，其中的法律关系不断复杂化，需要约定的合同条款不断增加，这就造成了合同的复杂性、完整性与合同主页面的简洁性要求相互矛盾的困境。此时，为了兼顾合同的完整性与合同主页面设置的简单化，内嵌条款的设置必然需要复杂化、多层化，在内嵌条款中出现再一次内嵌条款的多层链接设置，在现代网络交易平台的服务协议中已属常见。

与各国倡导的对链接条款限制的严苛态度全然相反，我国网络交易平台协议的设置并未考虑内嵌条款的形式与内容之间的关系，正如上文提到的阿

---

① 英国法院经过判例的积累发展出对异常条款提请相对方注意的规则。丹宁（Denning）法官在一个案件中曾言："越不合理的条款就必须被提请更多的注意。我所见过的一些条款，在能对其保持充分注意力之前，需要用红色墨水在文档表面以一只红手将条款指示出来。"这就是所谓的"红手规则"。参见 VUKOWICH W T. Lawyers and Standard Form Contract System: A Model Rule that Should Have Been [J]. *Georgetown Journal of Legal Ethics*, 1993, 23（1）: 552.

② DESSENT M. Browse-Wraps, Click-Wraps and Cyberlaw: Our Shrinking（Wrap）World [J]. *Thomas Jefferson Law Review*, 2002, 25（1）: 338-339.

③ 刘万啸. 电子合同效力比较研究 [M]. 北京: 知识产权出版社, 2010: 325.

④ 联合国国际贸易法委员会《电子商务示范法及其颁布指南》增编，第46-7。

里巴巴注册协议、当当网注册协议、亚马逊注册协议，协议的主要内容基本设置于内嵌条款中。若按照上述英国和德国法院对条款内容规制的标准，这些条款的内容将陷于无效境地。

自我国法院首次在来云鹏诉北京四通利方信息技术有限公司电子邮箱服务纠纷案中[①]，间接承认了用户只要在点击合同中点击了"同意"按钮，就表明接受了服务条款的全部内容，而无论原告是否为实际阅读，合同都应视为有效以来，我国司法实践至今亦肯定了各种平台的服务协议的效力，并未将平台协议的文本形式作为合同条款是否有效的考量因素。也正因为如此，网络交易平台追求交易的效率性，便会极力地使带有"同意"按键的主合同页面简单化，以致最后出现当当网注册协议中这种如此为用户提供"便利"的界面。这样的合同形式，不仅与传统法中格式条款制定者的合理提示、解释的要求相差甚远，而且存在点击合同拟定方有意隐藏合同内容，不希望、不鼓励合同相对方阅读合同条款的嫌疑[②]。

---

① 2001 年 4 月 22 日，原告来云鹏通过互联网向被告北京四通利方信息技术有限公司所属的新浪网申请会员注册登记，并选择新浪网向会员提供的"免费邮箱"服务，新浪网在提供这项服务时承诺"免费邮箱"的容量为 50 兆，不收取信息服务费。原告来云鹏在注册的当天，即收到新浪网关于会员注册成功和 50 兆"免费邮箱"开通确认的邮件。同年 8 月 2 日和 9 月 13 日，新浪网在网站页面上向所有"免费邮箱"用户发出通知，声明将从 9 月 16 日起对"免费邮箱"的容量进行调整，只提供 5 兆容量的"免费邮箱"服务。9 月 16 日，新浪网统一将会员用户的"免费邮箱"的容量从 50 兆压缩成 5 兆。新浪网在网上接纳会员用户申请注册的程序中，专门设立了一个向申请人展示网站的服务条款并要求申请人确认的步骤，申请人必须点击"我同意"的标识，表示同意网站的服务条款后，方可继续进行会员的注册登记。被告北京四通利方信息技术有限公司的《新浪网北京站服务条款》，共计 15 条，其中"服务条款修改和服务修订"一项中规定"新浪网有权在必要时修改服务条款，新浪网服务条款一旦发生变动，将会在重要页面上提示修改内容，如果用户继续享用网络服务，则视为接受服务条款的变动。新浪网保留随时修改或中断服务的权利，不需要对用户或者第三方负责。"原告认为被告擅自将其承诺的 50 兆邮箱容量缩减为 5 兆，构成违约。法院认为，原告点击"同意"键后，应当认为申请人已经完全知悉并接受《新浪网北京站服务条款》。《新浪网北京站服务条款》作为双方缔结的电子邮箱服务合同的组成部分，对双方当事人具有法律上的拘束力。故驳回原告的诉讼请求。北京市海淀区人民法院民事判决书（2001）海民初字第 11606 号。

② 吴伟光. 网络与电子商务法 [M]. 北京：清华大学出版社，2012：152.

　　本书认为，随着网络交易模式的复杂化，已经不宜要求将合同的主要条款或者异常条款详细列于其合同主页面，但合同的主要条款和异常条款也不宜被隐藏在多层链接之中，其设置不宜超过一层链接。换言之，除了设置合同主页面以外，合同的主要条款或者异常条款只能设置于第一层链接中。

　　除此以外，合同的主页面应当包含点击行为法律效果的说明条款，列明相对方需重点知悉的条款类型，以引起相对方对合同条款阅读的重视。如阿里巴巴注册协议，合同页面对需要特殊注意的条款类型、注册后即表示同意所有协议条款的法律效果的条款重点列出，符合提醒相对方阅读合同条款的要求。如果相对方仍没有阅读合同条款而径直订立合同，则同样受未经阅读的合同条款拘束。当当网和亚马逊网的主页面仅设置了同意协议的按键，未有其他任何文字性说明，应当认为合同拟定方有意使相对方忽视合同条款内容，这种页面设置下，这些内嵌合同条款的效力就应当受到质疑。

第八章　网络交易中的合同解除制度

第一节　合同解除的一般原理

依据合同坚守原则，依法成立的合同在当事人之间具有相当于法律的效力，[①] 无法定或者约定的理由，任何一方不得撤销或者解除合同。但是，合同有效成立后，难免会因为主观或者客观的情况发生变化，而使合同履行成为不必要或者不可能。在一方甚至双方当事人的合同目的无法实现的情况下，如果固守合同的拘束力，不但不能使当事人实现合同的预期利益，而且于社会整体而言也未能有所增益。因此，通过制度安排让合同提前终了，并处理善后事宜，是降低损失的最佳途径。为此，法律上创设了合同解除制度。

一、合同解除权的发生

仅因一方的意思表示而能使合同解消、清算的场合，以该方当事人具有解除权为必要。合同的解除权是指合同成立后，当解除的条件具备时，一方或者双方当事人行使的使合同关系终了的权利。[②] 解除权可以基于以下几种情况而发生：以解除权发生的依据为标准，可以将合同解除分为合意解除、约

---

① 尹田.法国现代合同法：契约自由与社会公正的冲突与平衡［M］.北京：法律出版社，2009：22.

② 韩世远.合同法总论［M］.北京：法律出版社，2018：644.

定解除和法定解除。在合同订立后，因双方具有使合同归于消灭的合意，不以事先约定的解除权或者法定解除权的存在为必要，称为合意解除。

约定解除与合意解除都是基于当事人的意思而使合同归于终了，在这一点上二者具有一致性。《民法典》第 563 条正是基于此一致性，将约定解除与合意解除的内容包含在同一法条内。但二者的差异在于：约定解除最终是通过行使解除权使合同归于终了，当事人约定解除权的意思表示是在解除事由发生之前，为日后出现当事人可能解除合同而做准备；合意解除并非通过解除权，而是基于当事人双方的合意直接使合同归于终了，合意解除是在解除事由出现后，双方当事人达成一个新的合意，结束既有的合同关系。

我国《民法典》中的一般法定解除权包括因客观原因不能履行和违约两种情形。具体体现于《民法典》第 563 条中：包括因不可抗力致使不能实现合同目的；在履行期限届满前，当事人一方明确表示或者以自己的行为表明不履行主要债务；当事人一方迟延履行主要债务，经催告后在合理期限内仍未履行；当事人一方迟延履行债务或者有其他违约行为致使不能实现合同目的的；法律规定的其他情形。

在特定的几种合同类型中，法律规定当事人一方可以基于合同基础的信任丧失而产生解除权，且对信任基础丧失与否的决定，基本上取决于解除权人主观的标准。换言之，此类解除权的产生表面上有条件限制，实质上如同没有一般，是为任意解除权。任意解除权一般适用于委托合同、承揽合同等以人身信任为基础的合同类型。此外，对于某些合同，基于特别的立法政策，法律也赋予了特定当事人任意解除权。例如，我国《保险法》第 15 条规定：除本法另有规定或者保险合同另有约定外，保险合同成立后，投保人可以解除保险合同。

在多数情况下，单纯的信任基础丧失尚不足以产生解除权，法律也未基于其他的特殊理由赋予当事人任意解除权，当事人若要解除合同，就必须具备约定的或者法律特别规定的解除条件，这种一般情况下的合同解除类型为非任意解除。

二、合同解除的效果

合同解除的效果是使合同关系消灭，但是其消灭的效果是溯及既往，还是仅向将来发生？对此不无争论。

在合同解除效果的问题上，总结各国学说，主要存在直接效果说、间接效果说、折中说、债务关系转换说以及清算了结说等。直接效果说认为，合同因解除而溯及既往的消灭，尚未履行的债务免于履行，已经履行的部分发生返还请求权。这种学说成为法国的通说。间接效果说则认为，合同本身并不因解除权而归于消灭，只不过使合同的作用受到了阻止，其结果对于尚未履行的债务发生拒绝履行的抗辩权，对于已经履行的债务发生新的返还债务。这种学说为日本学者山中康雄（Yasuo Yamanaka）和三宅正男（Masao Miyake）所提出。[①] 折中说认为，对于尚未履行的债务自解除归于消灭（与直接效果说相同），对于已经履行的债务并不消灭，而是发生新的债务返还。折中说为日本的通说。[②] 债务关系转换说认为，由于解除使合同关系变形、转换为原状恢复债权关系，原合同上的未履行债务转化为原状恢复债权关系的既履行债务而归于消灭，原合同上的既履行债务转化为原状恢复债权关系的未履行债务，经过履行后始行消灭。债务关系转换说为日本学者近江幸治（Kouji Oumi）所提出。清算了结说认为，合同解除效果，并非由法律规定发生，而是基于单方法律行为。解除权的行使，于双方的给付义务已经履行时，则建立了返还义务，解除权只是变更了合同的债的关系的内容，其债之关系仍然存在，因解除而在内容上变更为清算关系。这种学说已经成为德国绝对

---

① 崔建远. 合同法总论 [M]. 北京：中国人民大学出版社，2012：682-684.

② 我妻荣. 新订债权总论 [M]. 王瑛，译. 北京：中国法制出版社，2008：377-390.

的通说。[①]

我国《民法典》第 566 条是关于合同解除效果的一般规定。该条款规定：合同解除后，尚未履行的，终止履行；已经履行的，根据履行情况和合同性质，当事人可以要求恢复原状、采取其他补救措施，并有权要求赔偿损失。可以看出，对于合同消灭的效果是否具有溯及力的问题，法律并无明确规定。对此，我国学术界也存在直接效果说[②]与折中说[③]的分歧。但通说认为，合同解除原则上无溯及力，因此折中说应为我国通说。

第二节　网络交易中"无理由解除权"制度解析

为了使消费者在订立合同后仍有机会修正其在一定情形下作出的法律行为，自 20 世纪 60 年代以来，欧美诸国和亚洲各国陆续建立了消费者撤回权（right of withdrawal）制度[④]、冷却期（cooling-off period）制度[⑤]、消费者解除权（right of cancel）制度[⑥]，这些名称虽不相同，但制度的核心却是一致的，即赋予消费者于一定期限内可以无需理由地通过单方意思表示，从其与经营者签订的合同中摆脱出来的权利。

我国在 2013 年修订《消费者权益保护法》时，也通过被学界评价为"明

---

① 崔建远.合同法总论［M］.北京：中国人民大学出版社，2012：682-684.

② 崔建远.合同法［M］.北京：法律出版社，2003：198.

③ 韩世远.合同法总论［M］.北京：法律出版社，2018：684.

④ 德国将该制度统一称为撤回权制度，在德国《民法典》中作为一项特定的制度予以规定。德国《民法典》第 312 条。

⑤ 英美法系使用冷却期制度的概念来指代该制度。参见张靖.我国消费者保护中的冷却期制度研究［M］.北京：法律出版社，2015：38.

⑥ "消费者解除权"的名称主要运用于日本，该制度主要体现在日本的《访问贩卖法》第 6 条。参见朴成姬.消费者问题中的当事人构造的再研讨——以中日韩三国消费者保护相关法制的比较为中心［M］.北京：中国检察出版社，2016：141.

星条款"① 的第 25 条，赋予了消费者于远程交易中无理由退货的权利。该法第 25 条规定："经营者采用网络、电视、电话、邮购等方式销售商品，消费者有权自收到商品之日起七日内退货，且无须说明理由，但下列商品除外：消费者定作的；鲜活易腐的；在线下载或者消费者拆封的音像制品、计算机软件等数字化商品；交付的报纸、期刊。除前款所列商品外，其他根据商品性质并经消费者在购买时确认不宜退货的商品，不适用无理由退货。消费者退货的商品应当完好。经营者应当自收到退回商品之日起七日内返还消费者支付的商品价款，退回商品的运费由消费者承担；经营者和消费者另有约定的，按照约定。"

一、"无理由解除权"的体系归属

《消费者权益保护法》中的消费者无理由退货的权利，在体系上应当属于撤销权还是解除权，理论界存在较大争议。有学者认为无理由退货权的性质是特殊的解除权，② 另有学者认为无理由退货权的性质是特殊的撤销权，其理由为赋予消费者无理由退货权，是针对合同成立阶段的消费者意思实质不自由的情况，而解除权一般而言是针对履行障碍的情况。③

本书认为，撤销权救济的未必是意思瑕疵，而解除权也未必只能因履行障碍而产生。例如，赠与合同中的任意撤销权的规定，就不是基于意思瑕疵而存在的。定作人解除权和委托人任意解除权，也并非存在履行障碍才产生。

判断无理由退货权的性质，前提性的问题是退货权存续期间合同的效力

---

① 葛江虬.论消费者无理由退货权——以适用《合同法》条文之解释论为中心 [J].清华法学，2015，9（6）：95-116.

② 参见迟颖.论德国法上以保护消费者为目的之撤回权 [J].政治与法律，2008（6）：79-84.刘青文.德国的消费者撤回权制度 [J].世界经济政治论坛，2009（4）：112-116.杨立新.非传统销售方式购买商品的消费者反悔权及其适用 [J].法学，2014（2）：30-38.

③ 王洪亮.消费者撤回权的正当性基础 [J].法学，2010（12）：106.

如何。如果无理由退货权为撤销权，合同在撤销权行使前为未生效合同；如若无理由退货权为解除权，在行使无理由退货权之前，合同是成立生效的合同。这一问题从我国《消费者权益保护法》第25条中并未找到答案。从其他国家的法律规定来看，消费者在行使退货权之前的合同效力是被认可的。德国《民法典》第355条第1款就明确指出消费者撤回意思表示后"不再"受该意思表示的拘束，并将撤回权规定在"解除权"一节，撤回权的法律效果适用解除权的规定，这就表明消费者在合同订立之后直至消费者行使撤回权之前是受合同拘束的。换言之，合同在订立之后已经生效，只是消费者可以通过行使撤回权使其不再受合同拘束，而使双方的合同关系终了。英国《2010年分时度假产品、转售和交换合同条例》第22条第2款规定，自撤回权通知生效之日起，合同各方的义务及关联合同项下的义务终止。这些规范都承认了在撤回权存续期间合同的有效性。

生效的合同具有法律效力，当事人享有请求合同相对方履行义务的权利，而尚未生效的合同当事人则未必有权利请求对方履行合同义务。本书认为，如果否定退货权行使之前的合同效力，将无法保障交易的确定性，也与网络交易的实践不符。无论从国外立法观察，还是从无理由退货权制度的实践观察，都应当肯定合同的效力。换言之，在行使无理由退货权之前，合同已经有效成立，无理由退货权对合同正常履行的干预效果便是解除合同，使合同关系终了。

退一步讲，无论如何，无理由退货的权利，都是突破了传统合同法的特殊制度，既然存在特殊，则对其体系归属自然仁者见仁，智者见智，在没有定论的情况下，应遵循立法者的立法思路。针对我国的"无理由退货权"制度，全国人大常委会法工委李适时在《关于中华人民共和国〈消费者权益保护法修正案（草案）〉的说明》中指出，无理由退货的权利就是"消费者在适当期间单方面解除合同的权利"。因此，本书将其放入特殊的解除权范畴，使用"无理由解除权"来指代这一权利。

二、"无理由解除权"制度的立法模式

从比较法视野观察,"无理由解除权"制度的立法模式可以分为强制立法模式和任意立法模式。欧盟立法采取的是典型的强制立法模式,而美国立法采取的是典型的任意立法模式。相较而言,我国的立法模式属于强制立法模式,但不如欧盟立法严格。

(一)欧盟的严格强制立法模式

对弱势群体的保护向来是欧盟立法的重点,[①] 也是欧盟私法统一的重要突破口,"无理由解除权"制度就是通过欧盟指令在各成员国生根发芽的。1985—2011 年,欧盟不断地颁布了一系列指令,其中,涉及"无理由解除权"的有 8 个,现行有效的仅有 5 个,分别为 2002/65/EC 号指令、2002/83/EC 号指令、2008/122/EC 号指令、2008/48/EC 号指令和 2011/83/EU 号指令。

已被废止的 85/577/EEC 号指令是第一个在欧盟层面引入"无理由解除权"制度的规范。该指令针对上门销售等非营业的销售领域进行规定:消费者有权在收到"无理由解除权"的告知后 7 日内,根据国内法规定的程序撤回合同。该指令还参照了欧盟成员国的国内法,对适用范围、通知的内容等作了规定,[②] 但对于经营者关于"无理由解除权"的相关义务、费用负担等方面未涉及。而已被废止的 97/7/EC 号指令,是专门围绕远程交易中消费者"无理由解除权"而制定的。根据该指令,只要是远程订立的合同,消费者都享有"无理由解除权",行使该权利的期限至少为 7 个工作日。[③] 退回商品所产生的

---

① 付俊伟.欧盟民法典草案之述评 [M] // 梁慧星.民商法论丛.北京:法律出版社,2009:156.

② 卢春荣.消费者撤回权制度比较研究 [D].上海:复旦大学,2014:57.

③ 与85/577/EEC 号指令的 7 天(seven days)不同,97/7/EC 号指令的撤回权期间延长为 7 个工作日(seven working days)。Directive 97/7/EC,article 6(1).

费用，是消费者行使"无理由解除权"产生的唯一需要承担的费用，但消费者在未被经营者告知享有"无理由解除权"的情况下，退货的费用由经营者承担，① 经营者须在 30 日内全部退款，② "无理由解除权"存续期间在未被通知的情况下延长至 3 个月。③ 在对"无理由解除权"的规定上，97/7/EC 号指令的规定明显比 85/577/EEC 号指令更为具体详细。

鉴于上门推销等非营业的交易与远程交易有着许多通用的规则，将二者由一个统一的指令替代，④ 进行统一协调，能更好地发挥统一市场的作用。因此，欧盟在整合既有的规则、消除不同指令间不必要差别的宗旨下，于 2011 年颁布了 2011/83/EU 号指令，取代了 85/577/EEC 号指令和 97/7/EC 号指令，使"无理由解除权"制度更加完善：第一，延长了"无理由解除权"的期间。将"无理由解除权"的行使期间统一规定为 14 日。⑤ 第二，加重了经营者的责任。将经营者未履行告知义务的"无理由解除权"期限延长至 12 个月。⑥ 第三，细化了经营者和消费者的义务，对经营者的退款、取货问题，消费者因退货、交易标的的贬值产生的费用承担问题进行了规定。⑦ 第四，明确了"无理由解除权"的效果。规定"无理由解除权"的法律效果是双方权利义务的终止。⑧

从以上几个涉及"无理由解除权"指令的内容变化可以看出，欧盟将"无理由解除权"作为消费者的一种法定权利固定化，而且随着时间的推移，通过加重经营者责任，使"无理由解除权"的权利范围逐渐扩大，强化了消费者的偏向性保护。

---

① Directive 97/7/EC, article 7（3）.

② Directive 97/7/EC, article 6.

③ Directive 97/7/EC, article 7.

④ 胡田野.最新欧盟消费者权益指令的解读与借鉴［J］.河北法学，2012，30（12）：151-156.

⑤ Directive 2011/83/EU, article 9（1）.

⑥ Directive 2011/83/EU, article 10.

⑦ Directive 2011/83/EU, article 13, 14.

⑧ Directive 2011/83/EU, article 12.

（二）美国的任意立法模式

与欧洲相比，美国法对于市场自由的倾向性更为明显，因而，美国法在适用消费者"无理由解除权"方面远不如欧洲"任性"。无论是关于合同的普通法，或者是美国的《统一商法典》，都没有任何关于"无理由解除权"的规定。联邦立法中仅有《诚实借贷法》和《关于在家中或其他特定场所交易中的冷静期规则》涉及"无理由解除权"的规定。而这两部法律只是针对信用消费和上门交易而规定，并不适用诸如通过电话、邮件、网络的方式订立合同的远程交易。除了该联邦立法以外，美国伊利诺伊州规定了对上门交易的消费者享有 3 个工作日内解除合同的权利。纽约州则规定，除非商店公示了一种不同的退货政策，否则消费者在上门交易中拥有 3 个工作日冷静期间，消费者远程交易中有权在 30 日内退回不影响二次销售的商品。① 加利福尼亚州也规定了消费者在网络交易中享有 30 天的冷静期。这些立法看似都给予消费者不同程度的优惠政策，但是，它们都不具有强制性，当事人可以根据自身的意愿，选择是否排除适用。

可见，在美国，"无理由解除权"并没有被一般性地作为保护消费者的武器。在消费者的保护上，他们更多的是通过对经营者苛以强制性交易信息披露义务，对于异于交易习惯的合同条款，要求经营者必须使用显著清晰的语言着重提醒消费者注意。

尽管立法者在强制性地赋予消费者"无理由解除权"的态度上十分谨慎，但是在商业实践中，美国的商家却自愿赋予消费者"无理由解除权"，并且比立法的规定更加广泛和宽松。② 占领最大零售市场份额的沃尔玛公司就给予了顾客 90 天的退货期，无论是通过沃尔玛网上店面，还是实体店中

---

① 白江. 对消费者撤回权立法模式的反思 [J]. 法学，2014（4）：33-40.

② JOHNSTON J S. The Return of Bargain: An Economic Theory of How Standard Form Contracts Enable Cooperative Negotiation between Businesses and Consumers [J]. *Michigan Law Review*，2006，4（2）：874.

销售的商品，都适用同样的"无理由解除权"的规定。除了被拆封的影像制品、在线下载的电子软件等不适合退货的特殊商品和损坏或者影响第二次销售的商品外，购买者几乎可退回无论是通过现金或电子支付交易的一切商品。① 美国亚马逊也作出了大致相同的政策，但退货期限较沃尔玛短，通常为 30 天。② 近年来，美国零售商一般都会给予顾客更具有弹性的退货政策，以取悦消费者。③

（三）我国的宽松强制立法模式

在我国，"无理由解除权"制度起源于一些地方性法规。1996 年辽宁省率先赋予消费者"无理由解除权"，《辽宁省实施〈中华人民共和国消费者权益保护法〉规定》第 12 条规定："消费者对购买的整件商品（不含食品、药品、化妆品）保持原样的，可以在 7 日内提出退货；经营者应当退回全部货款，不得收取任何费用。"该规定已于 2004 年被废止。2002 年《上海市消费者权益保护条例》第 28 条第 3 款对上门销售的方式适用"无理由解除权"作出了规定："经营者上门推销的商品，消费者可以在买受商品之日起七日内退回商品，不需要说明理由，但商品的保质期短于七日的除外。商品不污不损的，退回商品时消费者不承担任何费用。"该条例现已被修改。我国行政部门也在一些特定的领域规定了"无理由解除权"。原中国保险监督管理委员会④2000 年发布《关于规范人身保险经营行为有关问题的通知》，其中第 3 条是关于"犹豫期"的规定。根据该规定，投保人、保险人在收到保单并书面签收起 10 日

---

① 卢春荣.消费者撤回权制度比较研究［D］.上海：复旦大学，2014：99.

② 卢春荣.消费者撤回权制度比较研究［D］.上海：复旦大学，2014：99.

③ JOHNSTON J S. The Return of Bargain: An Economic Theory of How Standard Form Contracts Enable Cooperative Negotiation between Businesses and Consumers［J］. *Michigan Law Review*, 2006, 4（2）：873.

④ 根据中共中央印发的《深化党和国家机构改革方案》和《国务院关于机构设置的通知（2018）》，原中国保险监督管理委员会、中国银行业监督管理委员会，合并为中国银行保险监督管理委员会。

内可以无条件解除保险合同。① 2005 年国务院制定了《直销管理条例》，该条例针对直销领域，于第 25 条第 2 款作出了"无理由解除权"的规定："消费者自购买直销产品之日起 30 日内，产品未开封的，可以凭直销企业开具的发票或者售货凭证向直销企业及其分支机构、所在地的服务网点或者推销产品的直销员办理换货和退货；直销企业及其分支机构、所在地的服务网店和直销员应当自消费者提出换货或者退货要求之日起 7 日内，按照发票或者售货凭证的价款办理换货和退货。"以上地方和部门立法中，仅有辽宁省"慷慨"地将"无理由解除权"的适用扩展至所有商品销售领域，其他的地方性法规和部门规章都仅将"无理由解除权"的适用限制在某一特定领域。

在网络交易领域，首次涉及"无理由解除权"的规范是商务部 2011 年出台的《第三方电子商务交易平台服务规范》，该规范第 6.5 条规定："鼓励平台经营者设立冷静期制度，允许消费者在冷静期内无理由取消订单。"这一条款并非强制性规范，而仅仅是鼓励倡导性条款，对经营者并不具有法定约束力。2013 年经过大幅度修改的《中华人民共和国消费者权益保护法》，在第 25 条中正式规定了消费者在通过网络、电视、电话、邮购等方式购买商品的，享有法定的"无理由解除权"。与之前的地方性法规、部门规章，仅限适用于地方或者直销、人身保险等非常见领域中的规范相比，《消费者权益保护法》的高法律位阶，以及网络交易方式的常态化，使得"无理由解除权"制度的影响力极大增强。

我国在民法传统上更多地受欧洲大陆法系的影响，理论界也更加侧重于

---

① 该通知已在 2011 年被修改，但仍保留了投保人、保险人关于"犹豫期"的规定。

对欧盟成员国的相关理论和制度的研究,[①]欧盟 2011/83/EU 号指令对于远程销售合同有着最新规定,代表了欧洲对"无理由解除权"制度最新的理解与态度。[②]这些研究和立法例对我国产生了深刻的影响。但是我国并未完全照搬欧洲立法模式,从"无理由解除权"制度的产生至今已经过了二十余年,其间该制度的适用范围并未随着时间的推移而逐渐扩大。可以看出,我国对"无理由解除权"的适用也较为谨慎,时至今日,其范围也仍仅限于远程交易、直销领域以及人身保险合同领域。

另外,《消费者权益保护法》也存在对"无理由解除权"强制赋予的"柔韧化"规定。由于立法过程中社会各界对"无理由解除权"的立法模式存在不同意见,在最终采用法定强制模式的前提下,《消费者权益保护法》还是规定了"四类除外商品"和"一个条件"。同时,《消费者权益保护法》第25条第 2 款还规定:"除前款所列商品外,其他根据商品性质并经消费者在购买时确认不宜退货的商品,不适用无理由退货。"该条款为供给方排除适用法定"无理由解除权"留下了不少余地。不难看出,在修订后的《消费者权益保护法》中,"无理由解除权"强制赋予被除外情况和条件大大地弱化了。《消费者权益保护法》中的"无理由解除权"制度,无论是在"无理由解除权"行使期间,或是在经营者和消费者的权利义务规定等方面,也都不如欧盟

---

① 　近十年来我国关于消费者撤回权制度的域外研究几乎仅限于欧盟成员国的制度。参见迟颖.论德国法上以保护消费者为目的之撤回权 [J].政治与法律,2008(6):79-84.张靖.英国冷却期制度的立法探究及启示 [J].长沙理工大学学报(社会科学版),2011,26(3):45-49.王金根.欧洲民法典草案消费者撤回权制度研究 [J].北方法学,2012,6(5):96-108.胡田野.最新欧盟消费者权益指令的解读与借鉴 [J].河北法学,2012(12):151-156.周露露.德国消费者撤回权制度研究及启示 [J].学术探索,2017(3):83-89.偶有见对美国撤回权制度具体规范的介绍,但并未深入探讨美国法的任意性立法模式。参见赵明非.美国法上的"冷却期"制度及其借鉴意义 [J].孝感学院学报,2011,31(2):86-91.

② 　葛江虬.论消费者无理由退货权——以适用《合同法》条文之解释论为中心 [J].清华法学,2015,9(6):95-116.

2011/83/EU 号指令严格。

总体而言，欧盟 2011/83/EU 号指令是我国"无理由解除权"制度的蓝本，我国"无理由解除权"制度的立法模式与欧洲更为相似，采用了"强制＋例外"模式，但在适用范围及条件方面，又较之宽松。

第三节　"无理由解除权"制度在网络交易中的局限性

我国"无理由解除权"制度是在网络交易这种非传统交易方式日益普及的背景下，作为保护消费者权益的重要举措，设立于《消费者权益保护法》之中的制度。然而，在将"无理由解除权"制度运用于网络交易实践的过程中，却并未如立法者所憧憬的，能够有效地平衡消费者与经营者的利益。其缘由在于，"无理由解除权"制度的强制立法模式并非理想的立法模式。

一、"无理由解除权"制度在网络交易中的实施困境

正是由于"无理由解除权"制度的设立，使交易双方的利益结构发生了重大调整，经营者（大部分供给方）作为利益受损者，必然设法规避"无理由解除权"制度带来的损失，从而导致"无理由解除权"制度难以顺利实施。而消费者（大部分需求方）作为利益获得者，往往最大限度地享受制度带来的福利，则又引发了一系列道德风险。

（一）供给方抵制"无理由解除权"制度

不愿意赋予消费者"无理由解除权"的供给方，通常实施以下三种行为来抵制或者规避"无理由解除权"制度。

1. 直接声明不适用"七天无理由退货"

《消费者权益保护法》第 25 条在列举了四类不适用无理由退货的商品外，

还作出了"其他根据商品性质并经消费者在购买时确认不宜退货的商品，不适用无理由退货"的兜底性规定。而为了进一步规范网络交易的"无理由退货权"制度，国家工商行政管理总局于 2017 年发布《网络购买商品七日无理由退货暂行办法》，该办法第 7 条规定："下列性质的商品经消费者在购买时确认，可以不适用七日无理由退货规定：拆封后易影响人身安全或者生命健康的商品，或者拆封后易导致商品品质发生改变的商品；一经激活或者试用后价值贬损较大的商品；销售时已明示临近保质期的商品、有瑕疵的商品。"《网络购买商品七日无理由退货暂行办法》虽在一定程度上明确了排除适用无理由退货权的范围，但不能认为该条文所列举的商品类型就穷尽了《消费者权益保护法》规定的"其他根据商品性质并经消费者在购买时确认不宜退货的商品"类型。换言之，即使该规定在《消费者权益保护法》第 25 条列举了四类不适用无理由退货的商品之外，增加了三类不适用无理由退货的商品，并不能周延《消费者权益保护法》的"其他根据商品性质并经消费者在购买时确认不宜退货的商品，不适用无理由退货"的商品类型，也无法反向地推论出除了以上列举的七种类型的商品，其他商品必须适用"无理由解除权"制度的结论。《消费者权益保护法》第 25 条的兜底性规定依然能够被大肆运用。因此，不愿意受到"无理由解除权"制度约束的经营者，通常都打着"定制""代购"等旗号，在网页上注明因商品的性质不适用"七天无理由退货"政策，从而排除承担七天无理由退货的义务。

2. 以退货商品不完好为由拒绝退款

由于《消费者权益保护法》第 25 条规定适用无理由退货的条件之一是"消费者退货的商品应当完好"。在《消费者权益保护法》实施不久后，不少供给方为了避免无理由退货制度带来的负面影响，遂对"商品完好"的标准"吹毛求疵"，以影响第二次销售为由拒收退货。直至《网络购买商品七日无理由退货暂行办法》的出台，对何谓"商品完好"和"商品不完好"制定了较为具体的标准，供给方才不得不放弃从商品完好的标准上找方法。但是，《网络购物商品七日无理由退货暂行办法》商品完好的标准的细化，仍然无法制止供给方以商品不完好为由拒绝退货的行为。因为需求方通常采用自行选择快递公司寄回商品的方式进行退货，而根据《中华人民共和国邮政法》（简称《邮政法》）及国务院 2018 年颁布的《快递暂行条例》，虽规定了快递人员负有验视内件的义务，但目的是防止寄件人交易禁止寄递物品。快递公司在接收寄件人寄递的商品时，并无检查商品是否完好的义务，在派送快递时也没有要求收件人开包当面验收检查邮寄物品是否完好的义务。基于这样的快递寄收和派送规则，个别供给方在收到需求方退货后，故意损坏商品后再以商品遭破坏、影响第二次销售为由而拒绝退款。面对这种双方都无据可查的情况，网络交易平台提供者作为纠纷的解决者，要么选择采信照片证据，支持供给方不退款；要么偏向需求方，在供给方拒绝退款时，直接将需求方向交易平台或者第三方支付平台支付的货款退给需求方，或者从供给方缴纳至平台的保证金中扣除相应价款，退款给需求方；要么选择各打三十大板，网络交易平台提供者虽将款退至需求方，但是同时降低需求方的信用等级，取消其享受诸如"极速退款""先行赔付"等权利。

网络交易平台提供者虽可通过这些方式快速地化解纠纷，但产生了劣币驱逐良币的效应，倘若确实发生需求方损坏商品的情况，则供给方的利益无法得到保障，而需求方却以此逃避赔偿责任。因此，网络交易平台提供者息事宁人的做法，显然无益于诚实守信市场氛围的培育和发展。

3. 通过增加运费的方式弥补损失

《消费者权益保护法》第 25 条规定，"退回商品的运费由消费者承担。"供给方的商品一旦被退货，必然导致在该笔交易中产生的人力、时间、包装等成本无法填补，同时还承担着价格波动的风险。因此，不少供给方试图利用退货者的运费来弥补自身损失。表现为将原先包邮的商品改为不包邮，将原先不包邮商品的邮费价格由低变高，远超其成本价。

供给方的上述行为，虽然表现形式各不相同，但其"煞费苦心"地深入"解读""无理由解除权"制度，将该制度中与需求方义务的相关规则使用得淋漓尽致，其性质都是在变相地抵制无理由退货制度，避免或者尽可能地减少无理由退货制度对其带来的不利影响。

（二）需求方过度行使"无理由解除权"

"无理由解除权"制度的目的在于矫正消费者在网络交易中信息不对称的劣势地位，使需求方不因交易环境和交易方式的改变，盲目选择交易标的而受损。但是，无理由退货制度在适用过程中，出现了不少需求方过度行使该权利的现象，引发了背离该制度设立初衷的不利效果。

1.肆意交易和肆意退货

在传统交易中，合同履行完毕，没有法定理由不能解除合同。需求方一旦选择错误，则可能面临全部给付的损失。换言之，选择商品错误的代价可能等于交易标的的价值，除非需求方及时采取措施减少损失，这就迫使需求方在交易时保持最大限度的谨慎以避免遭受损失。而在"无理由解除权"的保障下，需求方即使选择错误，最多以退货产生的运费为代价。在退货成本如此低廉的交易环境中，需求方往往为了挑选一件如意的商品，而订立数十份合同，其结果必然引发退货潮，[①]这样就进一步加剧了供给方对"无理由解除权"制度的反抗。

2.道德风险

根据"理性经济人"理论，需求方手握"无理由解除权"的"尚方宝剑"，完全可能基于某种短期需要选购交易标的，在利用完后再将其退回，以实现自己的收益最大化。美国沃尔玛超市规定的无理由退货的期间较长，一

---

① 陈科峰."双11"后的退货潮值得深思［N］.长沙晚报，2015-11-17（F02）.

些外国留学生就利用这一条款，在炎热的暑假购买电风扇，使用一段时间后又到超市退货。[①] 我国也已经发生过很多起消费者为了参加某聚会或者招聘会而购买高档服饰，在利用完商品的价值后又退回商品的现象。

3. 需求方的"消费者"身份识别机制失灵

网络交易的开放特性，赋予"任何有交易意向的商主体或者自然人均可在网络中寻找交易机会"[②] 的权利。在第三方网络交易平台、第三方支付平台的保障下，网络交易供给方可以在完全不知道交易相对方真实身份的条件下交易。换言之，在当今较为完善的网络交易履行保障体系中，供给方并不"挑选"交易对象。[③] 需求方在网络上的身份通过网络账号表征。账号的注册者为何人，在所不问，甚至于多个实际交易主体使用一个虚拟账号，也为网络交易实践所认可。[④] 供给方毫不关注网络账号背后的真实身份情况，也就更不会关注需求方购买的目的是否用于"生活消费"。即便网络交易供给方有意了解交易需求方的购买用意，也会在这个大数据时代被扣上"侵犯个人隐私"或者"窥探个人信息"的"罪名"。

网络交易对需求方匿名处理，使需求方可以随心所欲地在网络上进行交易，很大程度上发挥了保障个人隐私、实现交易自由的作用，进而增强了其对需求方的吸引力。需求方的匿名交易，决定了供给方在通常情况下无从判断网络交易需求方的真正身份及其购买目的。规则上只能一视同仁地将所有的 C2C、B2C 交易平台上的需求方"视为"消费者。但这种"视为"却与网络交易实践相矛盾。第一，以淘宝网为例，很大一部分个人网店冠以"批发"的名号。众所周知，批发是指将商品或者服务售予那些为了将商品再出售或

① 齐新生.冷静对待"冷却期规范"[N].检察日报，2009-10-15（8）.
② 杨姝.论电子商务主体资格准入制度[J].科技信息，2006（S4）：57.
③ 孙占利.电子商务法[M].厦门：厦门大学出版社，2013：150.
④ 许多网店推出多件多折、第二件半价，淘宝网在双十一推出跨店满200减20等活动，都在一定程度上刺激网络交易相对方多人共用一个账号的行为。

为企业使用的目的而购买的顾客所发生的一切活动。[①] 交易平台存在批发商店，也就默许了需求方的批量购买商品的目的非"生活消费"。第二，单位在网店上购买用于经营的日常用品也属于常见现象，[②] 而若将这部分事实存在的单位购买者视为消费者，则难免陷入某一主体既是消费者又是经营者的自相矛盾的泥淖。进一步讲，若认定 C2C、B2C 交易平台上的需求方都是消费者，都一律适用"无理由解除权"制度，而 B2B 等商业交易平台上的需求方都不适用"无理由解除权"制度，则会引导原本在 B2B 交易平台上的需求方，因为 C2C、B2C 等平台可以适用"无理由解除权"制度而选择在 C2C、B2C 平台上进行交易，尽管在交易条件[③]上并不如 B2B 平台优惠。实体店经营者也可以轻易地以消费者的名义向同行业网络交易供给方购买商品后再进行销售，从中牟取差价。在所购买的商品无法如期销售出去时，就可以通过行使"无理由解除权"退还给网络交易供给方。[④]

二、"无理由解除权"制度引发的意外后果

合同自由的机制，通常能使交易的双方获益，至少并不降低任何一方的利益，进而增进社会福利，构成帕累托改进。[⑤] 而在以保护特定他人为目的的法律中，谈论制度的经济效益，应以被保护对象的利益为首要目标。以他人

---

① 郭毅.市场营销学原理［M］.北京：电子工业出版社，2008：234.

② 上海诺盛律师事务所与上海圆迈贸易有限公司买卖合同纠纷案就是典型的单位在网店上购买商品引发纠纷的司法案例，该案的基本案情为：上海诺盛律师事务所于 2010 年 7 月 16 日在上海圆迈贸易有限公司京东商城网站购买"美的"转页扇一台，金额人民币 165 元，圆迈公司于 7 月 19 日送货并向诺盛律师事务所出具发票和购物清单。同年 7 月 26 日，诺盛律师事务所在安装电扇过程中发现电扇撑杆存在缺陷而无法安装，即向圆迈公司提出换货，但圆迈公司以发票载明的货物名称为办公用品予以拒绝。参见上海市第二中级人民法院民事判决书（2010）沪二中民四（商）终字第 1423 号。

③ 这里的交易条件，既指价格优惠条件，也指运输、包装等方面的条件。

④ 徐伟.重估网络购物中消费者撤回权［J］.法学，2016（3）：84-96.

⑤ 贝恩德·舍费尔，克劳斯·奥特.民法的经济分析（上册）［M］.江清云，杜涛，译.北京：法律出版社，2009：23.

或者社会资源的利益换取被保护对象的福利，哪怕是极致不对等的利益，也不能否定该制度的正当性。"无理由解除权"制度的立法模式，由于存在显而易见的最核心的正面效果：既对经营者的违法行为存在阻吓，又节约了消费者维权成本，[①] 因而备受普通大众的推崇。但从该制度的实施困境又反映出，这一立法模式事实上并不理性，它不仅造成了整个社会资源的浪费，而且偏离了制度设计的"保护消费者"的初衷。

（一）成本转嫁

需求方行使"无理由解除权"增加了供给方的负担：一是直接成本。需求方退货后，供给方需要对所退回的商品进行细致检查、重新包装、重新整理入库，同时必须更改网页上相应库存等信息，在法定的时间完成需求方的退款等流程。整个过程增加了供给方的人力和物力成本。[②] 二是间接成本。需求方对商品的占有和退货的过程所占用的时间，减缓了商品的流通速度，所以大多数商品也会随着时间而贬值，如流行的衣服。另外，延缓商品流通也导致了机会成本的损失，表现为供给方无法将商品销售给其他人的机会损失成本。

需求方行使"无理由解除权"，在整体上导致了供给方经营成本的上升，而这一部分成本最终会转嫁到需求方身上。从理论上而言，防止"无理由解除权"所产生的成本转嫁至全体需求方的最佳方法，是让行使"无理由解除权"的需求方同时向供给方支付退货产生的费用。这种制度设计能够迫使需求方基于退货成本的考量而决定保留或者退回商品。如此，交易双方的利益便可以达到最佳平衡状态。但这种制度设计因依赖于对商品价值减损的精确

---

① 靳文辉.消费者撤回权制度的反思与重构——基于法律经济学的分析［J］.法商研究,2017,34(3):151-159.

② 根据淘宝、天猫或京东等平台的交易规则，卖家承诺包邮的商品，发货运费还需要卖家承担。

计算而变得不现实。①需求方行使"无理由解除权"后所产生的上述成本客观存在，即便不能准确计算其成本，至少应当允许供给方向行使"无理由解除权"的需求方收取适当费用。但强制立法模式下的"无理由解除权"制度禁止供给方对行使"无理由解除权"的需求方收取额外的费用，必然迫使供给方将这部分成本通过提高商品或服务的价格，不加区分地转嫁到所有需求方身上。正如台湾地区学者黄松茂所言："消费者对于给予的优惠未必领情，因为加重了经营者的负担导致价格上扬。"②这种集体惩罚的制度，不仅不能保护个体消费者，反而会"株连"整个消费者群体。作为网购大军中的一员，笔者亦感觉，自"无理由解除权"被法定化以来，网络交易的商品性价比明显降低。因此，整体而言，"无理由解除权"制度仅是增加了行使"无理由解除权"的消费者的福利，却减少了大多数诚信消费者的福利。

（二）严重浪费社会资源

对社会而言，"无理由解除权"制度也因为需求方"肆意"订立合同，在缔约过程中降低了应有的谨慎程度而造成资源浪费。根据私法自治、责任自负原则，为了保障所订立的合同顺利进行，达到自己的预期效果，合同订立的双方都必须充分斟酌，做到订立合同应有的谨慎。按照经济学的观点，"只要有可能，人都总是努力寻求和促进对自己来说最好的东西，而且应该这样做。"③理性人不仅通过订立合同达到个人利益最大化，而且通过履行合同使商品高速流通，促进贸易发展，从而提高社会的整体效益。④但"无理由解除

① 白江.对消费者撤回权立法模式的反思［J］.法学，2014（4）：33-40.
② 黄松茂.欧盟契约法之最新发展动向——以数位内容契约为中心［J］.月旦法学杂志,2017(7)：222.
③ 徐向东.自由主义、社会契约与政治辩护［M］.北京：北京大学出版社，2005：6.
④ 吴兴光，蔡红，刘睿，等.美国《统一商法典》研究［M］.北京：社会科学文献出版社，2015：24.

权"的存在使得需求方在订立合同时应有的谨慎大打折扣，导致低效率决策行为的发生。"无理由解除权"引发的退货潮而产生的人力成本、包装材料成本，以及运输成本，无论由交易的任何一方承担，于社会整体资源都是一种严重的浪费，更与当前绿色环保的社会理念背道而驰。

因此，从经济学角度分析，"无理由解除权"制度是一种成本非常高昂的制度工具，为了克服信息不对称，降低消费者的维权成本，不区分具体的情况，只为"省事"，使用了杀鸡取卵的方式，于制度目标以及整个社会福利而言，都是无效率的。[①]

第四节　关系合同理论视野下的立法应对

麦克尼尔认为，在现代的交易关系中，因为关系变得越来越复杂，并且要求只有通过复杂的方式才能实现协作，因此，创立法律的目的就不是为了简单地应付社会经济问题。他通过对劳动关系领域的观察，得出了受各种各样立法支持的工联主义几乎在社会中造成了一种新的不平等的结论。在很多领域，通过立法进行权力的外部干预面临的困难是巨大的，其成效也是有限的，并且可能产生预期之外的、常常是人们不希望看到的副作用。[②] 因为外部干预，改变了内部的权力结构，当事人在合同订立和履行过程中总是试图对对方的权力加以限制，以达到权力的基本平衡，交易才能得以维系。"无理由解除权"制度强制适用于网络交易中，乃是对网络交易中双方信息不对称简单的头痛医头、脚痛医脚式的应对方法。"公权机构应该充分认识到堵漏的难度。由于绝大多数商品和服务有许多价值维度，若管制者只控制住一个维度，

---

① 张维迎，邓峰.信息、激励与连带责任——对中国古代连坐、保甲制度的法和经济学解释［J］.中国社会科学，2003（3）：99-122.

② 麦克尼尔.新社会契约论［M］.雷喜宁，潘勤，译.北京：中国政法大学出版社，1994：81-83.

被管制者多半会在其他未受控制的维度作出对抗性调整。"① "无理由解除权"制度的强制实施剥夺了交易双方的自由选择权，一味地将制度成本强加于供给方身上，要么使供给方退出市场，要么招致抵制和反抗，结果必定是倒逼供给方将成本转嫁于需求方身上，使制度偏离预期目标。在这种权力倾斜性配置的制度下，受益一方权利不当的行使，更进一步加剧了交易双方的对立，也造成了整个社会资源的严重浪费。面对"无理由解除权"制度在网络交易中的局限性，笔者认为解决的出路就在于将"无理由解除权"制度引入《合同法》中，改变现行的强制立法模式，采用任意立法模式。

一、"无理由解除权"制度任意立法模式的选择

（一）合同团结理念下的任意立法模式选择

古典合同是建立在个人主义基础上的，合同主体被假设为独立存在的原子式的"人"，当事人之间是一种利益对立和竞争的关系，彼此之间的利益是此消彼长的关系，他们都在尽可能通过削弱对方利益实现各自利益的最大化，这种利益的实现就是按照约定的条件进行交易。在以个别性合同为原型的古典合同范式中，没有外部关系的干预，因此个人的自利行为能够形成亚当·斯密（Adam Smith）所说的"看不见的手"，形成有序的秩序并实现社会效益最大化。

现代社会早已经脱离了19世纪自由经济时代，社会生产和交易方式发生了结构性的变迁，多种社会因素都导致合同当事人之间相互性和权力依赖加强，从而对合同缔结和履行产生直接或者间接的影响。合同的关系性加强，个人的自利心理就会引发麦克尼尔所说的"不相称损害"问题。"不相称损害"问题是指处在合同关系中的一方当事人为了获得非常有限的利益而不惜

---

① 应飞虎.权利倾斜性配置研究［J］.中国社会科学，2006（3）：124-135.

对对方当事人施加巨大的损害。比如，汽车制造商除非受到有关立法的强迫，否则不愿意花费哪怕是微小的代价改进汽车安全装置。[①] 在网络交易中，需求方利用"无理由解除权"而肆意解除合同，就是一种严重浪费社会资源的机会主义行为，而这种机会主义行为所带来的"不相称损害"，明显阻碍了制度的积极社会效果的形成。

"无理由解除权"制度的强制实施，看似是保护网络交易需求方，实质上却过于片面：没有考虑到商业实践中众多供给方主动给予"无理由解除权"的情况，没有考虑到"无理由解除权"并非在任何情况下都有利于需求方。[②] 需求方对交易的偏好各有不同，有些需求方看重"无理由解除权"的价值，愿意通过支付高价选择可以行使"无理由解除权"的交易标的，有些需求方则更愿意购买不赋予退货权但价格更便宜的商品。消费者可以决定是否为了得到价格更优的商品而主动放弃"无理由解除权"，这也是一种理性的体现。[③] 因此，"无理由解除权"的强制立法模式将会剥夺一部分愿意以低价换取"无理由解除权"的需求方的自由选择权，迫使他们实质上为其他部分行使"无理由解除权"的需求方买单。

在强制立法模式下，公权机关无法有效地控制网络交易供给方的对策行为和网络交易需求方的机会主义行为。道德风险产生了集体惩罚的效果，不但违背了保护消费者的初衷，也使"无理由解除权"制度成为一项成本极为高昂的非经济、无效率制度。

麦克尼尔认为，只有树立合作和团结的合同理念，才能避免"不相称损害"的发生。因此，"制度的一个非常重要的目的就是要防止各种各样可预知

---

① 麦克尼尔.新社会契约论［M］.雷喜宁，潘勤，译.北京：中国政法大学出版社，1994：94-95.

② 乔新生.冷却期制度的法律性质［M］//汪洋.法治论坛（第16辑）.北京：中国法制出版社，2009：350.

③ WAGNER G. Mandatory Contract Law: Functions and Principles in Light of the Proposal for a Directive on Consumer Rights［J］. *Erasmus Law Review*, 2010, 3（1）: 59.

或不可预知的此种损害，合同法当然也要实现此种功能。"① 本书认为，"无理由解除权"制度的任意立法模式能够实现此种功能。

第一，"无理由解除权"制度的任意立法模式能够最大限度地接近合理性。20 世纪 80 年代末，支撑法律体系的合理性概念从形式合理性向实质合理性发生转变，人们开始探寻新的正当性理论依据。而围绕什么是实质合理性，在德国法学界首先提出了"法律过程化"的理念，以尤尔根·哈贝马斯（Jürgen Habermas）的"合意真理说"② 及商谈理论为指导，发展出"对话合理性"概念。日本法理学者田中成明（Shigeaki Tanaka）认为，"对话合理性"主要包括：其一，当出现诸价值间相互对立的情形时，在追求关于行为和规范的正当性判断框架之际，"对话""交涉"自身所具有的实践作用越来越得到重视。其二，在"对话合理性"理念下，预先并不设定客观的、普遍的正当性基础，而是在吸取程序方面要求的基础上，将有关正当性、合理性的判断委于当事人自身。这些理念推动合同法从强制范式向协商范式转变。

强制范式下的合同法学理论只关注债务人一方，例如，在合同法框架内如何借助法律强制力强制债务人履行债务和责令其承担损害赔偿责任；相反，作为对方当事人的债权的意思或者选择，却常常被忽视，导致债权人的主体性逐渐消失。协商范式下合同法学动态地把握双方当事人之间的债权债务关系，由于将合同关系视为双方当事人的相互关联，债权人的意思同债务人的意思具有同等重要的地位，其结果是，违约责任不再属于债务人一方的责任体系，而是基于"交涉权"的双方当事人所展开的相互性、主体性的权利体系。

在面对网络交易中信息不对称所可能招致的结果不公平问题时，同样应

---

① 柯武刚，史漫飞.制度经济学——社会秩序与公共政策［M］.韩朝华，译.北京：商务印书馆，2002：3.

② 真理是由合意（共识）而形成的，陈述的真理性条件是参与对话者的普遍同意（共识）。参见高宣扬.当代社会论（下）［M］.北京：中国人民大学出版社，2005：1052.

当遵循促进当事人自主沟通的机制。因此，改变"无理由解除权"的强制模式，采用任意立法模式，网络交易双方可以根据自身具体情况，理性地为自身的选择承担风险和责任。通过商谈，可以"阻止合同一方当事人对另一方当事人的机会主义行为，以促进经济活动的最佳时机，并使之不必要采取昂贵的自我保护措施。"[①]

第二，"无理由解除权"的任意立法模式能够维系合同关系，促进合同团结。面对合同的不完全性，古典合同理论的解决思路就是将未来可能使合同难以持续的风险都现时化到合同缔结时，并通过违约责任等法律制裁强化合意的拘束力。而关系合同理论则不同，由于它以合同团结为伦理基础，认为合同缔结的目的就是实现互利共赢，因而认为应当尽量保持合同关系直至合同被履行直至寿终正寝，避免动辄通过解除合同的形式来应对合同纠纷，谈判也就成了合同签订后的常态。它主张构建一个以灵活性为核心的开放性协议，这一协议包括了如何解决合同中出现的问题的沟通机制。

在合同关系的持续问题上，古典合同理论基于"契约神圣"的理念，在出现缔约时所未预料到或不能控制的事由时，唯一的选择就是终止契约。古典合同法的目的似乎在于鼓励人们终止契约而非持续契约关系，甚至从反面鼓励违约。[②]关系合同理论认为，无论是在合同缔结或者履行过程中受挫，制度都应是首先促使当事人根据变化了的条件进行沟通和交涉。同样，合同法学协商范式重视当事人的自主性以及彼此之间的交涉机会，即使是任意不履行合同义务的当事人，至少也应当被赋予实施辩解的机会，而对方当事人必须聆听此种辩解。这是因为，双方当事人如果反复实施交涉，可能会排除妨碍合同履行的事由，以变更当初合意的方式来解决问题。对此，为了使双

---

① 理查德·A.波斯纳.法律的经济分析［M］.蒋兆康，译.北京：法律出版社，2012：119.

② 王慧.契约神圣原则是否过时——评《契约神圣原则的再思考》［J］.中外法学，1997（5）：127–129.

方当事人获得能够自主实施意思决定和履行的环境，应当课以当事人再交涉义务。[①]

只有双方当事人的团结互助行为才是推动社会发展的前提，法律制度的设计和安排，必须是激发行为人朝着诚信的方向靠近，而非放任行为人偏离诚信。[②] 通过交易双方当事人的自由谈判，才能消除交易供给方的抵制行为和减少需求方的道德风险，从而避免机会主义行为所造成的整个社会的低效率。

（二）任意立法模式的矫正效应

"无理由解除权"制度的任意立法模式，将是否赋予"无理由解除权"交由交易双方自由约定，立法并不强制干预。有疑问的是，若缺少强制立法模式的"无理由解除权"制度，网络交易中的信息不对称问题如何解决？

第一，信息披露义务的强化和评价体系的完善有效地增强了需求方的信息量。在现阶段的网络交易中，网络交易平台提供者对网络交易供给方商品或者服务信息的发布都有严格的要求，不仅要求商品外观的全面展示，还要求商品的材质、上市时间等非外观信息进行全面的披露。[③] 这种信息量的披露，在一定程度上超越了传统交易。网络交易平台提供者对供给方发布信息的事前审查义务，保障了信息的真实合法。另外，网络交易拥有了公开评价体系。在信息分享越来越便捷的网络经济中，需求方的评价权有效弥补了供给方信息披露的缺漏，并在一定程度上对供给方不当的信息披露行为形成了威慑。

第二，"无理由解除权"是一种有效的营销手段。目前，学界在对"无理由解除权"制度的立法价值的讨论中，往往是建立在若无"无理由解除权"制度，消费者便完全无法享受"无理由解除权"的福利假定上。但这一假定

---

① 顾祝轩.合同本体解释论［M］.北京：法律出版社，2008：274.

② 理查德·A.波斯纳.法律的经济分析［M］.蒋兆康，译.北京：法律出版社，2012：117.

③ 《网络交易管理办法》第 11 条、淘宝规则中关于淘宝网商品材质标准第 5 条及相关规定，都对材质等问题作出了规定。

明显与事实不符。赋予需求方"无理由解除权",是一种有效的营销手段,前述美国的任意立法模式,并没有削减包括实体店的商家在内的供给方对需求方提供的"无理由解除权"的热情。在《消费者权益保护法》修订以前,也有不少网络交易平台提供者和供给方主动向需求方作出了 7 天无理由退货的承诺。而在《消费者权益保护法》修订以后,也有不少供给方作出了 10 天甚至更长时间的无理由退货承诺。因此,任意立法模式仍然可以满足对"无理由解除权"有着特殊偏好的部分网络交易需求方的需求。

"无理由解除权"制度虽是矫正网络交易双方信息不对称的利器,但强制的立法模式并非唯一路径,在逐渐健全的配套制度下,"无理由解除权"的任意立法模式并未减损强制立法模式下的矫正效应。

苏永钦教授在阐述任意规范的功能时强调,任意性规范和强制性规范的区别绝非仅仅是当事人可否排除适用那么简单,任意性规范同样有强制力。[①]任意性规范虽不能强制适用,但其具有独特的功能。一是节约交易的谈判成本。双方当事人仅需以任意性规范为基础,对其权利义务作出加减的约定即可。二是提示并降低交易风险。任意性规范提供了可供选择的模板,通过交易双方达成的合意与任意规范的乖离程度,在一定程度上反映公平风险负担规则的偏移尺度。因此,民法中的任意性规范,对私法自治的运作,有其积极的辅助功能,也有其消极的制衡功能,可以说是支撑自治的不可或缺的一环,不会因为无强制性而受到影响。[②]

网络交易的"无理由解除权"任意立法模式,既是网络交易双方自由地按照市场规律有效地分配资源,又给交易双方提供了一种能减少谈判成本的合同摹本和理性导向,应当为立法的最佳模式。

美国学者欧姆瑞·本·沙哈尔(Omri Ben-Shahar)和埃里克·波斯纳

---

① 苏永钦.走入新世纪的私法自治[M].北京:中国政法大学出版社,2002:16.

② 苏永钦.走入新世纪的私法自治[M].北京:中国政法大学出版社,2002:16-17.

（Eric A. Posner）在对两种立法模式进行比较后，认为将"无理由解除权"的赋予设置为强制性规范，没有任何必要性。[①] 本书赞同这种看法，美国式的任意立法模式是值得借鉴的。对于信息不对称问题，可以通过加强供给方的信息披露义务和网络交易平台提供者对供给方发布的信息审查义务的途径解决。而对需求方"无理由解除权"的赋予，则应交由市场进行调节，以使交易双方当事人能够根据实际情况享有更多选择权。任意立法模式给予供给方必要的自由权，供给方也因此有权根据交易标的被退回后可能出现的价值减损幅度来决定是否给予需求方"无理由解除权"，以及决定相应费用的承担主体和数额，从而保障交易双方权利义务与风险成本的公平分配。

《消费者权益保护法》在修订时，关于"无理由解除权"的立法模式就存在不同声音，最终采用了强制性立法模式。不过，如前文所述，修订后的《消费者权益保护法》第 25 条第 2 款规定实质上也为供给方排除适用"无理由解除权"制度留下了广阔的空间。所以不难看出，立法机关也预见到了对"无理由解除权"制度的强制适用可能产生的消极影响：不利于培养诚实信用的交易环境，不利于市场交易秩序的稳定，不利于从根本上保护消费者的合法利益，[②] 最终将会带来整个社会的不经济。本书认为，立法机关这样迂回地规定适用强制立法模式下"无理由解除权"的除外情况和附加条件，无疑将是否适用、如何适用都交给当事人和市场去选择，而立法仅需作出指引性的规定即可。这一路径便是改变强制干预的立法模式，选择"无理由解除权"制度的任意立法模式。

"无理由解除权"制度实施将近五年，引发了不少社会问题，其正当性正

---

① BEN-SHAHAR O，POSNER E A. The Right to Withdraw in Contract Law［J］. *The Journal of Legal Studies*，2011（9）：40.

② 乔新生.冷却期制度的法律性质［M］// 汪洋.法治论坛（第 16 辑）.北京：中国法制出版社，2009：352.

在受学界不断质疑。① 本书认为，法律是一种地方性知识，② 而"无理由解除权"制度设计也应当具有"中国特色"。③ 任意性立法模式应当是未来我国"无理由解除权"立法模式的方向。但在既有规则下，司法机关或行政机构在适用修订后的《消费者权益保护法》第 25 条时应特别慎重，不能盲目地倾向于需求方，而应兼顾网络交易供给方和需求方的利益。

二、合同解除制度在《民法典》中的完善

（一）取消"无理由解除权"制度适用主体的范围限制

"无理由解除权"本质上是一项私法性权利，无论是德国通过 2002 年的债法改革，将消费者撤回权制度纳入德国《民法典》的方式，还是像我国将"无理由解除权"放在《消费者权益保护法》这一特别法中，都不可避免地造成对作为构建民法体系主轴和基石的合同自由原则的突破，④ 而作为一种"异

---

① 参见靳文辉.消费者撤回权制度的反思与重构——基于法律经济学的分析［J］.法商研究，2017，34（3）：151-159. 徐伟.重估网络购物中的消费者撤回权［J］.法学，2016（3）：84-96. 白江.对消费者撤回权立法模式的反思［J］.法学，2014（4）：33-40. 全国人大常委会法制工作委员会民法室.消费者权益保护法立法背景与观点全集［M］.北京：法律出版社，2013：130.

② 美国学者克利福德·吉尔兹（Clifford Geertz）提出，"法律，与英国上院议长修辞中那种密码式的矫饰有所歧异，乃是一种地方性知识；这种地方性知识不仅指地方、时间、阶级与各种问题而言，并且指情调而言——事情发生经过自有地方特性并与当地人对事物之想象能力相联系。我一向称之为法律意识者便正是这种特性与想象的结合以及就事件讲述的故事，而这些事件是将原则形象化的。"参见克利福德·吉尔兹.地方性知识——阐释人类学论文集［M］.王海龙，译.北京：中央编译出版社，2004：273.

③ 我国与欧洲国家经济发展、民众观念等存在较大差异。消费者撤回权法定化也并非所有欧盟成员的意愿，从立法过程来看，总体而言是先在欧盟关于消费者保护的一系列指令中确立，然后再由欧盟成员国逐渐转化为国内法。我国与之存在诸多差异，消费者撤回权制度并不当然具有借鉴意义。

④ 赵明非.试论德国法上消费者撤回权的性质［M］//刘保玉，李明发，田土城.民商法评论（第四卷）.郑州：郑州大学出版社，2013：166-168.

类"①存在。因此，学界一般认为，既是"异类"，就不能被一般性提出和适用。②我国"无理由解除权"制度主要从适用主体和适用交易类型进行限制，将"无理由解除权"制度设置于《消费者权益保护法》内，适用的权利主体是消费者，适用的范围是包括网络交易在内的远程销售合同。但是，这一主体范围限定适用在网络交易中，却经不起实践性的拷问。

在合同法的发展史上，规范的形成与变迁的背后总是以其经济和社会发展模式为基础的。古典合同范式即是在自由市场经济的背景下提出并反过来为个体的经济行为提供自由的保障。如前文所述，古典的合同法以抽象人格——权利主体为基础，将个人从现实生活中抽离出来，没有职业、年龄、性别、身份等的区别，并以每一个人在经济交往中都是理性人为假设前提，认为合同的双方当事人都具有完全的意志认识自己的行为以及行为所带来的后果，能够掌握与合同相关的信息，能够通过平等的协商，进而通过博弈选取、设计出最符合自身利益的合同条款。因此，合同的缔结是双方利益最大化的结果，由此也引导出合同自由和合同神圣的价值观。③意志理论的统治、平等理性的主体预设以及完全合同的交易假设，使得合同自由原则得以确立并成为古典合同法的基石。

毋庸置疑，对民事主体的高度抽象，具有划时代的意义。但是，随着时代的发展，古典形式平等的理念和制度基础受到了现实社会变迁的冲击，在合同主体上表现为垄断及其他经济权力的集中，出现了诸多差异的人格，这些人格差异难以被法律无视，难以为抽象的人格所表达。现代合同法虽仍以建立在以主体抽象平等基础上的合同自由为基本原则，但在面对主体形式平

---

① 张学哲.消费者撤回权制度与合同自由原则——以中国民法法典化为背景［J］.比较法研究，2009（6）：62-73.

② 乔新生.冷却期制度的法律性质［M］//汪洋.法治论坛（第16辑）.北京：中国法制出版社，2009：351.

③ 星野英一.现代民法基本问题［M］.段匡，杨永庄，译.上海：三联书店出版社，2015：67-75.

等的实际运用日渐沦为经济强者压榨弱者的工具的实际情况时，抽象的主体概念不得不做出一定的让步，合同法不得不区别对待"强者"与"弱者"。如在雇佣关系中，产生了作为经济弱者的劳动者与作为经济强者的雇主的法律从属关系。同样，在交易领域，经营者与消费者也被贴上了"强者"与"弱者"的标签。这些标签的存在也就产生了形式上以劳动者、消费者人格为焦点的劳动法和消费者权益保护法。这些法律考虑了劳动者和消费者等的特殊性而将人格予以具体化，在合同自由之外，导入某些强行标准，以平衡"强者"与"弱者"的利益。人格具体化也因此被视为近代民法向现代民法良性转型的体现。[①] 但是，这种通过对经营者和消费者具体社会身份的划分，强加法定义务的限制经营者的合同自由，从而达到保护消费者目的的利益平衡机制，在具有自由和共享特性的网络交易中，却难以发挥作用。不仅如前文所论述，消费者的身份在网络交易中难以被有效地识别，而且"经营者"的身份在网络交易中也难以界定，它的范畴并不与供给方等同。欧盟及其成员国对于 C2C 交易平台上的供给方，在原则上都不视为经营者，因为这类交易仅仅是"偶然（incidentally）发生"。只有在交易显示出一定规律性（some degree of regularity）时，才会对其认定为经营者。[②] 我国的 C2C 交易平台上的网店以两种形式存在：一种是已经经过了工商行政管理部门登记的商事主体，这部分主体毫无疑问应当界定为经营者。另一种是无需取得许可的交易主体。根据《电子商务法》第 10 条的规定，"个人利用自己的技能从事依法无须取得许可的便民劳务活动和零星小额交易活动"，不需要进行工商登记。

---

① 李延铸.社会变迁的机会、成本与历史作用：以中国法律制度、法律思想演变为理论模型［M］.成都：四川科学技术出版社，2007：283.

② 如在 ebay 网上的"实力卖家（Powerseller）"，则很可能归属于经营者。德国柏林地方法院于 2006 年依据以下事实将线上卖家判定为经营者：该卖家每月销售 100 件商品，其中三分之一为新商品；此外，该卖家还采购了大量商品并快速对其进行转卖。但对此也有人对仅凭交易数量判定经营者特性的决定性依据的观点不赞同。参见鹿一民.网络缔约中消费权益保护的比较研究［D］.上海：复旦大学，2014：35.

这种不需要登记的自然人供给方，作为参与网络交易的一方当事人，是否认定为商事主体？在我国既有的法律体系中，找不到答案。《民法总则》是调整民商事法律的基本法律，其中规定的民事主体仅有自然人、法人和非法人组织三种类别，而按照工商法律法规，自然人从事经营活动，必须通过工商登记取得营业执照，且仅能以个体工商户、个人独资企业、合伙企业等形式申请工商营业执照。

全国人大常委会法工委在其编撰的《消费者权益保护法立法背景与观点全集》中明确指出："偶尔、零星地出售商品或者提供服务的，不宜认定为经营者。"[①] 但对于什么是经营活动，我国的相关法律并无明确的、具体的、可操作性的规定。对于偶发性经营活动和持续性经营活动的区分也无明文规范。

网规研究中心主任阿拉木斯在解读《电子商务法（草案）》[②] 时指出，对个人网店确立的依法登记原则，以及对几类特殊网店的登记豁免，[③] 实行的是线上线下统一标准。这种特殊的交易个体，在传统的交易中，确属个别。但在网络交易中，这一现象属于常态。网络交易平台高效地促进了供给和需求信息的汇合，并通过各种交易模式，激活了各种闲置社会资源，成就了共享经济模式。

使用协同共享的模式代替资本主义的市场经济交易模式，虽然早在 20 世纪 70 年代就被美国经济学家杰里米·里夫金（Jeremy Rifkin）提出，[④] 但共享

---

① 全国人大委员会法制工作委员会民法室. 消费者权益保护法立法背景与观点全集［M］. 北京：法律出版社，2013：250.

② 《电子商务法》对此作出了同样的规定。

③ 国家工商行政管理总局于 2005 年 2 月颁布的《个体工商户分层分类登记管理办法》规定：工商行政管理机关依照国家有关政策对农村流动小商小贩免予工商登记，对农民在集贸市场或者地方人民政府制定区域内销售自产农副产品免予工商登记。

④ 杰里米·里夫金. 零边际成本社会［M］. 赛迪研究院专家组，译. 北京：中信出版社，2014：2-10.

经济^①现象正是在最近几年互联网技术的支持下才日渐扩展。全球共享经济模式最典型的成功案例是美国的 Uber 和 Airbnb 公司。Uber 公司的私车共享服务市值已由 2014 年的 182 亿美元迅速上涨至 2016 年的 625 亿美元。Airbnb 是私房共享平台，在 2016 年的拥有的客房数量就已经超过全世界最大的酒店集团客房数额的 2 倍之多。我国共享经济也呈蓬勃发展态势，国家信息中心发布的《中国共享经济发展报告 2018》指出，2017 年中国共享经济市场规模约为 49 205 亿元，共享经济在未来五年的平均增长速度为 30%左右。^②在当今的"互联网+"分享经济模式中，商品的生产者或者服务提供者本身就具有消费者属性。在 C2C 交易平台上销售自产农副产品、家庭手工业产品等，与网络服务平台上的短租房服务、网约车服务相同，都是将社会闲置资源"分享"^③的行为，这些物品和服务经由互联网分享到资源需求处，分享模式将成为"互联网+"时代的常态。分享经济新业态下商品或者服务的供给方已然脱离既有立法所界定的"经营者"的范畴。^④

　　在匿名的交易环境中，需求方是否为消费者难以被正确识别。而互联网共享经济模式下，每个互联网用户都可能成为潜在供给方。在现代和未来以共享经济为主导的社会，经营者与消费者的传统二元划分必将面临结构性挑战，供给方不一定为强势经营者，而需求方也不一定为弱势消费者，以消费

---

① 在经济学领域，共享经济是特指依托于一个由第三方创建的、以信息技术为基础的市场平台。个体借助这些平台，交换闲置物品，分享自己的知识、经验，或者向企业、某个创新项目筹集资金的一种模式，其中，闲置资源使用权的暂时性转移是该经济模式的主要特征，该转移以物品的重复交易和高效利用为特点。

② 国家信息中心.2018 中国共享经济发展报告［EB/OL］.（2018-03-02）［2023-12-20］.http://fund.jrj.com.cn/2018/03/02114624180062.shtml.

③ 朱巍.互联网+对民法典编撰的影响［J］.国家检察官学院学报，2016，24（3）：3-15.

④ 也有观点认为，经营者的身份并不以是否为工商登记为条件，只要在事实上从事了经营性行为，就应当认定为经营者。参见刘凯湘，罗男.论电子商务合同中的消费者反悔权——以《消费者权益保护法》第 25 条的理解与司法适用为重点［J］.法律适用，2015（6）：59-65.

者这一具体人格为对象的传统立法，在网络交易中显然无法被适用。

网络交往的自由以及其衍生的匿名特征，是网络的性格，这就决定了网络交易中以数字和字母组成的账号所表征的交易主体都具有绝对的平等性。以社会身份为区分对象的交易规则在网络交易中无法奏效。将"无理由解除权"制度仅适用于消费者，缺乏可操作性，使得为了网络交易而设置的特殊制度，却成了"反网络"特性的制度。

对于"无理由解除权"制度的适用主体范围问题，解决方式显然只有两种，要么"全有"，要么"全无"，即要么将"无理由解除权"制度的适用主体全面扩及一切网络交易需求者；要么无论是否为消费者，需求方都不被赋予法定的"无理由解除权"，即改变当前"无理由解除权"制度的强制立法模式。显然，将强制立法模式下的"无理由解除权"制度的适用范围进行扩张，并非可选路径。原因有二：一为强制立法模式不仅无法达到制度效果，反而引发消极的社会影响，扩张适用无疑进一步扩大消极社会影响。二为"无理由解除权"制度，无论是对传统合同法的合同严守原则，还是传统的意思表示以及法律行为理论，都带来了极大的挑战。因此，应当防止这一"异类"制度的适用范围过大。立法者将其仅限制在消费者领域，一定程度上也是基于防止适用范围扩大的考量。

但是，不可否认，网络交易的远程性带来的交易双方信息不对称的问题，是实际存在的，它必然需要立法给予适当的倾斜。因此，任意立法模式是最佳的选择，将是否拥有"无理由解除权"交由交易双方自由约定，立法并不强制干预，显然也无须对交易者的身份作出区分。

（二）"无理由解除权"制度引入《民法典》合同编

美国学者欧姆瑞和埃里克认为，"无理由解除权"制度是基于商事交易的

一般特征 ① 而设立，而欧洲民法典研究组和欧洲私法研究组也认为，"无理由解除权"是一般合同法上的概念，并非独属于消费者权益保护法。②

抛开消费者的身份，将"无理由解除权"制度适用于一切需求方，就必须脱离《消费者权益保护法》，直接引入《民法典》合同编中。

《民法典》合同编存在任意解除权的规定，且由于目前适用于委托合同、承揽合同的任意解除权的产生并不需要实质的客观条件，从这个角度而言，"无理由解除权"应当属于广义上的任意解除权。

但"无理由解除权"与《民法典》合同编中的任意解除权相比，仍然存在特殊性，表现为：第一，适用范围特殊。"无理由解除权"制度只适用于远程交易等特定交易类型，属于特殊的法定的解除权。第二，适用条件特殊。与《合同法》中任意解除权相类似，解除权的行使具有任意性，但行使"无理由解除权"必须满足一定的条件，如在特定的时间内行使、满足商品完好等条件。在满足一定条件时，享有"无理由解除权"的主体仅需直接履行返还义务，便可以行使解除权。第三，适用效果特殊。行使《民法典》合同编中的任意解除权后，债权人享有请求由于债务人任意解除合同所遭受损失赔偿的权利。而"无理由解除权"的行使，债权人则无权请求所有损失赔偿，如在远程交易场合仅能主张商品运输费用的赔偿，而对于如需求方检验商品而导致的商品价值贬损等则无权主张赔偿。③因此"无理由解除权"存在单独规范的必要，为该权利的行使赋予独立的请求权基础。仅在具体的条文需要

---

① BEN-SHAHAR O, POSNER E A. The Right to Withdraw in Contract Law [J]. *The Journal of Legal Studies*, 2011（9）: 145.

② COLLINS H. Principles, Definitions and Model Rules of European Private Law: Draft Common Frame of Reference（DCFR）Interim Outline Edition, Prepared by the Study Group on a European Civil Code and the Research Group on EC Private Law（Acquis Group）by Christian von Bar, Eric Clive, Hans Schulte-Nöcke [J]. *The Modern Law Review*, 2008, 71（5）: 842.

③ 于程远. 消费者撤回权的合理限制——价值补偿与用益返还的双重进路 [J]. 法学, 2016（9）: 93-104.

进一步解释时，才需要上位概念的一般规则作为解释的基础而发挥作用。①

　　"无理由解除权"的适用范围不宜过广，目前应当将其适用范围限制在网络、电视、电话、邮购等远程交易领域中。"无理由解除权"制度应当设置于合同法分则的"买卖合同"中，专设条文规定："买卖双方采用网络、电视、电话、邮购等方式订立合同，买方有权自收到货物之日起七日内退货，且无需说明理由。但当事人另有约定的，从其约定。"

---

① 葛江虬.论消费者无理由退货权——以适用《合同法》条文之解释论为中心〔J〕.清华法学，2015，9（6）：95-116.

第九章　结论

　　法的价值观念是历史性、阶段性和选择性的，网络时代的合同立法应当为网络交易经济共同体的形成保驾护航。在本书的行文过程中，始终存在着一个贯穿全文的理论忧虑：建立于技术规则基础上的网络交易规则，是在网络技术控制方单方主导和推动下形成的；在科学理性和价值中立的外表掩盖下，以合同的方式迫使普通大众沦为陌生的网络生存环境和网络话语体系的被动接受者。网络社会背景下的合同法律制度应当警惕由技术理性形成对普通大众的技术规则控制。

　　面对网络交易对传统交易规则的挑战，现行合同法律制度虽积极做出了回应，但是在涉及交易主体规则、合同的订立规则、合同形式规则以及合同解除问题的处理上，并没有从网络交易所型构的社会关系的特殊性着手，并没有完全关注到网络交易各主体之间由于特定的社会背景应产生不同的法律义务，导致规则的适用在一定程度上阻碍网络交易经济共同体的形成。本书试图以关系合同理论为指导，站在"实质主义"的方法立场上，嵌入网络技术交易背景，以促进网络交易参与各方的团结为目标，对这些问题予以回应。

　　第一，网络交易平台提供者是网络交易中不可或缺的主体。网络交易平台提供者在网络交易中的法律地位，是与用户（交易双方）形成的特殊的服务合同主体。在网络交易平台提供者与用户的合同关系中，应当限制合同自由，苛以网络交易平台提供者在网络交易中承担法定的安全保障义务。网络交易平台提供者向用户提供的交易平台，应当是具有安全保障的平台。用户因网络交易服务平台提供者未履行安全保障义务而遭受损失，得以违约为请求权基础，向网络交易平台服务提供者主张赔偿。

第二，对若干易于产生合同责任主体混淆的交易模式进行分析而得出如下结论：在自营模式中，无论网络交易平台提供者与供给方之间存在怎样的内部关系，只要在网页上存在自营的标识，网络交易平台提供者就应当承担买卖或者服务合同的责任，以保护需求方的信赖利益。在团购模式中，团购合同应该被解释为第三人代为履行的合同。它是网络交易平台提供者与需求方之间的买卖合同，买卖合同的标的是团购电子券，而商家作为团购合同中约定的第三人，应向需求方履行提供团购商品或服务的义务。在网约车模式中，由于网约车事关乘客的人身和财产安全，应当加重网络交易平台提供者的监管责任，我国立法将网约车平台提供者定位为承运人的角色，是正确的选择。

第三，网络交易中需求方借名和冒名行为的法律效果，一般而言应当归属于行为人。特殊情况下，若情况表明供给方在意与其交易的相对人身份，则合同应当归于无效，由此引起的损失，应当综合考虑网络交易平台提供者未尽设置安全账号义务的过错、行为人的过错以及名义载体的过错，由三者按照各自的过错程度承担相应责任。

第四，在网络交易中仍然应适用传统的民事行为能力的制度，《电子商务法》对传统民事行为能力制度的突破既无必要，也不合理。

第五，网页标价信息是网络交易中供给方向需求方发布的交易信息。尽管网页标价信息是供给方向不特定的需求方发出的交易信息，网页标价信息的性质应当是要约而非要约邀请。即使供给方明确表明不受网页标价信息拘束，网页标价信息也应当认定为要约而非要约邀请。

第六，对供给方以网页标价信息发出的要约，需求方应以"付款"行为进行承诺。

第七，立法应当明确承认点击行为的法律效力，建立网络交易身份识别机制，并进一步规范网络交易点击合同形式中的链接内嵌条款，从形式上规定合同条款能够引起合同相对人注意、保证当事人具有审查的合理时间，从内容上规定合同的主要条款和异常条款不得隐藏在多层链接中。此外，合同的主页面应当包含必须被相对方重点知悉的条款类型，以及对点击行为引起的法律效果进行说明，以引起合同相对方对合同条款阅读的重视，否则，内嵌条款不能产生法律效力。

第八，现行的"无理由解除权"制度采用强制立法模式，导致了网络交易供给方的对策行为和需求方的机会主义行为，不仅无法实现保护消费者的立法初衷，也造成了社会资源的浪费。应当将"无理由解除权"制度引入《合同法》，采用任意立法模式，将其适用于一切网络交易需求方而不限于消费者。

对于社会发展来说，法律的相对滞后总是客观存在的，但法律的发展又必须与科技、经济和社会发展相适应。英国法学家梅因曾这样揭示："社会的需要和社会的意见常常或多或少地走在'法律'的前面，我们可能非常接近它们之间缺口的结合处，但永远存在的趋向是要把这个缺口重新打开。因为法律是稳定的，而我们所谈的社会是进步的，人民幸福的大小程度，完全决定于缺口缩小的快慢程度。"[①] 网络交易已经大规模地取代了传统交易。随着网络交易模式的不断创新，网络交易对现有法律制度的挑战将一直继续，本书无意穷尽一切网络交易对传统立法的挑战问题，而是通过对以上问题的分析，试图揭示标准化文本、平台结构和隐藏算法都是技术控制者设置对其有利的合法权利的手段。在技术控制方占据明显优势地位的网络交易背景下，提升合同相对方在技术规则运行和解释过程中的话语权，适当限制技术控制方的

---

① 亨利·萨姆纳·梅因. 古代法 [M]. 郭亮，译. 北京：法律出版社，2016：171.

合同自由，是实现网络交易合同团结的基本手段。只有嵌入网络交易环境和交易结构进行思考，才能客观地评价现有合同法律制度在防止技术控制方利用技术规则获得交易优势的功效，也才能更快地发现和填补既有法律与网络社会发展之间的"缺口"。

参考文献

一、中文著作类

［1］Chris Reed.网络法［M］.白金，黄韬，译.北京：中国人民大学出版社，2006.

［2］E.博登海默.法理学：法哲学与法律方法［M］.邓正来，译.北京：中国政法大学出版社，2004.

［3］阿狄亚.合同法导论［M］.赵旭东，译.北京：法律出版社，2002.

［4］阿拉木斯.网络交易法律实务［M］.北京：法律出版社，2006.

［5］阿里研究院.互联网+：从IT到DT［M］.北京：机械工业出版社，2015.

［6］埃米尔·涂尔干.社会分工论［M］.渠敬东，译.北京：三联书店出版社，2000.

［7］爱德华·A.卡瓦佐.赛博空间和法律：网上生活的权利和义务［M］.王月瑞，译.南昌：江西教育出版社，1999.

［8］安德鲁·斯帕罗.电子商务法律［M］.陈耀权，林文平，译.北京：中国城市出版社，2001.

［9］安东尼·吉登斯.现代性的后果［M］.田禾，译.南京：译林出版社，2000.

［10］安建，张穹，杨学山.中华人民共和国电子签名法释义［M］.北京：法律出版社，2005.

［11］奥尔格·威廉·弗里德里希·黑格尔.法哲学原理［M］.范扬，张企泰，译.北京：商务印书馆，1961.

［12］奥利弗·E.威廉姆森.资本主义经济制度［M］.段毅才，王伟，译.北京：商务印书馆，2003.

［13］白锐.电子商务法［M］.北京：清华大学出版社，2013.

［14］贝恩德·舍费尔，克劳斯·奥特.民法的经济分析（上册）［M］.江清云，杜涛，译.北京：法律出版社，2009.

［15］彼得·施莱希特里姆.《联合国国际货物销售合同公约》评释［M］.李慧妮，译.北京：北京大学出版社，2006.

［16］彼得罗·彭梵得.罗马法教科书［M］.黄风，译.北京：中国政法大学出版社，2018.

［17］蔡志峰，张晓莹.互联网+工会：移动互联时代的改革创新思维［M］.北京：中国工人出版社，2016.

［18］陈明涛.网络服务提供商版权责任研究［M］.北京：知识产权出版社，2011.

［19］陈甦.民法总则评注（下册）［M］.北京：法律出版社，2017.

［20］陈自强.民法讲义（Ⅰ）：契约之成立与生效［M］.北京：法律出版社，2002.

［21］川岛武宜.现代化与法［M］.申政武，王志安，李旺，等译.北京：中国政法大学出版社，1994.

［22］崔吉子.东亚消费者合同法比较研究［M］.北京：北京大学出版社，2013.

［23］崔建远.合同法（第二版）［M］.北京：北京大学出版社，2013.

［24］崔建远.合同法总论（上卷）［M］.北京：中国人民大学出版社，2011.

［25］迪特尔·梅迪库斯.德国民法总论［M］.邵建东，译.北京：法律出版社，2013.

［26］电子商务法起草组.中华人民共和国电子商务法条文释义［M］.北京：法律出版社，2018.

［27］丁春燕.网络社会法律规制论［M］.北京：中国政法大学出版社，2016.

［28］董安生.民事法律行为［M］.北京：中国人民大学出版社，2002.

［29］董志良.电子商务概论［M］.北京：清华大学出版社，2014.

［30］杜景林，卢谌.德国民法典评注［M］.北京：法律出版社，2011.

［31］杜万华.解读最高人民法院司法解释、指导性案例·商事卷［M］.北京：人民法院出版社，2016.

［32］杜云.虚拟经济学［M］.厦门：厦门大学出版社，2015.

［33］段匡.日本的民法解释学［M］.上海：复旦大学出版社，2005.

［34］傅静坤.二十世纪契约法［M］.北京：法律出版社，2000.

［35］盖斯特.英国合同法与案例［M］.张文镇，译.北京：中国大百科全书出版社，1998.

［36］高富平.中国电子商务立法研究［M］.北京：法律出版社，2015.

［37］高富平.中欧电子合同立法比较研究［M］.北京：法律出版社，2009.

［38］格兰特·吉尔莫.契约的死亡［M］.曹士兵，姚建宗，译.北京：中国法制出版社，2005.

［39］顾祝轩.民法系统论思维：从法律体系转向系统［M］.北京：法律出版社，2012.

［40］郭毅.市场营销学原理［M］.北京：电子工业出版社，2008.

［41］郭玉军.网络社会的国际法律问题研究［M］.武汉：武汉大学出版社，2011.

［42］国家法官学院案例开发研究中心.中国法院2016年度案例：金融纠纷［M］.北京：中国法制出版社，2016.

［43］海因·克茨.欧洲合同法（上卷）［M］.周忠海，李居迁，宫立云，译.北京：法律出版社，2001.

［44］韩德强.网络空间法律规制［M］.北京：人民法院出版社，2015.

［45］韩世远.合同法总论（第四版）［M］.北京：法律出版社，2018.

［46］汉斯·布洛克斯，沃尔夫·迪特里希·瓦尔克.德国民法总论［M］.张艳，译.北京：中国人民大学出版社，2014.

［47］何霞.敝则新：面向信息社会的政策与制度创新［M］.北京：商务印书馆，2014.

［48］贺琼琼.网络空间统一合同法与我国网络交易的立法及实践［M］.北京：法律出版社，2013.

［49］亨利·萨姆纳·梅因.古代法：与社会远史及现代观念的关系［M］.郭亮，译.北京：法律出版社，2016.

［50］黄茂荣.法学方法与现代民法［M］.北京：法律出版社，2007.

［51］贾东明，全国人大常委会法制工作委员会民法室.中华人民共和国消费者权益保护法解读［M］.北京：中国法制出版社，2013.

［52］简·考夫曼·温，本杰明·赖特.电子商务法［M］.张楚，董涛，洪永文，译.北京：北京邮电大学出版社，2002.

［53］蹇洁.网络经济的市场监管研究［M］.北京：新华出版社，2015.

［54］江必新，何东宁，朱燕，等.最高人民法院指导性安利裁判规则理解与适用（合同卷四）［M］.北京：中国法制出版社，2015.

［55］杰弗里·费里尔，迈克尔·纳文.美国合同法精解［M］.陈彦明，译.北京：北京大学出版社，2009.

［56］杰里米·里夫金.零边际成本社会［M］.赛迪研究专家组，译.北京：中信出版社，2014.

［57］卡尔·恩吉施.法律思维导论［M］.郑永流，译.北京：法律出版社，2004.

［58］凯斯·R.桑斯坦.权利革命之后：重塑规制国［M］.钟瑞华，译.北京：中国人民大学出版社，2008.

［59］凯文·沃巴赫.链之以法：区块链值得信任吗？［M］.林少伟，译.上海：上海人民出版社，2019.

［60］康德.道德形而上学基础［M］.孙少伟，译.北京：九州出版社，2007.

［61］康德.实践理性批判［M］.李秋零，译.北京：中国人民大学出版社，2011.

［62］科宾.科宾论合同（上册）［M］.王卫国，译.北京：中国大百科全书出版社，1997.

［63］克利福德·吉尔兹.地方性知识——阐释人类学论文集［M］.王海龙，译.北京：中央编译出版社，2004.

［64］拉伦茨.法学方法论［M］.陈爱娥，译.北京：商务印书馆，2003.

［65］劳伦斯·M.弗里德曼.法律制度［M］.李琼英，林欣，译.北京：中国政法大学出版社，1994.

［66］劳伦斯·莱斯格.代码2.0：网络空间中的法律［M］.李旭，沈伟伟，译.北京：清华大学出版社，2009.

［67］李飞，吴春旺，王敏.信息安全理论与技术［M］.西安：西安电子科技大学出版社，2016.

［68］李丽莎.第三方电子支付法律问题研究［M］.北京：法律出版社，2014.

［69］李莉.我国民事立法中的价值评价和选择方法研究［M］.北京：法律出版社，2014.

［70］李凌燕.消费信用法律研究［M］.北京：法律出版社，2000.

［71］李适时.各国电子商务法［M］.北京：中国法制出版社，2003.

［72］李双元，王海浪.电子商务法若干问题研究（第二版）［M］.武汉：武汉大学出版社，2016.

［73］李延铸.社会变迁的机会、成本与历史作用：以中国法律制度、法律思想演变为理论模型［M］.成都：四川科学技术出版社，2007.

［74］李永军.合同法［M］.北京：法律出版社，2010.

［75］理查德·斯皮内洛.铁笼，还是乌托邦——网络空间的道德与法律［M］.李伦，译.北京：北京大学出版社，2007.

［76］梁慧星.民法解释学［M］.北京：中国政法大学出版社，2003.

［77］林瑞珠.知识经济下电子合同之发展与变革［M］.北京：北京大学出版社，2005.

［78］刘国华，吴博.共享经济2.0：个人、商业与社会的颠覆性变革［M］.北京：企业管理出版社，2015.

［79］刘宏.基于价值链的电子商务盈利模式研究［M］.沈阳：东北财经大学出版社，2016.

［80］刘品新.网络法学（第二版）［M］.北京：中国人民大学出版社，2015.

［81］刘润.互联网＋战略版：传统企业，互联网在踢门［M］.北京：中国华侨出版社，2015.

［82］刘万啸.电子合同效力比较研究［M］.北京：知识产权出版社，2010.

［83］刘映春.电子商务法［M］.北京：中央广播电视大学出版社，2014.

［84］鲁世平.电子商务法总论［M］.西安：陕西科学技术出版社，2008.

［85］罗斯科·庞德.通过法律的社会控制［M］.沈宗灵，译.北京：商务印书馆，2010.

［86］马特，李昊.英美合同法导论［M］.北京：对外经济贸易大学出版社，2009.

［87］麦克尼尔.新社会契约论［M］.雷喜宁，潘勤，译.北京：中国政法大学出版社，1994.

［88］曼纽尔·卡斯特.网络社会的崛起［M］.夏铸九，王志弘，译.北京：社会科学文献出版社，2006.

［89］孟国碧，杜承铭.国际商法［M］.厦门：厦门大学出版社，2014.

［90］孟学奇.电子商务概论［M］.长春：吉林大学出版社，2015.

［91］米哈依·菲彻尔.版权法与因特网［M］.郭寿康，万勇，相靖，译.北京：中国大百科全书出版社，2008.

［92］莫顿·霍维茨.美国法的变迁1780—1860［M］.谢鸿飞，译.北京：中国政法大学，2004.

［93］内田贵.契约的再生［M］.胡宝海，译.北京：中国法制出版社，2005.

［94］纽斯·德·穆尔.赛博空间的奥德赛——走向虚拟本体论与人类学［M］.麦永雄，译.南宁：广西师范大学出版社，2007.

［95］平旭，栾爽.法律与社会［M］.北京：光明日报出版社，2014.

［96］朴成姬.消费者问题中的当事人构造的再研讨——以中日韩三国消费者保护相关法制的比较为中心［M］.北京：中国检察出版社，2016.

［97］齐爱民，徐亮.电子商务法原理与实务［M］.武汉：武汉大学出版社，2009.

［98］齐爱民.电子商务法原论［M］.武汉：武汉大学出版社，2010.

［99］齐爱民.私法视野下的信息［M］.重庆：重庆大学出版社，2012.

［100］全国人大常委会法制工作委员会民法室.侵权责任法立法背景与观点全集［M］.北京：法律出版社，2010.

［101］商建刚.网络法［M］.上海：学林出版社，2005.

［102］申屠彩芳.网络服务提供者侵权责任研究［M］.杭州：浙江大学出版社，2014.

[103] 沈岿，付宇程，刘权，等.电子商务监管导论［M］.北京:法律出版社，2015.

[104] 时飞.电子商务法［M］.北京：对外经济贸易大学出版社，2012.

[105] 史蒂夫·萨马蒂诺.碎片化时代：重新定义互联网＋商业新常态［M］.念昕，译.北京：中国人民大学出版社，2015.

[106] 舒国滢，李宏波.法理学阶梯（第2版）［M］.北京:清华大学出版社，2012.

[107] 苏号朋.格式合同条款研究［M］.北京：中国人民大学出版社，2004.

[108] 孙玉荣.科技法学［M］.北京：北京工业大学出版社，2013.

[109] 孙占利.电子订约法研究［M］.北京：法律出版社，2008.

[110] 孙占利.电子商务法［M］.厦门：厦门大学出版社，2013.

[111] 万以娴.论电子商务之法律问题：以网络交易为中心［M］.北京：法律出版社，2001.

[112] 王德山.合同效力研究［M］.北京：中国政法大学出版社，2015.

[113] 王宏.消费者知情权研究［M］.青岛：山东人民出版社，2015.

[114] 王家福.中国民法学·民法债权［M］.北京：法律出版社，1991.

[115] 王利明.合同法研究［M］.北京：中国人民大学出版社，2009.

[116] 王利明.中华人民共和国侵权责任法释义［M］.北京:中国法制出版社，2010.

[117] 王胜明.中华人民共和国侵权责任法解读［M］.北京:中国法制出版社，2010.

[118] 王轶.民法原理与民法学方法［M］.北京：法律出版社，2009.

[119] 王泽鉴.民法总则［M］.北京：北京大学出版社，2009.

[120] 王泽鉴.债法原理［M］.北京：北京大学出版社，2013.

[121] 魏炜，朱武祥，林桂平.商业模式的经济解释——深度解构商业模式

密码［M］.北京：机械工程工业大学出版社，2016.

［122］我妻荣.债权在近代法中的优越地位［M］.王书江，译.北京：中国大百科全书出版社，1999.

［123］吴炳新.消费经济学［M］.北京：对外经济贸易大学出版社，2016.

［124］吴伟光.网络与电子商务法［M］.北京：清华大学出版社，2012.

［125］吴兴光，蔡红，刘睿，等.美国《统一商法典》研究［M］.北京：社会科学文献出版社，2015.

［126］奚晓明.《中华人民共和国侵权责任法》条文理解与适用［M］.北京：人民法院出版社，2010.

［127］谢勇.电子交易中的合同法规则［M］.北京：人民法院出版社，2015.

［128］熊威.网络公共领域研究［M］.北京：中国政法大学出版社，2016.

［129］休·柯林斯.规制合同［M］.郭小莉，译.北京:中国人民大学出版社，2014.

［130］徐涤宇.原因理论研究［M］.北京：中国政法大学出版社，2005.

［131］徐海明.中国电子商务法律问题研究［M］.北京:北京理工大学出版社，2017.

［132］徐洁.担保物权功能论［M］.北京：法律出版社，2006.

［133］徐晋.大数据经济学［M］.上海：上海交通大学出版社，2014.

［134］徐恪，王勇，李沁.赛博新经济——"互联网＋"的新经济时代［M］.北京：清华大学出版社，2016.

［135］徐向东.自由主义、社会契约与政治辩护［M］.北京:北京大学出版社，2005.

［136］杨立新.网络交易民法规制［M］.北京：法律出版社，2018.

［137］杨垠红.侵权法上作为义务——安全保障义务之研究［M］.北京：法律出版社，2008.

［138］杨桢.英美契约法论［M］.北京：北京大学出版社，1997.

［139］尹田.法国现代合同法：契约自由与社会公正的冲突与平衡［M］.北京：
法律出版社，2009.

［140］于志强.中国网络法律规则的完善思路·民商法卷［M］.北京：中国
法制出版社，2016.

［141］约翰·罗尔斯.正义论［M］.何怀宏，何包钢，廖申白，译.北京：
中国社会科学出版社，2001.

［142］约翰·史密斯.合同法［M］.张昕，译.北京：法律出版社，2004.

［143］约纳森·罗森诺.网络法：关于因特网的法律［M］.张皋彤，译.北京：
中国政法大学出版社，2003.

［144］詹姆斯·戈德雷.现代合同理论的哲学起源［M］.张家勇，译.北京：
法律出版社，2006.

［145］张楚.电子商务法［M］.北京：中国人民大学出版社，2016.

［146］张继东.电子商务法［M］.北京：机械工业出版社，2011.

［147］张建军.格式合同的司法规制研究［M］.北京：中国政法大学出版社，
2014.

［148］张靖.我国消费者保护中的冷却期制度研究［M］.北京：法律出版社，
2014.

［149］张俊浩.民法学原理［M］.北京：中国政法大学出版社，2000.

［150］张良.消费者合同研究［M］.北京：中国政法大学出版社，2016.

［151］张守波.国际商法［M］.北京：中国铁道出版社，2014.

［152］张思光.电子商务概论（第2版）［M］.北京：清华大学出版社，
2016.

［153］张文显.二十世纪西方法哲学思潮研究［M］.北京：法律出版社，
2006.

[154] 张文显. 法哲学的范畴研究 [M]. 北京：中国政法大学出版社，2001.

[155] 张新宝. 互联网上的侵权问题研究 [M]. 北京：中国人民大学出版社，2003.

[156] 张严方. 消费者保护法研究 [M]. 北京：法律出版社，2003.

[157] 张艳敏，田丽红. 旅游格式合同法律问题研究 [M]. 北京：中国经济出版社，2015.

[158] 章政，皮定均，吴崇宇. 大数据时代的社会治理体制 [M]. 北京：中国经济出版社，2016.

[159] 周友军. 交往安全义务理论研究 [M]. 北京：中国人民大学出版社，2008.

[160] 朱大鹏. 法律面对人类的形象 [M]. 北京：中国金融出版社，2013.

[161] 朱庆育. 民法总论（第二版）[M]. 北京：北京大学出版社，2016.

二、中文期刊类

[1] 卞桂平. "思维与存在"视角中的虚拟主体论析 [J]. 江苏师范大学学报（哲学社会科学版），2013，39（5）：113-117.

[2] 曹阳. 互联网平台提供商的民事侵权责任分析 [J]. 东方法学，2017（3）：73-82.

[3] 曹阳. 知识产权间接侵权责任的主观要件分析——以网络服务提供者为主要对象 [J]. 知识产权，2012，（11）：24-37.

[4] 曾品杰. 从当事人属性看法律行为之规范——以网购业者标错价事件为例 [J]. 国立中正大学法学集刊，2011（32）：143-198.

[5] 曾品杰. 论消费者契约之无条件解除权 [J]. 政大法律评论，2013（9）：140-166.

[6] 陈吉栋. 智能合约的法律构造 [J]. 东方法学，2019（3）：18-29.

［7］陈锦川.网络服务提供者过错认定的研究［J］.知识产权，2011（2）：
    56-62.

［8］崔国斌.论网络服务商版权内容过滤义务［J］.中国法学，2017（2）：
    215-237.

［9］迟颖.论德国法上以保护消费者为目的之撤回权［J］.政治与法律，2008
    （6）：79-84.

［10］董新凯，夏瑜.冷却期制度与消费者权益保护［J］.河北法学，2005（5）：
    53-56.

［11］范雪飞.论不公平条款制度——兼论我国显失公平制度之于格式条款
    ［J］.法律科学（西北政法大学学报），2014，32（6）：105-112.

［12］冯震宇.网路商品标错价格出售后得否撤销意思表示［J］.台湾法学杂
    志，2000（135）：12-26.

［13］高富平.《国际合同使用电子通信公约》：内容和问题［J］.暨南学报，
    2010（1）：54-68.

［14］高富平.从电子商务法到网络商务法——关于我国电子商务立法定位的
    思考［J］.法学，2014（10）：138-148.

［15］高富平.电子通信公约在缔约国的适用：中国视角［J］.暨南学报（哲
    学社会科学版），2010，32（6）：8-17.

［16］葛江虬.论消费者无理由退货权——以适用《合同法》条文之解释论为
    中心［J］.清华法学，2015，9（6）：95-116.

［17］圭多·斯莫尔托.平台经济中的弱势群体保护［J］.环球法律评论，
    2018，40（4）：55-68.

［18］郭明瑞."知假买假"受消费者权益保护法保护吗？——兼论消费者权
    益保护法的适用范围［J］.当代法学，2015，29（6）：68-73.

［19］郭戎晋.购物网站价格标示错误法律问题之研究——由"台北地方法

院"民事判决出发[J].台北大学法学论丛,2010(76):199–240.

[20]韩世远.消费者合同三题:知假买假、惩罚性赔偿与合同终了[J].法律适用,2015(10):87–92.

[21]何波.《电子商务法》适用中的若干基础问题[J].人民法治,2018(20):14–17.

[22]侯登华.共享经济下网络平台的法律地位——以网约车为研究对象[J].政法论坛,2017,35(1):157–164.

[23]胡田野.最新欧盟消费者权益指令的解读与借鉴[J].河北法学,2012(12):151–156.

[24]黄松茂.欧盟契约法之最新发展动向——以数位内容契约为中心[J].月旦法学杂志,2017(7):156–178.

[25]季卫东.风险社会与法学范式的转换[J].交大法学,2011,2(1):9–13.

[26]姜方炳.制度嵌入与技术规训:实名制作为网络治理术及其限度[J].浙江社会科学,2014(8):70–76.

[27]解亘.论管制规范在侵权行为法上的意义[J].中国法学,2009(2):57–68.

[28]靳文辉.消费者撤回权制度的反思与重构——基于法律经济学的分析[J].法商研究,2017,34(3):151–159.

[29]孔祥稳.网络平台信息内容规制结构的公法反思[J].环球法律评论,2020,42(2):133–148.

[30]雷秋玉,苏倪.论网络购物合同的成立及标价错误[J].昆明理工大学学报(社会科学版),2014,14(1):43–55.

[31]李浩然,何冰玉,黄书立.民法语境下消费者撤回权的正当性:意思表示的瑕疵与救济[J].行政与法,2017(4):110–121.

[32]李红升.我国电子商务立法面临的挑战——关于两极之间的抉择[J].

中国流通经济，2015，29（8）：119-124.

［33］李莉. 我国民事立法中价值目标的冲突与选择［J］. 法学论坛，2010，25（3）：82-88.

［34］李适时. 关于《中华人民共和国消费者权益保护法修正案（草案）》的说明——2013年4月23日在第十二届全国人民代表大会常务委员会第二次会议上［J］. 中华人民共和国全国人民代表大会常务委员会公报，2013（6）：796-798.

［35］李淑如. 远距拍卖适用无条件后悔权之反省［J］. 政大法学评论，2013（133）：73-132.

［36］李雅男. 网约车平台法律地位再定位与责任承担［J］. 河北法学，2018，36（7）：122-126.

［37］李永. 网络交易平台提供者侵权责任规则的反思与重构［J］. 中国政法大学学报，2018（3）：139-151.

［38］李永军. 民法典总则的立法技术及由此决定的内容思考［J］. 比较法研究，2015（3）：1-13.

［39］李永军. 契约效力的根源及其正当化说明理论［J］. 比较法研究，1998（3）：3-34.

［40］李友根. 惩罚性赔偿制度的中国模式研究［J］. 法制与社会发展，2015，21（6）：109-126.

［41］林诚二. 网路购物中错误标价衍生之法律问题［J］. 月旦法学教室，2009（86）：10-11.

［42］林丽真. 网站上标价展售商品属于要约或要约引诱？——两则"台北地方法院"民事判决九十九年诉字第五五九号与九十九年消简上字第一号解析［J］. 月旦裁判时报，2011（7）：201-209.

［43］林旭霞. 论"虚拟主体"之法律地位［J］. 福建师范大学学报（哲学社

会科学版），2007（3）：73–80.

［44］刘承韪.契约法理论的历史嬗迭与现代发展 以英美契约法为核心的考察［J］.中外法学，2011，23（4）：774–794.

［45］刘德良.试论网络环境对民法价值理念的影响［J］.山东大学学报（哲学社会科学版），2002（6）：109–112.

［46］刘惠荣，尚志龙.虚拟财产权的法律性质探析［J］.法学论坛，2006（1）：74–78.

［47］刘继峰.网络交易错标价格问题评判思路的单一性与拓展［J］.学术论坛，2016，39（12）：91–96.

［48］刘凯湘，罗男.论电子商务中的消费者反悔权——以《消费者权益保护法》第25条的理解与司法适用为重点［J］.法律适用，2015（6）：59–65.

［49］刘满达.电子格式合同效力的实证论析［J］.南京经济学院学报，2003（1）：30–36.

［50］刘文杰.网络服务提供者的安全保障义务［J］.中外法学，2012，24（2）：395–410.

［51］刘颖，骆文怡.论点击合同［J］.武汉大学学报（社会科学版），2003（3）：278–281.

［52］刘颖.我国电子商务法调整的社会关系范围［J］.中国法学，2018（4）：195–216.

［53］刘志娟.个人网店商事主体地位辨析［J］.重庆邮电大学学报（社会科学版），2013，25（4）：46–54.

［54］刘姿汝.网路购物契约与消费者保护［J］.科技法学评论，2010，7（1）：55–69.

［55］龙卫球.我国网络安全管制的基础、架构与限定问题——兼论我国《网

络安全法》的正当化基础和适用界限［J］.暨南学报（哲学社会科学版），2017，39（5）：1-13.

［56］马长山.智能互联网时代的法律变革［J］.法学研究，2018，40（4）：20-38.

［57］梅夏英.虚拟财产的范畴界定和民法保护模式［J］.华东政法大学学报，2017，20（5）：42-50.

［58］梅臻.《电子签名法》适用的难点问题探析［J］.法律适用，2016（7）：107-111.

［59］皮勇.论网络服务提供者的管理义务及刑事责任［J］.法商研究，2017，34（5）：14-25.

［60］齐爱民，陈琛.论网络交易平台提供商之交易安全保障义务［J］.法律科学（西北政法大学学报），2011，29（5）：67-74.

［61］齐爱民.论网络空间的特征及其对法律的影响［J］.贵州大学学报（社会科学版），2004（2）：16-22.

［62］钱玉文.消费者概念的法律再界定［J］.法学杂志，2006（1）：136-138.

［63］瞿灵敏.虚拟财产的概念共识与法律属性——兼论《民法总则》第127条的理解与适用［J］.东方法学，2017（6）：67-79.

［64］冉克平.论借名实施法律行为的效果［J］.法学，2014（2）：81-91.

［65］石佳友.治理体系的完善与民法典的时代精神［J］.法学研究，2016，38（1）：3-21.

［66］苏力.法律与科技问题的法理学重构［J］.中国社会科学，1999（5）：16.

［67］孙良国.论新《消费者权益保护法》中的主要规制技术［J］.当代法学，2014，28（4）：79-85.

［68］孙良国.消费者撤回权中的利益衡量与规则设计［J］.浙江社会科学，
2012（7）：58-64.

［69］孙良国.消费者何以有撤回权［J］.当代法学，2011，25（6）：105-
112.

［70］孙鹏.私法自治与公法强制——日本强制性法规违反行为效力论之展开
［J］.环球法律评论，2007（2）：64-75.

［71］孙新强，孙凤举.论英美法上的单诺合同和双诺合同——兼与杨祯教授
商榷［J］.环球法律评论，2005（5）：591-600.

［72］孙占利.电子要约若干法律问题探析——以 UECIC 为基础［J］.华东政
法大学学报，2008（5）：29-35.

［73］王红霞，孙寒宁.电子商务平台单方变更合同的法律规制——兼论《电
子商务法》第 34 条之局限［J］.湖南大学学报（社会科学版），2019，
33（1）：137-144.

［74］王宏丞，曹丽萍，李东涛.论视频分享网站侵权案件中的焦点问题［J］.
电子知识产权，2009（4）：11-16.

［75］王洪亮.电子合同订立新规则的评析与构建［J］.法学杂志，2018,39（4）：
32-42.

［76］王洪亮.消费者撤回权的正当性基础［J］.法学，2010（12）：96-107.

［77］王慧.契约神圣原则是否过时——评《契约神圣原则的再思考》［J］.中
外法学，1997（5）：127-129.

［78］王金根.欧洲民法典草案消费者撤回权制度研究［J］.北方法学，2012，
6（5）：96-108.

［79］王利明.论合同法组织经济的功能［J］.中外法学，2017，29（1）：
104-120.

［80］王利明.民法分则合同编立法研究［J］.中国法学，2017（2）：25-47.

［81］王利明 . 消费者的概念及消费者权益保护法的调整范围［J］. 政治与法律，2002（2）：2-11.

［82］王珉 . 电子商务合同主体地位与法律关系研究——以淘宝网 C2C 交易模式为例［J］. 行政与法，2012（5）：118-121.

［83］王迁 .《信息网络传播权保护条例》中"避风港"规则的效力［J］. 法学，2010（6）：128-140.

［84］王全福 . 困境与抉择：有关电子商务的法律变革［J］. 理论探索，2004（6）：123-124.

［85］王思源 . 论网络运营者的安全保障义务［J］. 当代法学，2017，31（1）：11.

［86］王天凡 . 网络购物标价错误的法律规制［J］. 环球法律评论，2017，39（2）：144-161.

［87］王轶 . 民法价值判断问题的实体性论证规则——以中国民法学的学术实践为背景［J］. 中国社会科学，2004（6）：104-116.

［88］吴汉东 . 知识产权法价值的中国语境解读［J］. 中国法学，2013（4）：15-26.

［89］吴瑾瑜 . 论网站标价错误之法律效力［J］. 月旦法学杂志，2010（187）：39-58.

［90］吴伟光 . 网络服务提供者对其用户侵权行为的责任承担——不变的看门人制度与变化的合理注意义务标准［J］. 网络法律评论，2011，12（1）：17-32.

［91］吴仙桂 . 网络交易平台的法律定位［J］. 重庆邮电大学学报（社会科学版），2008（6）：47-50.

［92］吴元元 . 法律父爱主义与侵权法之失［J］. 华东政法大学学报，2010（3）：133-147.

［93］谢哲腾.网路标价的法律性质［J］.月旦法学教室，2014（8）：158-175.

［94］徐涤宇.非常态缔约规则：现行法检讨与民法典回应［J］.法商研究，2019，36（3）：11-21.

［95］徐孟洲，谢增毅.论消费者及消费者保护在经济法中的地位——"以人为本"理念与经济法主体和体系的新思考［J］.现代法学，2005（4）：124-130.

［96］徐伟.通知移除制度的重新定性及其体系效应［J］.现代法学，2013，35（1）：58-70.

［97］徐伟.重估网络购物中的消费者撤回权［J］.法学，2016（3）：84-96.

［98］许中缘，魏韬.论民法典视角下消费者的撤回权［J］.河南师范大学学报（哲学社会科学版），2013，40（2）：90-93.

［99］薛虹.论电子商务第三方交易平台——权力、责任和问责三重奏［J］.上海师范大学学报（哲学社会科学版），2014，43（5）：39-46.

［100］薛虹.论电子商务合同自动信息系统的法律效力［J］.苏州大学学报（哲学社会科学版），2019，40（1）：70-78.

［101］杨代雄.《合同法》第14条（要约的构成）评注［J］.法学家，2018（4）：177-190.

［102］杨代雄.使用他人名义实施法律行为的效果——法律行为主体的"名"与"实"［J］.中国法学，2010（4）：89-99.

［103］杨德祥.论电子签名法的安全价值取向［J］.兰州交通大学学报，2007（5）：95-97.

［104］杨立新，韩煦.网络交易平台提供者的法律地位与民事责任［J］.江汉论坛，2014（5）：84-90.

［105］杨立新.非传统销售方式购买商品的消费者反悔权及其适用［J］.法学，2014（2）：30-38.

［106］杨立新.民法总则规定网络虚拟财产的含义及重要价值［J］.东方法学，
　　　2017（3）：64-72.

［107］杨立新.网络交易法律关系构造［J］.中国社会科学，2016（2）：114-
　　　137.

［108］杨立新.网络交易平台提供者民法地位之展开［J］.山东大学学报（哲
　　　学社会科学版），2016（1）：23-33.

［109］杨立新.网络平台提供者的附条件不真正连带责任与部分连带责任
　　　［J］.法律科学（西北政法大学学报），2015，33（1）：166-177.

［110］叶名怡.论违法与过错认定——以德美两国法的比较为基础［J］.环球
　　　法律评论，2009，31（5）：93-102.

［111］于飞."内在体系外显"的功能与局限:民法总则基本原则规定评析［J］.
　　　人民法治，2017（10）：12-14.

［112］于海防.我国电子签名框架性效力规则的不足与完善［J］.法学，2016
　　　（1）：26-37.

［113］袁祖社，高扬.虚拟与实在二重景观下多元交互主体价值存在的探
　　　讨——网络生活场景的公共性价值理想的反思与吁求［J］.江苏社会
　　　科学，2011（3）：59-63.

［114］张建军.格式条款立法缺陷之分析［J］.法律适用，2005（11）：
　　　68-70.

［115］张建文，罗浏虎.中韩网络实名制之精神分野与网络管理理念更新
　　　［J］.重庆邮电大学学报（社会科学版），2012，24（3）：23-30.

［116］张靖.英国冷却期制度的立法探究及启示［J］.长沙理工大学学报（社
　　　会科学版），2011，26（3）：45-49.

［117］张瑞星.网路购物机制之微调——从购物网站标价错误之数件判决谈
　　　起［J］.智慧财产评论，2011，9（1）：1-41.

[118] 张维迎，邓峰．信息、激励与连带责任——对中国古代连坐、保甲制度的法和经济学解释［J］．中国社会科学，2003（3）：99-112．

[119] 张伟强．网络交易标价错误的经济分析［J］．法律科学（西北政法大学学报），2018，36（3）：52-64．

[120] 张新宝，任鸿雁．互联网上的侵权责任：《侵权责任法》第36条解读［J］．中国人民大学学报，2010，24（4）：17-25．

[121] 张新宝，唐青林．经营者对服务场所的安全保障义务［J］．法学研究，2003（3）：79-92．

[122] 张新宝，许可．网络空间主权的治理模式及其制度构建［J］．中国社会科学，2016（8）：139-158．

[123] 张新宝．从隐私到个人信息：利益再衡量的理论与制度安排［J］．中国法学，2015（3）：38-59．

[124] 张学哲．消费者撤回权制度与合同自由原则——以中国民法法典化为背景［J］．比较法研究，2009（6）：62-73．

[125] 张艳．关系契约理论对意思自治的价值超越［J］．现代法学，2014，36（2）：73-79．

[126] 张永健．购物网站标错价之合约纠纷与行政管制——经济分析观点［J］．政大法学评论，2015（144）：28-39．

[127] 张永忠．消费者主体地位的理论反思与制度重塑［J］．法商研究，2009，26（3）：94-100．

[128] 张勇，王铧翊．论安全港规则在中国适用的现实挑战——以"知乎"用户原创内容被无授权转载为例［J］．电子知识产权，2018（1）：78-84．

[129] 张勇健，程新文，张进先，等．《关于审理食品药品纠纷案件适用法律若干问题的规定》的理解与适用［J］．人民司法，2014（3）：15-18．

［130］赵磊.商事信用：商法的内在逻辑与体系化根本［J］.中国法学，2018
（5）：160-180.

［131］赵明非.美国法上的"冷却期"制度及其借鉴意义［J］.孝感学院学报，
2011，31（2）：86-91.

［132］赵鹏.私人审查的界限——论网络交易平台对用户内容的行政责任
［J］.清华法学，2016，10（6）：115-132.

［133］赵万一.论民法的商法化与商法的民法化——兼谈我国民法典编纂的
基本理念和思路［J］.法学论坛，2005（4）：28-33.

［134］赵旭东.电子商务主体注册登记之辩［J］.清华法学，2017，11（4）：
41-52.

［135］郑智航.网络社会法律治理与技术治理的二元共治［J］.中国法学，
2018（2）：108-130.

［136］周汉华.论互联网法［J］.网络信息法学研究，2017（1）：3-30.

［137］周洪政.电子合同成立的相关法律问题探析［J］.广西大学学报（哲学
社会科学版），2012，34（1）：58-62.

［138］周洪政.网络时代电子要约和承诺的特殊法律问题研究［J］.清华法学，
2012，6（4）：162-176.

［139］周辉，李仁睿，黄其杰，等.网络平台民事责任研究报告［J］.网络法
律评论，2016，9（1）：241-268.

［140］周露露.德国消费者撤回权制度研究及启示［J］.学术探索，2017（3）：
83-89.

［141］周樨平.电子商务平台的安全保障义务及其法律责任［J］.学术研究，
2019（6）：66-73.

［142］周学峰."通知—移除"规则的应然定位与相关制度构造［J］.比较法
研究，2019（6）：21-35.

［143］周永坤.网络实名制立法评析［J］.暨南学报（哲学社会科学版），
2013，35（2）：1–7.

［144］周友军.论网络服务提供者的侵权责任［J］.信息网络安全，2010（3）：
56–58.

［145］朱剑桥.电子商务主体责任追溯制度探析［J］.北京工商大学学报（社
会科学版），2012，27（5）：58–64.

［146］朱巍.互联网+对民法典编撰的影响［J］.国家检察官学院学报，
2016，24（3）：3–15.

［147］朱岩，潘玮璘.承诺方式制度比较研究——以我国《合同法》与《联合
国国际货物销售合同公约》为例［J］.法学家，2014（5）：137–149.

［148］卓泽渊.论法的价值［J］.中国法学，2000（6）：23–37.

三、中文报纸类

［1］陈科峰."双11"后的退货潮值得深思［N］.长沙晚报，2015–11–17（F02）.

［2］崇晓萌.手机退货遭掉包京东中招［N］.北京商报，2014–07–10（4）.

［3］董军.企业倒逼互联网立法，各政府部门态度不一［N］.中国经营报，
2007–09–03（A19）.

［4］杜晓，张新妍.完善立法规范电子商务市场秩序［N］.法制日报，2018–
07–10（5）.

［5］管洪彦.运用"后悔权"保护消费者利益［N］.中国社会科学报，2010–
06–01（10）.

［6］洪海."宽进严出"背景下网络交易平台监管责任浅析［N］.中国工商报，
2015–03–14（3）.

［7］蒋安杰.互联网服务合同应写进民法典合同编［N］.法制日报，2017–
07–26（9）.

［8］李璐欧．电子签名法刷个存在感咋这么难［N］．法制日报，2016-01-13
（11）．

［9］梁慧星．消费者权益保护法第49条的解释与适用［N］．人民法院报，
2001-03-29（6）．

［10］卢岳．"后悔权"在手，"退货"正流行［N］．消费日报，2015-11-20
（A01）．

［11］齐新生．冷静对待"冷却期规范"［N］．检察日报，2009-10-15（8）．

［12］曲若柳．"网购后悔权"惹来物议沸腾［N］．中华工商时报，2013-05-
14（11）．

［13］张莉．职业差评师频出没监管待加强［N］．中国贸易报，2013-05-23（6）．

［14］张新宝．互联网时代个人信息保护的双重模式［N］．光明日报，2018-
05-02（11）．

四、中文论文类

［1］侯国跃．契约附随义务研究［D］．重庆：西南政法大学，2007．

［2］林雅莉．网路交易与消费者保护——以民法及消费者保护法之规范为中
心［D］．高雄：高雄大学，2011．

［3］卢春荣．消费者撤回权制度比较研究［D］．上海：复旦大学，2014．

［4］鹿一民．网络缔约中消费者权益保护的比较研究［D］．上海：复旦大学，
2014．

［5］孙良国．关系契约理论导论［D］．长春：吉林大学，2006．

［6］张兰廷．大数据的社会价值与战略选择［D］．北京：中共中央党校，2014．

［7］张良．不公平合同条款的法律规制［D］．武汉：武汉大学，2011．

［8］朱兴叶．网络购物标价错误的法律救济［D］．重庆：西南政法大学，
2014．

五、中文其他类

［1］崔明伍．欧洲人权法院与互联网表达自由的规制［M］//张志安．网络空间法治化：互联网与国家治理年度报告2015.北京：商务印书馆，2015.

［2］姜琳．浅谈网络购物中消费者权益保护［M］//张卫华．市场规制与宏观调控法律热点问题研究．北京：中国人民公安大学出版社，2009：25-56.

［3］乔新生．冷却期制度的法律性质［M］//汪洋．法治论坛（第16辑）．北京：中国法制出版社，2009：214-234.

［4］苏永钦．从动态法规体系的角度看公私法的调和——以民法的转介条款和宪法的整合机制为中心［M］//苏永钦．寻找新民法．北京：北京大学出版社，2012.

［5］苏永钦．再论一般侵权行为的类型——从体系功能的角度看修正后违法侵权的规定［M］//苏永钦．走入新世纪的私法自治．台北：元照出版社，2002.

［6］王爽．网络服务商侵权民事责任归责原则的比较法研究——以侵犯著作权为研究对象［M］//王素娟．民商法热点问题研究．北京：中国人民大学出版社，2010.

［7］詹姆斯·玛尼卡．大数据：创新、竞争和增效的下一个领域［M］//《国外社会科学文摘》编辑部．外国社会信息化研究文摘．上海：上海社会科学院出版社，2016.

［8］张谦，马佳宁．简论网络服务提供者安全保障义务及责任［M］//林化宾．社会管理法治化的理论与实践．上海：上海社会科学院出版社，2012.

［9］张学哲．中国民法法典化中消费者法与民法的体系选择——自欧盟与德国私法现代化角度的考察［M］//刘兆兴．比较法在中国．北京：社会科学文献出版社，2008.

［10］赵明非.试论德国法上消费者撤回权的性质［M］//刘保玉，李明发，田土城.民商法评论（第四卷）.郑州：郑州大学出版社，2013.

六、英文类

［1］BEN-SHAHAR O，POSNER E A. The Right to Withdraw in Contract Law［J］.*The Journal of Legal Studies*，2011（9）：40.

［2］COLLINS H. Principles，Definitions and Model Rules of European Private Law：Draft Common Frame of Reference（DCFR）Interim Outline Edition，Prepared by the Study Group on a European Civil Code and the Research Group on EC Private Law（Acquis Group）by Christian von Bar，Eric Clive，Hans Schulte-Nöcke［J］.*The Modern Law Review*，2008，71（5）：842.

［3］DESSENT M. Browse-Wraps，Click-Wraps and Cyberlaw：Our Shrinking(Wrap)World[J].*Thomas Jefferson Law Review*,2002,25(1)：334-336.

［4］DINWOODIE G B. Secondary Liability for Online Trademark Infringement：The International Landscape［J］.*The Columbia Journal of Law and the Arts*,2014（37）：463-501.

［5］EIDENMÜLLER H. Why Withdrawal Rights?［J］.*European Review of Contract Law*,2011，7（1）：1-24.

［6］GLATT C. Comparative Issue in the Formation of Electronic Contracts［J］.*International Journal of Law and Information Technology*，2008（6）：50.

［7］JOHNSTON J S. The Return of Bargain：An Economic Theory of How Standard Form Contracts Enable Cooperative Negotiation between Businesses and Consumers［J］.*Michigan Law Review*，2006，4（2）：874.

[8] MURRAY D A. Entering into Contracts Electronically：The Real W.W.W. [J]. *Law and the Internet Review*, 2000, 6（2）: 543.

[9] REKAITI P, VANDEN BERGH R. Cooling-Off Periods in the Consumer Laws of the EC Member States. A Comparative Law and Economics Approach [J]. *Journal of Consumer Policy*, 2000, 23（20）: 380.

[10] RICHARD G, KUNKEL J D. Recent Developments in Shrinkwrap, Clickwrap and Browsewrap Licenses in the United States [J]. *Computer Software Law and Legislation United States*, 2002, 9（3）: 871-873.

[11] SHER B D. The "Cooling-Off" Period in Door-to-Door Sales [J]. *UCLA Law Review*, 1968（15）: 9.

[12] VUKOWICH W T. Lawyers and Standard Form Contract System： A Model Rule that Should Have Been [J]. *Georgetown Journal of Legal Ethics*, 1993, 23（1）: 552.

[13] WAGNER G. Mandatory Contract Law： Functions and Principles in Light of the Proposal for a Directive on Consumer Rights [J]. *Erasmus Law Review*, 2010, 3（1）: 59.